雅理译丛

寻路

穿越分裂的国度

union
A Democrat, a Republican,
and a Search for Common Ground

〔美〕乔丹·布拉什克 〔美〕克里斯托弗·豪 著

骆伟倩 译

生活·讀書·新知 三联书店

Simplified Chinese Copyright © 2023 by SDX Joint Publishing Company.
All Rights Reserved.
本作品简体中文版权由生活·读书·新知三联书店所有。
未经许可，不得翻印。

图书在版编目（CIP）数据

寻路：穿越分裂的国度／（美）乔丹·布拉什克，
（美）克里斯托弗·豪著；骆伟倩译. — 北京：生活·
读书·新知三联书店，2023.10
（雅理译丛）
ISBN 978-7-108-07662-5

Ⅰ.①寻… Ⅱ.①乔… ②克… ③骆… Ⅲ.①社会问
题－研究－美国 Ⅳ.① D771.28

中国国家版本馆 CIP 数据核字 (2023) 第 119659 号

UNION: A Democrat, a Republican, and a Search for Common Ground by
Jordan Blashek and Christopher Haugh
Copyright © 2020 by Jordan Blashek and Christopher Haugh
Published by arrangement with Massie & McQuilkin Literary Agents,
through The Grayhawk Agency Ltd.

特约编辑	张　婧
责任编辑	王晨晨
责任校对	常高峰
责任印制	李思佳
出版发行	**生活·讀書·新知** 三联书店
	（北京市东城区美术馆东街 22 号 100010）
网　　址	www.sdxjpc.com
经　　销	新华书店
印　　刷	河北鹏润印刷有限公司
版　　次	2023 年 10 月北京第 1 版
	2023 年 10 月北京第 1 次印刷
开　　本	880 毫米 × 1092 毫米　1/32　印张 12.25
字　　数	233 千字
印　　数	0,001 - 8,000 册
定　　价	69.00 元

（印装查询：01064002715；邮购查询：01084010542）

序

2019 年 7 月 4 日

今天早些时候,我们把《寻路:穿越分裂的国度》的终稿交给了编辑,就此完成了三年多的工作。今晚,我们将在加利福尼亚州伯克利附近克里斯的童年故居和家人朋友一起庆祝 7 月 4 日的国庆节。像这样分享彼此的生活已经成为我们俩友谊的核心。这本书是我们与对方分享生活的一种记录。

这本书是一个关于在路上的故事。但我们出发时并没有想过要把旅途写成一本书。当 2016 年我们第一次从纽约出发前往加利福尼亚州时,我们只是为了找点乐子。我们俩都没想到我们会花费接下来的三年时间一起书写路上所发生的故事。因此,这本书一部分是我们的回忆录,但又有一些对时事的观察与报道。自驾游的后半段里,我们留下了丰富的笔记,拍摄了大量照片,并且记录了尽可能多的采访。但不可避免的是,叙述同时具有我们事后的回忆和根据当时的记录所进行的报道。这本书的意义在于我们与各种人的相遇,并倾听他们的人生故事。在这本书中,我们并没有试图写一篇流水账来记录我们旅途中遇见的所有人和他们的经历。我们写的，是这些邂逅给我们留下的印象——我们的感受，以及之后我们俩之间的谈话。

但在进行了几千英里的旅行之后，我们的记忆无可避免地没有那么准确，这就好像在高速公路上久了总会遇见雾气一样。在这本书中，我们尽可能还原一路上发生的事情。幸好，我们有两个人，而且我们都不会羞于指出对方记忆中不那么准确的部分。

正如克里斯的一位导师所言，本书中的所有事实均为我们能够得到的最为接近真相的版本。本书引用的人物的语言有些完全基于我们的回忆，其他的则来自当时的书面记录，其中大部分源自我们每天的日记。我们之所以在书中没有就这三个类别进行区分，是因为我们对书中所记录的故事做了非常严谨的确认，包括询问尽可能多的相关人员，并且雇用了两人专门审稿。

我们决定像写小说一样用第三人称来撰写本书，因为这样读者更容易体会我们当时的心境和情绪。我们也考虑过用第一人称，轮流以我们俩的口吻来撰写，但最后还是决定把这种内心独白的意识流写法留给威廉·福克纳。

我们在旅途中会出于各种原因来决定旅行的目的地，比如说我们想报道某个故事、很想参与某个活动，或者仅仅因为一直想去看看某个地方。一路上，我们遇见了许多人，有些是提前约好的，另外一些完全是偶然的邂逅，还有一些来自共同朋友的介绍或我们提前做的功课。我们没有因为潮流风向而去访问他们，我们遇见的所有人都是普通人。这些普通人即便与我们有着许多分歧和不同，也依然张开双臂把我们迎进了他们的家中，让我们旁观了他们最强大和最脆弱的时刻。

除了承诺坚守真相，我们没有对受访者做出过任何承诺或给予他们任何好处。

但我们实实在在地参与了他们的生活。乔丹帮助一位捕龙虾的渔民搬运了渔具和箱子，克里斯在一位卡车司机开车时帮他拨打电话，我们俩还都在墨西哥蒂华纳的一个救助站做了志愿者。还有一些时候，我们更为深入地参与了他们的生活。克里斯帮忙编辑了一篇演讲稿，乔丹从一名曾在监狱服过刑的女子那里购买了一个手提包。也许这些举动损害了我们作为记者的中立，但我们这段旅程的初心是全身心地参与其中。我们亲身参与了，这对我们而言至关重要。

撰写《寻路：穿越分裂的国度》是我们旅程的最后一部分。在我们把经历写下来，并且反思我们所观察和参与的一切之前，我们并未完全理解自己经历的一切。在过去三年间，这个项目对我们而言是最重要的事情，为了继续旅行，我们俩都同时打着几份工。我们时常白天一边开车一边打工作电话，晚上在高速公路边的汽车旅馆中工作到凌晨，去完成本应在白天完成的工作。自驾旅行很不容易，我们也知道如果我们不是白人男性的话应该会更加艰难。但我们的旅途同样也深刻、美好，具有启发性。我们想不到比在路上更好的去处。

在路上的某一个时刻，我们突然意识到这段自驾旅行的经历改变了我们俩之间的友谊，而这友情又改变了我们看待这个国家的方式。虽然我们恐怕永远也无法对关于美国的所有议题都达成共识，而且我们曾经差点因为这些分歧而分道扬镳，但在旅途中我们所经历的事情和遇见的人让我们达成了一些无需言语表达的共同价值观。在旅途中，我们还意识到美国并不仅仅只有角斗型政治。当我们倾听时，我们发现美国是一个由几百万种声音所塑造的国家，而这其中的每一种声音都折射出远比电视、广播以及社交媒体所展现出来的更为复杂的想法与智慧。

我们一次又一次地听到了人们对美国这个国家所表达的信念。这些表达中存在着一些独特的想法，也有一些相互矛盾的地方，但我们在路上发现了人们对于一些更高理想有着近乎宗教般的尊敬——对于这些理想最恰当的称呼可能是美国的公民宗教。在我们的立国文本中，在有关美国的演说和文学经典中，在构成我们音乐文化的旋律和歌词里，甚至在我们与彼此的对话中，存在着一种深刻的感觉让我们共享同一个身份——作为美国人的身份。

在我们最后一次自驾游旅途中，一位新奥尔良的音乐人表达了一个美丽的观点。他说，音乐将人们聚在一起，因为在聆听音乐之后，你可以从无限多的角度来欣赏和解读。聆听和沉醉于某段音乐并没有任何"正确的方式"。唯一重要的事情只是聆听、欣赏，并以某种方式回应它。这三年多在路上的经历,让我们对美国也产生了同样的想法。美国人的身份到底意味着什么,这个故事可以以无数种方式来讲述,而每一种讲述方式都有其高音和低音。正如同没有一种"正确的方式"来讲述这个故事一样,也不存在一种正确的方式来看待这个国家及其人民。这本书仅仅是我们对此的讲述。

我们希望,在让美国人民更加团结的道路上,本书能够起到一些微小的作用。在我们撰写、报道的过程中,我们一直将这个希望记在心中。

真诚的
乔丹·布拉什克、克里斯托弗·豪

目 录

序   i

第一部分

纽黑文   3
爱达荷   22
凤凰城   49
佩吉   74
莫诺湖   96

第二部分

路易斯安那   121
墨西哥   159
洛兰   189
底特律   210
波特兰   238

第三部分

奥古斯塔　　　　　　273
新奥尔良　　　　　　287
塔尔萨　　　　　　　312
爱达荷　　　　　　　338

结语　　　　　　　　361

致谢　　　　　　　　375
译者后记　　　　　　381

第一部分

纽黑文

克里斯梦见自己正在飞翔,然后突然一下从这个荒谬的梦中惊醒了。他正瘫坐在乔丹驾驶的一辆方方正正海蓝色轿车的副驾驶位上。现在已临近午夜,我们正在狭窄的小路上飞快地向着宾夕法尼亚州驶去。

克里斯瞥了乔丹一眼,乔丹正目不转睛地看着前方疾驶而去的道路。这条路上除了我们几乎没有其他车辆,只有几辆长途卡车在空荡荡的高速公路的另一边行驶着。

那天晚间的早些时候,我们还在纽约市里,乔丹从他年迈的祖父那里继承的沃尔沃 S60 轿车停放在人行道边。

"这辆车不怎么样,"乔丹说,"右转时方向盘会卡顿,而且还少了一些零件,不过它还能跑。"

"里面挺宽敞的。"克里斯打开车门时说道。

"而且它没法掉头——掉头的时候感觉像在开船似的。"

我们这周的计划是从纽约市横穿整个美国开到加利福尼亚州的伯克利市。克里斯在伯克利长大,而乔丹的老家则在伯克利北边几百英里的洛杉矶。当我们在纽约上东区被橙黄色路灯照亮的街道上行驶时,我俩讨论了路上可以停留的景点,包括黄石公园、冰川国家公园，还有太平洋西北地区的一些区域。

"我们争取明早开到芝加哥。"当我们开上哈林河公路的时候，乔丹说道。克里斯大笑，以为他在开玩笑。可在黎明破晓前的几个小时，我们却已经在波克诺山脉的树林中穿行，向美国的中西部疾驶。

在我们短暂的八个月友谊中，克里斯逐渐了解了乔丹的一些逻辑奇怪的行事方式。头昏眼花、不休不眠开车的"自驾游"听起来很像是乔丹会做的事情。所以对于我们开了整夜车这件事克里斯并没有说什么。我们还将在路上一起度过之后的六天，之后肯定还会有许多意见相左的事。

但在出发了几个小时之后，克里斯突然意识到他其实并不了解乔丹。我们俩是在法学院成为朋友的，但学校里的朋友常常只是见面打声招呼的熟人而已。而克里斯细想才发现，他不仅完全不知道乔丹父母的名字，甚至都不知道乔丹的驾驶风格。这个前海军陆战队员会让我们俩每晚都开整夜车吗？

我们顺着宾夕法尼亚的山路蜿蜒向下，前方卡车的车灯照得我们眯起了眼。我们的车灯照亮了路旁白色树木的羽毛状树叶。路的两旁是紫色的山脉。森林覆盖的山脉上有探照灯照亮的十字架，远方是一片无月的夜空。

乔丹在驾驶位上调整了一下坐姿。他和克里斯一样对这次旅行有些疑虑。邀请克里斯参与这次旅行会是个错误吗？乔丹之前从未开车穿越美国，而且一连好多天和法学院同学在一个狭小空间内旅行让人有些不安。旅程刚开始的整整一个小时里，克里斯都在紧张地没话找话，这愈发加剧了乔丹的不安。乔丹一时兴起邀请克里斯加入了这次旅行，于是我们现在已经开出了老远。

乔丹被自己的思绪分散了注意力，没注意到加快的车速让我们太过靠近前方的18轮重型卡车。卡车的刹车尾灯突然亮起，乔丹急忙踩下刹车。正当我们离卡车远了一些的时候，又一辆卡车从副驾驶位旁疾驶而过，吓得克里斯一哆嗦。我们的车突然被夹在了两个巨大的卡车中间，我们车道上的那辆卡车滑了一下，它身后挂着的巨大拖车向另外一辆卡车的驾驶室摆了过去。

克里斯抓紧了车门上的扶手。乔丹更加用力地踩下了刹车。车的惯性让我们继续往前冲去，我们前方卡车的拖车差点撞上了邻道卡车的驾驶室，我们俩不禁尖叫了一声。

然后，就像刚才突如其来的失控一样，我们前方的卡车又在一瞬间摆正了它的拖车并平稳地向前驶去，另外一辆卡车也继续在夜幕之中向前飞驰。而我们俩则硬生生地吞下了已经到了喉咙的另一半尖叫。

两年前，在一个完全不同的场景中，乔丹坐在耶鲁法学院的教室，低头看着自己不停发抖的右手。"我为什么在发抖？"他心想。他身后教室的墙上悬挂着许多油画肖像画，上面是几位身穿黑袍的法官和身穿呢子西装、坐在桃花心木书桌前的教授。而现在有80双眼睛正盯着他,包括几十英尺之外站着的教授。

乔丹觉得好像没穿衣服一般不自在,和其他海军陆战队军人一样,乔丹不喜欢被暴露的感觉。

"布拉什克先生,"教授高声说,"你坐在哪儿?"

这是法学院2014年秋季学期的第一天。在差不多200名新生当中,民事诉讼法教授点中了乔丹回答她的第一个问题。

"到,在这儿。"乔丹说道。

"布拉什克先生,为什么在一个自由开放的社会中法律是必需的?"

乔丹的大脑在高速运转。

"等等,"教授说,"在你回答之前,我想给你看一样东西。"

教授穿过教室,走上几个台阶,递给乔丹一个垃圾袋。乔丹将手伸进袋子中,掏出了一把玩具步枪。他握住枪把,把手指放在了扳机上。短短一年前,步枪——真正的步枪——曾是他被派驻阿富汗期间几乎随身携带的武器。

"有什么想法吗?"教授问道。

乔丹的脑子一片空白。

"我们有法律,"乔丹结结巴巴地说,"是为了不诉诸武力。"

"布拉什克先生,"教授追问道,"你知道怎么使用这个东西吗?"

"玩具枪？"

"不，真枪。"

"我知道。"

教授皱了一下眉。

当教授终于不再追问而开始继续讲课的时候，乔丹如释重负。他坐在自己的座位上，手指依然放在玩具枪的扳机上，而他的同学们要么在飞快地记着笔记，要么正咬着笔头思考问题。

乔丹手握着那把廉价的玩具枪，感到自己在两个世界之间被撕裂了。在其中的一个世界里，他重回校园时代，上课举手回答问题，为考试感到困惑，写着一篇又一篇的论文。而在另外一个世界中，他是被两次派驻海外的步兵军官，拥有过命之交的战友。

他的一些朋友依然需要他。过去几周，不论白天黑夜，乔丹的手机上经常闪着短信提醒。

"长官，我下午会到达佛罗里达清水市。"这是其中的一条短信，它来自一位还不太能熟练使用英文的阿富汗人。

短信的发送者是乔丹在阿富汗时的翻译，短信中他与乔丹说起大学、购买跨国机票，以及在离家几千英里的地方开始新生活的情况。有些短信充满希望，另一些却没有那么乐观。

"我需要有人告诉我怎样得到房间。"其中的一条短信说。乔丹的脑海中立刻出现了这位不太会说英语的年轻人的形象，他在一座没有一个熟人的陌生城市中，找不到一个让自己不受秋霜之寒的住处。

每次收到短信，乔丹都仿佛回到了自己的另一个世界。在那个世界中，他是"长官"或者"布拉什克上校"。但在法学院，他只是"乔丹"而已。

慢慢地，乔丹开始适应晚些起床的日子，并允许自己的胡茬长出来一些。但外貌的变化没法缓解他怅然若失的感觉。他很想念自己的海军陆战队战友，还有身着军装带给他的使命感。

法学院第二年刚开始的某一天，乔丹和几个同学在当地的一个小酒吧喝酒，酒吧的后院由一串灯泡照亮。每到周五晚上，这个后院就变成了法学院学生聚会的地方。各个年级的法学院学生都会聚在这里，在夜空下喝着打折的米勒淡啤酒和内华达山脉淡啤酒闲聊。法学院的学生通常都会占据院子里墙边的几张塑料桌子，这个砖墙隔开了旁边学生歌舞表演的音乐声和黑人文化中心的声音。

那天晚上，乔丹正在跟人闲聊的时候，一个朋友带着一位陌生人走到了他的旁边。

"我想介绍你认识一个人，"那位朋友说，"他的名字叫克里斯。"

"你就是乔丹？"陌生人克里斯说，"我们应该认识。"

"啊，是的，"乔丹说，"克里斯。"

乔丹的堂姐劳伦曾在政府工作，她在一封简短的电邮里提到过她的同事克里斯也被耶鲁法学院录取了。

克里斯长得和乔丹之前想象的完全不一样。他有着一头凌乱的头发，两个耳朵上都戴着耳钉，上嘴唇还有一个浅浅的伤疤，在他大笑时特别明显。他看起来是个挺随和的人。

"很高兴认识你。"乔丹说。

几个小时之前，克里斯在塔夫特公寓楼的小单间里向外眺望着纽黑文绿地公园。现在已是9月，夏季空气中的潮湿早已散去。克里斯晚上会打开窗户，听着公寓楼下街道上飘来的各种杂音。大学路沿街榆树的叶子已从嫩绿色变成了红色与橙色，而原本好像总在闪烁的路灯，现在也在稀疏的枝丫之间亮起。克里斯在许多夜晚都从这扇窗户向外眺望。窗外的景色是他的避世之处，有效缓解了克里斯刚开始在法学院上课时遭遇的尴尬感觉。

"克里斯在吗？"一两天前一位教授在讲台上问道。

哦，不，坐在后排的克里斯心里暗叹。

"克里斯？"

"到，他——我在这儿。"

"克里斯，"教授说，低头看了一眼她的讲义，"告诉我，司法审查从何而来？"

这是一个直截了当的问题，有些人可能甚至会说这是一个很简单的问题。而且克里斯前一天晚上也读了教授布置的所有阅读材料，他在巨大的红色封面的宪法课本中努力地试图理解教授要求阅读的所有案例，包括马伯里诉麦迪逊案和麦卡洛克诉马里兰州案等案例。但在课堂上，他绞尽脑汁也完全不知道教授问题的答案，脑子里一片空白。

"宪法中的至高条款？"

教授没有发话，继续翻着手里的讲义。克里斯焦虑地继续思考，他的答案显然是不对的。

"好吧，"过了好一会儿，教授终于说，"其他人怎么看？"

那天晚上，克里斯怀疑自己是否是上法学院的料。几周以来，他都在为自己离开了位于华盛顿特区的国务院工作岗位而感到难过。在那份工作中，他是一个巨大机器的一小部分，在自己的位置上发挥着作用。每天他都在参与各种让世界各地的人们生活得更好一些的项目。克里斯无比渴望重新获得上一份工作中那种激动人心的感觉，但法学院还未能让他感受到这种悸动。

除了本职工作之外，克里斯还花了许多时间写作。他阅读了爱德华·默罗在炮火笼罩的城市中所做的战事系列报道《这里是伦敦》，还有蒂莫西·克劳斯有关 1972 年总统选举的报道《公交车上的男孩》。克里斯觉得开始进行报道可以让自己再一次找到人生的意义。而唯一需要克服的困难就是那些他自愿选择重新参与的各种课程和考试。

法学院开学一个月后，克里斯觉得自己离人生的意义渐行渐远。

所以那天晚上，克里斯去了法学院学生聚会的酒吧后院，在这里，最刻苦的法学院学生也会稍微放松一点——要不然他们就干脆不来。

"我想介绍你认识一个人,"克里斯的一个朋友说道,带着他走向一个理着平头、肩膀十分宽阔的学生身边,"克里斯,这位是乔丹。"

乔丹的脸上长着一些雀斑,身上有一种军人特有的自信。这种气质克里斯在国会山工作时就十分熟悉,因为海军陆战队的军官和士兵们都理着相同的平头,穿着一样的灰褐色T恤。但乔丹身上还有一种特殊的温暖,融化了海军陆战队军人的严肃。

"很高兴认识你。"克里斯说。

乔丹伸出了他的手。

"等你安顿下来了,我请你喝酒。"乔丹提议道。

"说定了。"

几周之后,乔丹来到了一个爱尔兰酒吧,在一张有些摇晃、表面黏糊糊的桌子边坐了下来。克里斯很快找到了他,也在桌边坐了下来。

跟调酒师点完单之后,我们闲聊起来。

"你觉得怎么样?"克里斯问道,"法学院之类的。"

"说起来还蛮好笑的,"乔丹说,"如果你几个月之前问我这个问题的话,我会给你一个完全不同的答案。法学院第一年很难。"

调酒师给我们上了两杯酒。

"但第二年就好多了，"乔丹说，"我在这儿交到了一些很好的朋友，而且还找到了几位很支持我想要做的事的教授。"

"你想要做什么呢？"

"很多事情。"乔丹微笑着说。

克里斯等着乔丹继续说下去，乔丹喝了一口酒。

"你有没有听说过吉姆·韦伯？"乔丹问。

"弗吉尼亚州的那个参议员？"

"对，前参议员。我希望成为他那样的人，或者至少类似的人。他之前也是海军陆战队军人，写了好几部小说，上了法学院，成了记者，然后被任命为海军部部长。他最后为了反对伊拉克战争而参加了参议院竞选。"

我们身后调酒师手中的酒杯叮当作响，门外的街道上熙熙攘攘的声音传来——情侣们挽着彼此漫步，穿着高领衫的男孩们在打闹，还有看起来像是教授的人拎着鼓鼓囊囊的公文包。

"你呢？"乔丹问道。

"我想写作。"克里斯说。

"那你来这儿上学可真是对了。"

"算是人生里一个意想不到的转折吧。当我研究生退学的时候……"

"退学？"

"嗯，我大学毕业之后就直接去了牛津念研究生。我想成为战地记者，所以打算去那些战地记者（比如德克斯特·菲尔金斯和玛丽·科尔文）聚集的伦敦酒吧里'骚扰'他们。但事实上我每天都在写有关福柯的论文，所以我就退学了。"

"那你成为战地记者的梦想怎么办？"乔丹问。

"这个没变，"克里斯说，"也许未来的某一天吧。"

本来讲好喝一杯酒的，我们却不知不觉喝到了第三杯。我们俩对此都感到有些惊讶，因为我们之前就知道我们的政治立场迥异。克里斯支持民主党，而乔丹支持共和党。但在那个时刻，我们的党派立场却显得没有那么重要。当时对我们俩来说，有比政治更重要的事情：乔丹正在走出失恋的阴影，克里斯也正在经历类似的事情。那些我们无法控制的事让我们放松了警惕，所以我们讨论了许多更深层、更亘古不变的话题，比如我们最珍视的记忆、我们各自的母亲对我们的影响，以及法学院是否是正确的人生选择。我们还谈论了历史，并了解到我们都热爱伟大的小说和深度报道。

这是一个很特别的时刻，是一个对于建立新的友谊而言很幸运的时刻。

"吉姆·韦伯，"克里斯后来说道，"你说他是你的偶像，对吧？"

"没错。"

"有意思。"

"为什么？"

"他是民主党人。"

在我们第一次出去喝酒的那个晚上之后,乔丹把克里斯拉入了一个更大的交际圈。某一个比较温暖的夜晚,乔丹带着克里斯去了纽黑文一家名叫"猫头鹰商店"的雪茄店。基本上每个周二,乔丹和他的朋友希拉里都会在这儿见面,一边听着一支名叫"红色星球"的迷幻摇滚乐队的专辑,一边抽雪茄喝威士忌。在那里,希拉里和乔丹会一起放松一下。而对于他们来说,放松意味着两个人就某些抽象的话题进行激烈的辩论。克里斯越来越频繁地参与到这个小聚会里来,而随着他对交谈的话题变得更加熟悉,他甚至觉得自己本就属于这儿。

在这些夜晚,克里斯经常会谈起他想写的那些故事,而乔丹则会讨论他想创立的那些公司。

但是我们之间的政治分歧依然存在。当我们坐在猫头鹰商店的门口谈天说地时,这些分歧时不时会充分显示出来。

"我很烦的一件事是在谈到气候变化的议题时,民主党人总认为不同意自己观点的人要么是无知的'拒绝接受现实的人',要么就是无良大企业的支持者。"乔丹说道,这是一个温暖的秋夜。

乔丹经常和比自己更偏向自由派的同学讨论这些问题,也因此学会了一套谈论敏感话题时使用的谨慎语气。

"民主党人的这种观点忽略了很多合理的反对论点。"乔丹继续说。

"什么合理的反对论点?"克里斯问道。

克里斯对于和乔丹还有其他同学讨论这些话题要更加谨

慎一些。

"我只是说,"乔丹回答道,"在讨论我们到底能否知道或预测数十年之后的地球气候,这类如此复杂的问题时,保持一颗谦逊敬畏之心是没错的。"

"但是在这个问题上,专家们的意见是一致的,"克里斯说,"和97%的气候学家争论有什么意义呢?"

"这个数据是很有误导性的。而且,到今天为止,没有任何一个气候模型可以做出完全准确的预测。"

"有充分的证据表明气候变化是真实存在,而且是由人类造成的。"

"我不是在否认人类活动对气候有影响,而且这种影响可能很大,但这根本不是重点。重点是我们该怎么办。为了预防某些一个世纪之后才可能会发生的危害而显著放缓经济增长只会严重危害现在的人们,特别是那些最弱势的群体。"

"但什么都不做会有毁灭性的后果,几百万人可能会死。"

"但你怎么知道?我们还有几十年来调整和改变,而且你也不知道与此同时科技会有什么样的发展。"

"这个风险也太大了。而且几乎所有的气候学家都同意我们现在只有很短的一段时间,如果再不改变就再也来不及了。"

克里斯的脸涨得通红,而乔丹则被激起了斗志。

"这听起来不过是个空洞的恐吓。如果你有合理的解决方案,我完全赞成。但是现在左派提出的所有解决方案都没法解决任何问题。"

"怎么可能？市面上明明有几十种可选的政策。比如对二氧化碳的排放进行征税……比如对清洁能源加大投资……或者增加全球减排承诺。"

"绝大多数解决方案都会减缓经济增长，从而对低收入的美国人民造成负面影响。而且这些解决方案也没有考虑到像印度这样的国家，在还有几百万人口在贫困中挣扎的时候，他们根本不可能放弃使用石油。"

"听着，如果我们想要在这个方面有所进步，美国就必须以身作则。我们不能成为碳排放方面做得最差的国家，我们不能定下那样的调子。"

"以身作则领导其他国家并不意味着我们必须扼杀国内的反对派，"乔丹说，"我们已经以'美国领导力'之名犯下了许多错误，而这些错误的根源就是合理的异议被压制了。"

我们之间的争论到此就难以继续下去了。我们最后也没能在猫头鹰商店吵出一个结果。我们之间的分歧继续存在着，而在未来的几个月里，它们只会变得越来越严重和痛苦。

2016年1月，整个法学院都在就总统竞选这个话题进行着热火朝天的讨论。希拉里·克林顿是民主党总统候选人的当红人选，法学院里有几十名学生每周都会抽几天坐火车去纽约为她的竞选活动做志愿者。而在另外一边，广泛被认为是赢得共和党总统候选人席位的热门人选杰布·布什却稀里糊涂地从大众视野里消失了。虽然布什的资助者之财大气粗令人惊叹,但和唐纳德·特朗普经常性的狂言比起来,却显得没有那么吸引眼球。

参与我们每周雪茄夜聚会的人越来越多,而聚会上讨论的话题也变得越来越尖锐。我们开始对特朗普获胜的可能性打赌,并展开了各种激烈的辩论。讨论的氛围也渐渐从友善合作变成了务实好斗,就像酒吧墙上挂着的电视中播放的节目。

纽黑文夜幕低垂、恢复宁静时,我们偶尔会在紫罗兰色的天空中找到一丝安慰。某些夜晚,我们俩会在乔丹租住公寓的沙发上闲聊。乔丹的公寓离猫头鹰商店很远,离法学院更远,它在火车轨道边上,俯瞰着一个停车场。

"我最近在想一些事。"乔丹某天晚上说。

"嗯?"克里斯说。

乔丹来上法学院的决定对他的朋友和家人来说很难理解。对他们来说,这个决定像是走了一条弯路,特别是乔丹还想上商学院然后创业。但乔丹热爱政治——特别是战争与和平之类的严肃议题——而法律似乎是一个适宜思考这些问题的容器。就在一年前,乔丹还在为阿富汗国民军提供建议,他亲眼见证了各种问题引发的无休止的内战,包括缺乏成系统的法律体系。对他来说,理解这背后的缘由是一件迫在眉睫的事情。

"我很喜欢把宪法当作契约的理念,这使我们在一个相互信任并承担集体责任的社会中联系在一起。"乔丹说,"我的一个教授认为这是个'每位美国人都在参与、一代代传承着的项目，而这个项目的目标是建立一个更完美的联邦'。这个概念很美好——但它真的能够实现吗？"

"我在华盛顿特区工作时也总是听见相似的说法，"克里斯说，"他们说'美国是个伟大的实验'，每一代人都需要更新它，并赋予它新的意义。"

"但这是什么意思呢？"乔丹继续说道，"在法学院里，我们谈论法律理论、平衡测试，以及大多数人根本不知道的各种原则。但把我们联结在一起的到底是什么东西？我感到这里面甚至有一些精神层面的东西。"

那一年年初的时候，乔丹开始对他的犹太信仰有了新的认识。他经常引用他最喜欢的拉比所说的话，还会经常谈到美国与犹太民族的故事之间的相似之处。

"我认为这一切都在自然而然地发生，"克里斯说，"改变这个国家的是人民，领导人、艺术家、思想家和人民——普通人民。"

"没错，"乔丹说，"我们在对所有人都重要的事情中寻找意义。这些事情包括宗教、艺术、文化和工作，甚至政治。但现在我们却好像只关注我们之间的分歧。"

"在国家如此分裂的情况下，我经常会想我们到底失去了什么。"

克里斯陷入了思考。自从他在加州大学伯克利分校斯普鲁尔广场的临时大屏幕上观看了巴拉克·奥巴马的第一次就职演说开始，克里斯就对奥巴马总统的理念深信不疑——奥巴马认为我们归根结底是一个整体，而我们的国家，虽然不完美，但始终都在进行一个值得完善的民主项目。他还认为，美国人能够理解彼此，大家可以通过共同协作来创造一个彼此交流的方式。但是克里斯最近却担心现在的情况已不再符合奥巴马总统的愿景。他身边的各种证据并不符合这个世界观。人民之间的谈话逐渐变得越来越缺乏宽容，而且不论对于更长远的民主目标有多少信心，美国的割裂已是不可否认的事实。

"这也是我最近经常思考的一个问题，特别是考虑到现在正在发生的各种事情，"克里斯补充道，"我有些想要出去看一看的冲动——去亲身经历一下现在正在发生的事情，然后再从中得到一些问题的答案。"

我们俩很清楚，我们的视野太过狭窄，因此在看待宏大议题时缺失了一些关键的元素。但有一件事情无可置疑：现状是不正常的。

"说实话，这也是为什么我最近在猫头鹰商店的讨论中那么安静，"克里斯继续说，"每个人都仿佛很了解到底发生了什么。但我并不了解。我没法告诉你艾奥瓦州或者亚拉巴马州或者俄勒冈州正在发生什么。我只知道我所身处的这个地方现在正在发生什么，而即便这样，事情也很复杂。"

"同意。"

"而这很危险，"克里斯说，"因为如果你从来没见过其他地方，你怎么可能真正地了解呢？"

乔丹点了点头，向后靠在了沙发上。

某一天晚上在猫头鹰商店，我们的一位朋友带来了一位穿着黑色外套、留着长发的男性朋友。他们俩正在辩论言论自由的界限时，这位男性友人突然大吼起来。

"简直让人难以置信。"他哼了一声，向后靠在了椅背上，长发遮住了他的脸。与此同时，聚会上的其他人争先恐后地参与到这个话题中来。

"如果你想进行理性的对话，就不要打断我。"我们的同学坚持道。

"你休想控制我。"这是他的回答。

就在几天前，唐纳德·特朗普成为了赢得共和党提名的热门人选。特朗普向着共和党全国代表大会顺利进发的同时，希拉里·克林顿正在努力打败伯尼·桑德斯。

但我们俩的关系却亲近了起来。我们的职业道路不同，而且完全不同意对方的政治观点，但我们却能够时常和对方分享我们的想法，并倾听对方的看法。乔丹正在准备去洛杉矶做暑期实习，秋季会在斯坦福商学院入学。克里斯则向着重回媒体行业走出了第一步，他将在《大西洋月刊》做暑期实习。为了这份实习，他已经开始在公寓的墙上贴了许多便利贴，上边写满了他想报道的故事。尽管如此，我们仍然被对方所吸引，并愿意为我们之间难得的友谊花费时间。

但纽黑文这座城市中弥漫的压力让人喘不过气来。克里斯在各种政治争辩中越来越沉默,而乔丹则对法学院充斥的进步主义者们感到愈发沮丧。乔丹曾津津有味地参与各种有关政治议题的辩论,但现在他只觉得很是无趣。

那天晚上我们聚会上的吼叫到达了一个新的高潮。当我们的好几位同学试图为正在唇枪舌剑的两个人拉架时,乔丹看了一眼正凝视着街道的克里斯。

"喂,"乔丹说,对着克里斯的胸膛捶了一拳,"你想不想去自驾游?我一周后需要到达洛杉矶,我在考虑开车去。"

克里斯考虑了一会儿。他在华盛顿特区的工作要到六月份才开始,距离现在还有三周。和乔丹一样,克里斯觉得大家正在争论的话题很是无趣。他左边的一个朋友想要提出一个观点的同时,另外一位同学又重复了一遍自己的观点。那位长发的客人面前放着一杯酒,正在不屑地冷笑。克里斯仿佛突然想明白了什么,做了决定。

"我们什么时候出发?"他说。

爱达荷

天色渐晚,我们驾驶的沃尔沃汽车在南达科他州平坦的高速公路上突然耗尽了发动机冷却液。我们当时正在张伯伦市和默多市之间的I-90号高速公路上飞驰,仪表盘上却突然闪烁起充满威胁性的红灯。我们正在左边的车道上飞驰,乔丹的车速太快,导致我们错过了车道右边的高速公路出口。

"该死。"乔丹叹了一口气。下一个出口不知道还有多远。

"你知道冷却液是干吗的吗?"乔丹说道,转头看了一眼克里斯。

"冷却发动机呗,我猜。"

乔丹瞪了克里斯一眼。

"我也不知道,哥们儿。"克里斯耸了耸肩。

"要不我就很慢很慢地开?"乔丹一边说一边往右打了方向盘,越过双车道高速公路中间的白线,驶入了时速35英里的慢车道。天已经全黑了。笨拙的18轮大卡车从我们旁边以我们两倍的速度飞驰而过,它们每次经过的时候我们的车都会剧烈地颤抖起来。

"老天爷,"克里斯说,"我们要死在这儿了。"

"离下一个加油站还有多远?"

克里斯点开了他的手机,但地图显示不出来。高速公路的两边都是空旷得一望无际的平原,这儿根本就没有信号。

"下面几英里以内肯定会有加油站或其他什么东西的,对吧?"

克里斯没说话。他对车不太了解,但他知道他们的这辆车肯定是出问题了,而且估计跟乔丹的疯狂飙车脱不了干系。但不管到底是什么原因,我们俩反正得一起倒霉了,而且乔丹的麻烦更大。

那天早上,乔丹的母亲卡罗琳打来了电话。

"乔丹,你知道距离珍娜的婚礼只有五天了。"

"我知道,妈。"

"那你在哪儿啊?"

"我们正在驶离芝加哥。"

"那你什么时候能赶到洛杉矶?"

"彩排晚宴的前一天。妈,我不会错过我亲姐姐的婚礼的,别担心。"

"我确实很担心。"

"别担心,卡罗琳,"克里斯插嘴道,"我会确保他准时到达的。"

"你在公放吗?"

"对。"

"啊,克里斯,很高兴认识你。乔丹跟我们说了很多关于你的事。"

"你也是,卡罗琳。"

"你保证你们会准时到达?"

"我保证。"

卡罗琳听起来依然将信将疑。

"只有五天了,乔丹。"她边挂电话边说。

"她同意我自驾回去的唯一原因是因为我告诉她你是专业帮别人写演讲稿的。"乔丹说。

"不是因为我会照顾你?"

"唔,从某种意义上来说也是。"

"怎么说?"

"我告诉她你会帮我写我在姐姐婚礼上的致辞。"

我们在南达科他州高速公路上龟速前进。仪表盘上,警告危险的红灯一直闪个不停。仿佛过了几个小时之后,我们终于看到了一个往恶地国家公园方向去的路标。乔丹开下高速公路,把车停在了一个十字路口,打开了地图想找个过夜的地方。

"唔,大约 30 分钟开外有个汽车旅馆,"乔丹说,"但我们需要穿过公园才能到那儿。"

"希望他们还有空的房间。"克里斯说。

"我们今天的运气难道还有可能再坏一点吗?"乔丹大笑着说道。

随着我们驶进恶地国家公园,广播里播起了旅程乐队的

《爱、抚摸、挤压》这首歌，突然间，长途奔波了一天的疲累让我们的情绪发生了改变。

我们打开窗户，音乐飘出了车窗，在迷宫般的公园曲径上炸开。夜色中，路边有许多高大的沙图腾。我们中途还靠边停了车，下来摸了摸其中的一个柱子。砂岩像黄油饼干一样在我们的触摸下碎裂了。

"我们真应该在日出的时候来看这个风景。"克里斯说，于是我们俩决定明早一定要调好闹铃，在天还没亮的时候就出发。

汽车旅馆是个两层高的楼，挂着一块闪烁着"空房"的牌子，当我们驶入它的停车场时，音响里还在播放着旅程乐队的音乐。旅馆的办公室一片漆黑，门也锁着。乔丹在牌子上找到了一个电话号码，摸出手机开始拨号。五分钟后，一个穿着睡衣的男人从附近的一辆挂车中走了出来，揉着眼睛打开了办公室。

"你们来的时间可真是奇怪。"他小声嘟囔着。

第二天早晨，日出之前，我们俩站在恶地国家公园边界的一块大岩石上瑟瑟发抖。沙漠清晨的空气很冷，我俩只好上蹦下跳来保持温暖。在黎明前的黑暗中徒步了一英里之后，我们找到了一个可以俯视沙漠的观景台，往下看可以看到许多砂岩塔。沙漠平原一望无际，一直延伸到公园之外的地方。我们在岩石上跳来跳去，最后终于找到了一个可以坐下来观看日出的平地。

"一天中的这个时刻对于步兵军队来说特别重要，"乔丹打破了平静，说道，"就是在天亮前的这一段时间。在过去，这是对敌人发起进攻的最佳时间点——你可以利用黑暗的掩护摆好阵型，然后利用第一缕阳光来协调进攻。为了防止这些可能的突然袭击，指挥官们会在黎明前就弄醒整个队伍，做好战斗准备。我们之前总是做这种练习。"

"但如果敌方士兵全部做好了战斗准备，难道不就让这个时机变成了一个很差的进攻时机吗？"

"这就是为什么战术安排那么难。"

乔丹在谈论海军陆战队的时候通常是他最激动的时候，而克里斯总是惊叹于这种全身心地投入某样事情的感觉。

"我以前经常到这种绝壁上来。"克里斯说。

"为了观鸟？"

"对的，"克里斯说，"我 11 岁的时候，我妈妈会连拖带抱地把我弄到车上，然后载着我到雷斯岬*。我在那里的一个鸟类学实验室做志愿者，给鸟腿套上做标记的环，以此追踪它们的迁徙。"

乔丹听得入神。

"所以我们经常会在山里，从一种几乎是看不到的网上——叫作雾网——把困住的鸟儿拿下来，放到小布袋里带

---

* 加州南部一个著名的悬崖风景区。——译者注（凡以此星号标注的均为译者注，不再一一注明。——编者）

回实验室记录它们的各种数据和体重。实验室里工作的那些真正的科学家则像我们现在这样，站在那里，一边暖手一边侧耳听鸟鸣。"

山坳中响起了一阵阵鸟鸣声。

"每种鸟儿鸣叫的时候科学家们就会说出它们的品种——知更鸟、加州鹌鹑、鹨雀。"

"鹨雀？"

"对的——鹨雀。"

我们一起侧耳听了一会儿。

"我好像听到了鹪的叫声，"过了好一会儿，克里斯说道，"就是那个沙哑粗犷的叫声。"

"我也听到了。"

"鹪的拉丁文名叫作 troglodytes，意思是穴居人。这种小鸟儿基本不从自己生活的灌木丛中出来活动，货真价实的穴居人。"

"还有其他什么鸟儿在叫？"

克里斯又在侧耳倾听。

地平线被桃蓝色的柔光填满。等待日出的时候我们慢慢停下了谈话。当风吹过恶地国家公园砂石塔时，几只鸟儿在我们下方的峡谷吟唱起来。在那个高原上的日出中，静谧擒住了我们俩。

从我们驶入南达科他州的那一刻开始，基本上每一英里都可以看到沃尔药店的木质广告牌。"免费冰水。"其中一块写道。"条条大路通沃尔药店。"另一块写道。在看到第十五块沃尔药店的广告牌之后，我俩决定必须要去看看这到底是个什么地方。

我们在一家沃尔药店停下车来吃早餐。店里放满了西方油画、五颜六色的头饰和装饰品。穿着牛仔裤、戴着西部牛仔帽的中年人围坐在桌边，面前放着热腾腾的咖啡。

我们吃了一顿丰盛的早餐，又买了一大桶冷却剂之后回到了车上。

"这个应该加到哪里去啊？"乔丹摇着那罐装着蓝绿色液体的容器问道。

"你觉得我会知道吗？"

我们在汽车引擎盖底下鼓捣了一会儿。

"这儿。"乔丹指着一个塑料盖说。

克里斯把一张报纸卷成漏斗的形状，然后看着乔丹说道："倒吧。"

这些闻起来像是糖精的液体一半倒在了散热器上，另外一半倒在了克里斯身上。

"这玩意儿有毒吗？"克里斯有点惊恐地问道，一边跳来跳去，一边狂闻自己的手臂和T恤。我俩笑得前仰后合。

克里斯在卡车休息区的卫生间里稍微清洗了一下之后，我们很快又上了I-90省道，向着黑山国家森林公园和拉什莫尔山的巨大总统石像的方向进发。几个月前，乔丹给了克里斯一本威廉·金塞尔写的《美国名胜》,这是乔丹最喜欢的书之一。这本书的作者金赛尔受到那些"上路寻找他们认为这个国家已经失去了的建国理想"的人的启发,自己也上路去了美国最具标志性的 16 个地方朝圣。他去的第一个地方就是拉什莫尔山。

我们把车停在了一个拥挤的停车场,然后向着公园入口走去。我们顺着挂满随风飘扬旗帜的柱廊,越过其他游客,走上了通向美国建国之父石像的台阶。我们之前一直尽量直视前方或者向下看,因为我们希望可以在很靠近的地方直接看到石像的正面。等攀上了台阶,我们一起向上望去。

"就这样?"乔丹说。

这个地方感觉几乎一点都不重要。一堆由了无生机的常青树装点的岩石和碎石头之上,是一些雕刻出来的遥远又渺小、毫无生气、沟壑纵横的脸庞。我们试着在身边吵吵闹闹的人群中欣赏这些石像。再怎么说,这里是我国民主的图腾,而石像上的这些名人开创了作为美国人的含义。

"唔,好像没啥可以看的。"克里斯说。

我们在拉什莫尔山的整个游玩不到 20 分钟就结束了。

回到车上之后,乔丹对于自己没有能够在一个美国的"圣地"感到一丝感动而觉得有点内疚。这种内疚的情绪表达出来时却变了滋味,变得充满了攻击性。

"如果不久之后发生革命要求把杰弗逊和华盛顿的石像从拉什莫尔山上弄掉,我也一点不会感到惊讶。"我们从停车场开出来沿着来路下坡时乔丹说道。

"为什么?"克里斯问。

"因为他们蓄奴。"乔丹说,"就跟卡尔霍恩一样。"

整个学年里,耶鲁大学的学生都在发动学生运动想重新命名卡尔霍恩学院。约翰·卡尔霍恩——曾任美国第七任副总统、战争部长、国务卿,以及南卡罗莱纳州的众议员和参议员——是内战前南方的一位坚定的蓄奴支持者。卡尔霍恩学院名字的去留在我们朋友的圈子中是一个经常聊到的话题,而我们俩似乎持有不同观点。

有关卡尔霍恩的辩论始于一个月前,当时耶鲁大学的校长彼得·萨洛维宣布卡尔霍恩学院的名字不会改。[1] 他的观点是与其把蓄奴的历史从记忆中抹去,不如以此来鼓励学生思考蓄奴制的历史,而这些思考会帮助学生更好地为现在和未来的各种挑战做准备。

"大学必须是艰难的话题被探讨和辩论的地方,"萨洛维在接受采访时说,"我不认为隐藏我们的过去是正确的展开讨论的方式。"

但与此同时,萨洛维宣布寄宿制学院的院长称号从"Master"(也意为奴隶主)改成了"Head of the College"(即学院院长),这个改动是为了避免称谓上有任何与美国奴隶主可能的联系。这种两边讨好的处理方式让双方都不甚满意。

---

[1] 2017年2月11日,耶鲁大学将卡尔霍恩学院重新命名为格蕾丝·赫柏学院,以纪念先锋计算机科学家格蕾丝·墨瑞·赫柏。

在南达科他州，我们俩又开始了这个争论。

"他的这种处理方法就是做事只做一半。"克里斯对萨洛维的决定评论道。

"我同意——这对他来说是最容易的。"

"对。"

"但这不意味着学生可以破坏物品或者对着教授们大喊大叫。学生行为的严重性超出了这个问题的严重性。他们的这些行为让他们看起来太激进了。"

"虽然我不同意他们的策略，但我很欣赏他们的看法，"克里斯说，"我认为进行组织良好的大声抗议来施加压力是很健康的。"

"但这必须有所限度，"乔丹说，"不然，这些抗议者的举动反而会伤害他们所代表的社会群体。"

"我同意。在伯克利，当学生们抗议学杂费上涨的时候，有些人会拉响火警，打破窗玻璃，或者用其他方式来搞破坏。这只会适得其反——他们最后只会损害那些他们热爱的东西。"

"但这也是为什么我认为行动的尺度必须和议题的严重性成比例，"乔丹说，"有些不公正现象的严重程度是值得人们付出生命的——比如终结吉姆·克劳法*。但很多其他议题则没有那么严重，如果我们对两者使用程度同样严重的措辞和

---

* 吉姆·克劳法（Jim Crow Laws），指的是1876年至1965年间美国南部各州以及边境各州对有色人种实行的种族隔离制度的法律。

策略，那么这些抗议的措施就会失去它们应有的效果。"

"没错，这就是一个程度问题。"

"对，就是这样。"

我们的谈话暂停了一下。

"所以我们俩同意彼此的看法？"

"我猜是的。"

但是，我们的谈话中依然略过了一些东西。新朋友总有一些办法可以避免争吵。我们尽力调低争论的热度、减弱观点的锋利度，来让我们之间的差异显得没有那么大。虽然我们小心翼翼地模糊了我们之间观点的分隔线，但它们依然在那儿。

当我们从黑山国家公园的峡谷中开出来的时候，乔丹的眉头终于舒展了。

"你看，如果耶鲁要改卡尔霍恩学院的名字，"他说，"那也应该通过一个民主的讨论程序，包括要考虑到学院的传统和文化、校友们的看法，以及现在的学生的利益。而且我希望这个过程是关于选择一个值得纪念的人，而不是出于仇恨而直接把有关卡尔霍恩的记忆抹去。"

"我同意，"克里斯回复道，"至少关于你说的有关程序的那部分。"

"过程是关键，"乔丹说，"活动家们致力于推动社会进步，但如果他们一下子推动得太过激进，那么可能会导致人们强烈反感。"

"我并不是一个活动家，"克里斯说，"但养育我长大的人是，而且我相信他们。曾经很长一段时间我都为自己不属于那个圈子而感到困扰。我怎么能和他们有着相同的想法却不加入其中呢？但我现在理解了，每个人都有自己的角色。活动家们似乎需要大声疾呼反对社会常态，并对很多事情采取极端、有时让人不舒服的理想主义态度。而大学的管理者们应当做对于学校来说利益最大化的事情。这就是民主的意义：让各种相对立的想法进行激烈而混乱的对话。"

"兄弟，我也希望社会进步，"乔丹说，"但我希望进步以正确的方式发生。我认为我们的前人以及他们设立的各种制度中是有很多好的、充满智慧的东西的。当然他们也有很多错误，那我们就应该改变那些错误的东西。但我们在摒弃错误的东西时不能把那些好的部分也一起给扔了。"

"我同意你说的，"克里斯说，"有些时候进步应该缓慢地发生。比如说改学院的名称就需要很多智慧、倾听和妥协。我觉得很多人只是希望自己的声音可以被听到而已。"

我们继续在空旷的长路上行驶着；路边高耸的山脉有许多凸起的岩石，山顶上白雪皑皑，高速公路像绳子一样拥抱着这些山川。广阔的天空中有许多如同大理石雕刻一般的云朵在飘荡。

几天前，特朗普刚刚取得了共和党总统候选人的提名，并且第一次民调支持率超过了希拉里。那一周，在圣地亚哥特朗普集会场地外，他的支持者和反对者们发生了肢体冲突。警方逮捕了 35 名参与者。但在南达科他州，我们俩觉得我们与

2016年美国政治之间仿佛有1500英里那么遥远。

"我觉得我们之间政治理念的分歧其实没有那么大。"克里斯说。

"同意。"

之后的几天里,我们又驶过了许多的田野和山川。我们在博兹曼和蒙大拿做了短暂停留,并在细雨中游览了黄石国家公园。克里斯开车带我们驶入了爱达荷州,我们向着西南方向前进,穿越了锯齿国家森林的松林和月面环形火山口国家纪念保护区的火山岩。

在爱达荷南部,我们在一望无际的山谷中平静地行驶着——直到后视镜里出现了警车上闪烁的红蓝光。

克里斯在后视镜里看到我们车后方大约四分之一英里处有一辆州警巡逻卡车。由于黑色地面上蒸腾的高温热气,卡车的轮廓看起来有些模糊。克里斯看了一眼仪表盘——95英里/小时。他的胃拧成了一团。这里的限速应该是70英里/小时左右。

"糟了。"乔丹转过身去看警车。

克里斯把车靠边停到了路肩上,熄了火,颓然靠在了座椅上。

"哥们儿,别担心,"一位穿着齐膝皮靴的警官向我们的车走来时乔丹安慰克里斯,"这种事情迟早都要发生的。"

"你知道你刚才开得多快吗?"警官在克里斯摇下车窗之

后问。

"太……太快了。"克里斯结结巴巴地说。

"驾照和行驶证。"

乔丹一边在汽车的杂物箱里翻找证件一边嘟囔着什么。警官查看了克里斯的驾照。

"你们俩整晚都在开车?"

"基本上。"克里斯说。

"你们来这儿干吗?"警官瞥了一眼克里斯的驾照,"克里斯托弗?"

"我们在自驾穿越美国。"

"为什么?"

"乔丹要在他姐姐的婚礼上做伴娘。"

"伴郎。"乔丹继续埋头在杂物箱里翻找着。

警官没有说话。

"我们俩都在康涅狄格州读法学院。"克里斯说道,试图打破沉默。

"长官,"乔丹突然插话,他没能成功找到证件,"我没找到我的保险卡,但我可以尝试在手机上找出来。"

警官皱起了眉,还是没有说话。

"呃,这是我祖父母的车,"乔丹继续说,"他们住在纽约,我肯定是把我的保险卡落在他们家了。"

"把你的驾照也给我。"

乔丹摸出了自己的驾照。

"加州恩奇诺?"警官问道。

"我在那边长大。就是电影《沉睡野人》中的那个恩奇诺。"

乔丹试图让气氛轻松一点的尝试完全没起作用。

"而你是……"警官又看了一眼克里斯的驾照,"华盛顿特区人。"

"呃,不是,我是旧金山湾区人,"克里斯说,"但我大学毕业之后在华盛顿特区住过几年。"

"然后你现在住在康涅狄格州?"

"是的,长官。"

"但这辆车的注册地在纽约?"

"对。"乔丹边说边探出窗户对着警官微笑。

"待在这儿别动。"

我们俩一起看着警官转身走向他随意停在路边的警车。沃尔沃的发动机在温暖的春风里咔咔作响。克里斯紧张地看着后视镜。乔丹看了他一眼,大笑了起来。

"别紧张,哥们儿,又不是什么大事。"

"这可不好说。"克里斯边回答边继续盯着警官的一举一动。十几岁的时候,克里斯曾经在伯克利因为闯了一个停车标志而被警察拦下来过。那个警官命令克里斯和他的两个朋友坐在路边,然后把克里斯妈妈的酒红色轿车翻了个底朝天。当他没能在车里找到任何东西之后,这个警官骂了一句脏话,然后厌恶地把克里斯的钱包扔在了地上。"你小子挺幸运的。"

那个警官说着,把克里斯和他的两个朋友留在路边,自己扬长而去。

过了一小会儿,警官走了回来。

"我得请你们两位下车。"他说。

克里斯惊慌地看了一眼乔丹,乔丹脸上第一次出现了害怕的神情。

"请站在那边。"警官说道。

克里斯下了车。警官指了一下路边,一只手放在手枪套上,走到了克里斯的身后。

克里斯望向路边爱达荷州的丛林。我们俩这次路过了荒无人烟、满眼翠绿的威斯康星州,驶过了浓密林地中竖立的石像,蹚过了碧水流淌的峡谷。在蒙大拿州的时候,克里斯在副驾驶位上睡着了,窗外的暴风雨穿过青青牧场,向着路边耸立的山川飘去。而爱达荷州却是平坦而荒芜的。站在爱达荷州高速公路边的克里斯看着自己脚下的沙土,它们在他的踩踏下有些松动。这里的土质干燥而粗糙,不像怀俄明州高速公路边的泥地,乔丹在那里拍了一张照片——湖中心的岩石上飘荡着一面美国国旗。

"请坐到我的车里去。"

警官的命令一下子把克里斯拉回了现实。他之前也和警察打过交道,但从来没有被要求坐到警车里去过。他试着拉开副驾驶室的车门,发现它没有上锁。于是他爬进车里坐了下来。"情况还不算最糟,"克里斯安慰自己,"至少他没有给我上手铐,也没有用手摁住我的头。"

车里一片寂静,警官绕过警车走到了驾驶位。他从我们俩的车前经过,克里斯看到乔丹伸长了脖子在观察现在的情况。克里斯习惯性地伸手去拉安全带,但想了想决定还是不要系上安全带比较好。在他的座位和驾驶位之间放着一大堆武器,包括手枪和长步枪。克里斯深深吸了几口气来稳定自己颤抖的双手和隐隐作痛的脑袋。

"小子。"警官坐进自己的座位后说道。当他调整姿势让自己舒服一点的时候,车厢里的静默显得愈发凝重,警官说的唯一一个词语悬浮在车厢浑浊的空气中。他注视着前方,没有看克里斯。

"你刚刚说的那些该死的东西根本说不通。"

警官坐在警车的驾驶室里,向克里斯解释了他的困惑。

"你说你从加州来,但你的驾照是华盛顿特区发的。你的朋友乔丹从洛杉矶来,他的驾照也是加州的,但他的车却是在纽约注册的——而且还不在他的名下。更不要说你说你们俩都是法学院学生,但是乔丹这个家伙又说他很快要开始去上商学院了。你还一直抖个不停。"

警官转过身来,他的目光越过各种枪械看着克里斯。克里斯突然后悔自己出发前没有理发,或者至少换件衣服,他现在穿着的衣服的胸前写着"伯克利政治评论"几个大字。

克里斯心虚地笑了一下。

"反正就是完全说不通,小子。"

"我知道这听起来有点疯狂,"克里斯说,"我自己说出口的时候也觉得这听起来确实挺疯狂的,但是事实就是这样的,长官。我们正在自驾游。他的情况真的就是他说的那样,我也是。"

警官转了个身,克里斯看到他望向我们的车,大概是在思考我们的说法以及现在这个很不寻常的情况。

"而且,"警官继续说道,"你的眼睛里为什么布满了血丝?"

他的评论再一次让克里斯措手不及。克里斯眼睛里的血丝也许是因为我们总是半夜开车,也可能警官只是在试探他。但不论警官的意图是什么,克里斯意识到现在的情况十分严峻。

"长官,如果您在暗示我嗑药了还是怎么样了,我可以保证我没有。"克里斯说。

"我没有暗示任何东西。"

克里斯颓废地靠在了车座上。"我马上要被移到后座上去了,那边的车门可就没法从里面打开了。"他心想:"我为什么要说嗑药的事情?这算是给了警察逮捕我的正当理由吗?"

克里斯突然很后悔上个学期没有修刑法课。

"待在这儿别动。"警官说着,向着乔丹走去。克里斯从座位上看着这位暴躁的警官离开,心里稍微松了一口气。乔丹从车里出来,面对着警官。他们俩都把手搭在自己的腰侧。警官微微俯身,乔丹站着面对着他,警官一边说话,一边先是指了一下我们俩的车,然后指了指克里斯,最后指了指乔丹。乔丹同样也以一些手势回应。他们一起转头看着克里斯,然后突然乔丹仰起头拍了一下双手,脸上露出了一个大大的微笑。

"妈的,乔丹。"克里斯大声说。

但是警官竟然也微笑了起来。他招手让克里斯过去。克里斯连忙从警车里跳了出来。

"我今天不给你们开罚单了。"克里斯向着他们走过去的时候警官说。

克里斯感到很震惊。乔丹后来跟克里斯解释,当那位警官听说乔丹之前是海军陆战队员之后对他们的怀疑就烟消云散了。也许他还是对我们俩的情况感到费解,但他很尊重乔丹之前对国家所做出的贡献,而克里斯因此得益了。

"给你一个建议,小子,"警官说道,拍打着克里斯的手,"下回别那么害怕。你还是个学法的。你知道在路上开车被警察拦下来会发生什么。你又是出汗又是结结巴巴的,让我感到很可疑。"

"好的,长官,"克里斯颤颤巍巍地说,"我猜可能是因为你的警徽,还有制服——看起来很吓人。"

"祝你们俩好运。"

警官驾驶着车离开了,轮胎摩擦着碎石发出了刺耳的声音,我们俩回到了车上。一个转弯之后,警车的红蓝色亮光消失在了高速公路空空荡荡的远方。

乔丹看着克里斯,露出了胜利的微笑。

"我就知道肯定没事。"他说。

"我再也不开车了。"

克里斯把车钥匙扔给了乔丹,然后走向了副驾驶位。

"我还是不敢相信他竟然没开罚单就让我们走了。"克里斯说。

警官走了20分钟之后,克里斯还是有点紧张。在乔丹的驾驶下,我们的车又开始飞驰,唯一制约我们速度的因素可能是我们现在知道了这些看起来漫长空旷的高速公路上实际上真的是有警察在巡逻的。

"而且他还那么地——讲道理。"克里斯继续说。

"是的,警察也可能很友善。"乔丹大笑着说。

"只是很长时间以来,我和警察打交道的时候都没有像这次那么顺利。"

很显然,我们俩对于执法部门的看法完全不一样。对于乔丹来说,警察在某种意义上和他是一类人。由于两者职业上的相似之处,军人和警察经常对彼此充满深切的尊敬。尽管每个群体里肯定都有一些坏人,但乔丹相信绝大多数警察的出发点都是好的,也很在乎自己为社会的贡献,而他们每天面对的危险让他们理应得到尊重和感谢。

克里斯却对警察不那么信任。克里斯小时候住的地方有个警察会给小朋友们发贴纸,并让他们参观他的警车。但克里斯在高中那次跟警察的不愉快经历之后,阅读了很多有关奥克兰警察局好坏参半的历史,还在网上一遍又一遍地看了很多有关警察暴行的视频。他心里永远都会记得22岁的黑人奥斯卡·格兰特被手铐铐着,躺在奥克兰弗鲁特维尔车站的地上,几分钟后,一位名叫约翰尼斯·梅瑟勒的车站警察对着他的脊椎开了一枪。

如果乔丹认为绝大多数执法者都不过是想要在最为困难的情况下做好自己工作的普通好人,那么克里斯的想法则是他们可能会制造危险——而当他们滥用权力时,这种危险是致命的。

"一般而言,当警察让你靠边停车时,如果你对他们比较尊敬,那你一般都不会有什么麻烦,"乔丹说,"如果你称呼他们为'长官',并且态度礼貌,他们甚至可能不开罚单就让你走了。"

"并不是对所有人来说都是这样的。"

"什么意思?"

"对你——以及我——来说可能确实是你说的那样。但是如果我们是黑人的话,那情况可能就会完全不一样了。"

"但也许如果你不是那么紧张,或者我不是海军陆战队的,情况有可能会不一样。你的这个观点单单把一个因素提出来,然后讲得好像它是唯一重要的因素。我的意思是如果你表现得很尊重警察,而且不给他们怀疑你的理由,那绝大多数时候都没事。那有没有例外呢?肯定有。而且当例外发生时,通常都相当可怕、充满悲剧色彩,而且犯了错的警察们会被送进监狱。但这些情况都是例外。"

"我不认为我说的这种情况仅仅只是罕见的例外。"克里斯说。

"我认为的问题,"乔丹继续说,"在于这些例外的情况最后成为了对话中最主要的话题,这就搞得好像所有警察都是种族主义者,或者没有得到良好的训练,或者有其他什么问题。这就造成了一个恶性循环,一方面警察觉得他们一直在被社会大众攻击,而另一方面某些群体很不信任警察,并且觉得警察故意针对他们。双方的这种感受就导致了错误发生的可能性上升。"

"但是警察确实更多针对某些种族。"克里斯说。

"老实说,我不知道如何看待相关数据,"乔丹说,"你知道吗?"

"你甚至都不需要看数据,"克里斯说,"只要看身边的例子就够了。你可以在 YouTube 上看各种视频,里面警察表现得非常激进,在他们不该开枪的时候开枪,对和平集会的人群发射催泪弹。或者只要看看或者倾听那些每天都需要跟警察打交道的群体就行了。"

"这些都是例外,可怕的、悲剧性的例外。如果说在这些例外中执法者是抱有恶意的,那确实是很邪恶,这些坏的执法者应当在法律的范围内得到充分的制裁。但这不意味着我们应该把所有警察都看作杀人犯或者种族主义者。"

我们之间的争论持续了一个小时左右。我们俩对这个话题都很较真，也因此对于对方竟然不能理解自己觉得显而易见的观点感到十分挫败。

到了日落时分，我们驶过了博伊西，两人都筋疲力尽，于是决定停车找点东西吃。我们把车停在一家名叫 Applebee 的连锁餐厅前时，太阳正低悬在天空中。我们点了外带的照烧鸡肉饭，然后想要找到一个可以观赏日落的地方。我们最后停在了一个长长的山谷山脚下高速公路旁的一小片土地上。我们手上抓着外卖的塑料袋，跑上了山崖的顶端。

"你知不知道刘易斯与克拉克远征*时也途经了爱达荷？"克里斯问道。

"那是差不多 200 年前的事情了。"

又是片刻的寂静。我们白天的争论已经平息。面前的美妙景色——还有高大如海浪般的草丛中昆虫沙沙作响，周围高速公路上的声音——冲洗掉了一天中最糟糕的时光，虽然我们俩之间依然存在着遥远的距离。

我们为什么会在那么多的事情上都赞同彼此，却无法在一个普通警察是什么样的、种族暴力又意味着什么这些最基本的事情上达成一致？我们为什么在南达科他州体会到了令人心旷神怡的认同对方的感觉，却在爱达荷州又觉得自己和对方之间的观点有如此遥远的鸿沟？之后的几天，我们俩不断体会那位爱达荷州警的感叹：反正就是完全说不通。

---

* 刘易斯与克拉克远征（1804—1806）指的是美国国内首次横穿大陆西抵太平洋沿岸的往返考察活动。美国陆军刘易斯上尉和克拉克少尉是这个考察活动的领队。

我们从俄勒冈低地的酷热中驶向高处覆盖着冰雪的火山口湖。我们俩从高处往下看，看到了让我们着迷的水晶玻璃般透明的紫蓝色湖面。之后我们又驶进了一片很像是加州红树林的绿色森林，这个景色让克里斯第一次感到了一丝乡愁。

"我觉得是时候了。"当我们在一片深绿色森林中穿行而过时乔丹说道。

"是什么时候了？"

"撰写我姐姐的婚礼致辞。"

在旅行过程中，克里斯好多次想到过这个婚礼致辞，但总没找到提起这件事的时机。而就在我们俩还有几个小时就要进入加利福尼亚州的时候，时机总算来了。

"好啊。"

克里斯在他的包里摸索了一会儿，掏出了一个笔记本。他一边翻阅，一边给乔丹看空白本子上的一些零星涂鸦。

"这是我国际法课上做的笔记。"

"看起来没啥问题。"

"所以你想在致辞的时候说点什么？"

乔丹之前设想了一两个笑话——比如掉了几滴"男伴娘"的眼泪，或者他的姐夫现在是他们家最受喜爱的儿子了，因为他既会打高尔夫球又干着一份赚钱的工作。

"挺好的。挺好的。"

"但我该就珍娜说点什么？"

爱达荷　45

"唔，她对你来说意味着什么？"

乔丹思考了一会儿。

"我长大的过程中，珍娜一直保护着我，"乔丹说，"这么说可能会让一些人感到惊讶。她是一个温暖、热情的人，总是在照顾别人——这也是为什么她成为了一位社会工作者。但她也有很勇猛的一面。我最喜欢说的例子就是在'布什诉戈尔案'的那一阵，珍娜上的高中是全国最偏自由派的高中之一，所以她学校里有很多针对共和党人的攻击。她后来终于受不了了。她在一次全校集会的时候站了出来，在500多个人面前说道，'你们必须停止对共和党人的攻击。我的父母和弟弟都是共和党人，但他们都是好人！'我永远都不会忘记那一天。"

乔丹微笑了起来。

克里斯屏住了呼吸。乔丹在谈论他当兵时的故事时总是很轻松，但他私人生活中的故事——比如家庭逸事、生活中柔暖的时刻，以及他还不是训练有素的海军陆战队员时的故事——却说得很少。克里斯感到乔丹在慢慢向他展开心扉，他很喜欢这个变化。

在克里斯长大的过程中，他像依靠家人一样依赖着他的朋友们。当他妈妈生病的时候，他的无数个"教母"会来照顾他。克里斯的教父丹不仅每周五都会给他带来比萨，还教会了克里斯怎么刮胡子，经常去为他的足球比赛加油，在他高中和大学的时候给他塞钱让他去看演唱会。克里斯的母亲，一位很强大的女性，把这些人都变成了他们大家庭的一部分，而长大后的克里斯也在做着同样的事情。也许乔丹也可以成为他家庭的一部分，就像克里斯在伯克利、华盛顿特区，现在可能还有纽黑文，认识的那些家人一样。

"我高一的时候，"乔丹继续说，"一个高四的学生总欺负我。我都不敢在学校里走路。我从来没有跟家里人说过这件事，但珍娜能感觉到我不开心。我和珍娜上的是不同的高中，但很快有七个高三的学生找到我叫我不要担心，因为他们会罩着我，他们都是珍娜的朋友。两周后，珍娜在一个派对上斥责了那个欺负我的高四学生。我到现在都不知道珍娜跟他说了什么，但他之后再也没有欺负过我了。"

"嗯，"克里斯低头看了看他记下的乱七八糟的笔记，"我觉得你要说的内容都已经在这儿了。你从一点轻松的小笑话开始，然后你讲了些非常感人的逸事，最后有个很好的结尾。非常棒。"

我们再一次陷入了沉默。我们的车经过了古老的森林，沿着蜿蜒的下山路在婚礼前一天到达了加利福尼亚州。在引擎的嗡嗡声和广播的音乐声中，我们车里的气氛很安详。随着旅程英里数的增长，我们从一开始近乎朋友的熟人关系，变成了兄弟。

在加利福尼亚州雷丁郊外的黄褐色草丘间行驶时，我们俩都感受到了这种兄弟情谊的存在。我们在这次旅途中看到了许多东西。我们在南达科他州一起安然撑过了汽车故障。我们在高速公路上急刹车，相差几英尺躲过了一群由两只聪慧的牧羊犬领着过马路的绵羊。我们在黄石国家公园高地上的某处和一只麋鹿进行了沟通，它身上的毛和我们棉质衣服上沾染的雾气是一样的。我们遇见了许多身穿橘黄色连体服、古铜色皮肤的犯人在清理加州山麓上野火烧毁的橡树和草地，烧焦的烟尘如同恶臭的雪一般在空中飘荡。我们还邂逅了许多人，有些很奇怪，有些很友善，他们给我们指路、请我们吃饭、让我们在晚上有一个歇脚的地方。我们还不知道该如何看待这一次的旅行。但我们知道旅途是有意义的——尤其是这次奇特的旅程——但我们还说不清楚这个意义是什么。在经历了这一切之后，我们驶入了索诺玛，这个跨越了3000英里的旅途即将结束。

"我们下回再来一次自驾游吧。"乔丹说。

"我同意。"克里斯回应道。

凤凰城

一年之后，2017年8月22日，我们俩开着同一辆沃尔沃轿车在8号高速公路上疾驶。乔丹急转弯驶下了辅路，惯性导致克里斯紧紧贴在了车玻璃上。乔丹把车停在了亚利桑那州尤马市的海军陆战队航空站外的护堤上，护堤的栅栏边已经围了激动的人群，我们和他们一起看着总统乘坐的"空军一号"降落并开始滑行。

人群在"空军一号"降落后变得寂静。然后，在一阵短促的汽车喇叭声和鼓掌声之后，短暂的平静重归混乱。

"特朗普只是想保护我们的边境！"一位拿着"建造边境墙"标语、脸蛋红扑扑的海军护士大喊道。一群抗议者和支持者围在她的身边。"如果没有边境，那国家就不复存在。这就是为什么我们需要边境墙！"

"他是个种族主义者！"一位西班牙裔年轻人针锋相对地喊了回去。他们两个人向着对方走去。"特朗普为啥不在美国和加拿大的边境也建一堵边境墙？嗯？因为他憎恨墨西哥人。他说我们是强奸犯和杀人犯。"

"'黑人的命也是命'运动*对我来说才是种族主义!"护士说着,指着西班牙裔年轻人的上衣。"这根本就不是一个种族问题。这是一个热爱红色、白色,还有蓝色的问题**。"每说一个字,她就用拳头捶打一下自己的胸膛。

一位穿着扎染上衣、一头短发已经全白了的年长女性在护士的耳边挥舞着"爱战胜恨"的标语。坐在车里的人们用鸣笛来表达自己对某些标语的赞同,每一次鸣笛都会在人群中的这儿或那儿引起一阵半心半意的欢呼。

这正是我们到这儿来的目的:我们想亲眼看看在一个政治观念两极分化的世界里,美国人如何与和自己意见不同的人对话,即便是近40度的高温也不能阻止大家积极地表达观点。

离我们几英尺远的地方,那位护士摇了摇头。

"我认为我们应当有和彼此对话的能力。为什么我们不能进行沟通呢?"她说。她的语气变了,就好像她突然卸下了伪装并露出了真实的自己。"我来到这里就是想要证明观点不同的人们可以待在一起而不发生暴力。如果我们都无法与彼此对话、无法进行沟通,那我们的国家会变成什么样?"

"你有你的观点,我有我的,"她继续说,"我们应该坐下来进行一场对话。美国精神已死就是因为我们没法坐下来,没法好好说话。"

---

* 即 Black Lives Matter,是一场起源于非裔美国人社区,抗议针对黑人的暴力和系统性歧视的运动。

** 红色、白色和蓝色是美国国旗的颜色。

我们慢慢走回了车里，等待着车上的空调消去车中令人窒息的暑气。我们俩都没有马上说话——天气炎热得让我们无法思考——但我们都因为刚刚目睹的一切而面露忧色。

乔丹最后瞟了一眼依然活跃的人群，发动了我们的沃尔沃车，沿着I-10号高速公路向亚利桑那州的凤凰城出发。今晚特朗普总统将在那里举行选举集会。

那天早晨，我们俩在墨西哥蒂华纳市的一家名叫里约热内卢的酒店的五楼房间中醒来。克里斯醒来时发现乔丹坐在另外一张床的床沿上，已经穿戴完毕。

"发生什么事了？"克里斯迷迷糊糊地问道。

"是时候出发了。"乔丹说。

这是我们的第二次自驾游。这次我们将从加利福尼亚州北部往南走，穿过中央山谷*之后再回到西海岸边。这是我们俩近八个月来第一次见到彼此。乔丹正要开始他在斯坦福商学院第二年的学习，而克里斯则在华盛顿特区度过了一个专心写作的暑假之后刚刚飞到加利福尼亚州。我们俩一起在旧金山待了几天。这期间克里斯介绍了他的女朋友和乔丹的母亲认识，我们一起在乔丹之前驻扎的彭德尔顿营游玩了一个下午。然后我们夜游了墨西哥的蒂华纳市。

我们在美国的高速公路上沿着与墨西哥接壤的边界线往

---

* 中央山谷（Central Valley）指的是纵贯加利福尼亚州中部，与太平洋海岸平行的狭长盆地。

东行驶。8号高速公路气质粗犷，它途经绵延数英里的山川和荒芜的山谷。高速公路边稀疏的出口通往一些不过几个城市街区大小的小村庄，这些小村庄有着奇怪的名字，比如蜡烛木或是土狼井。锈褐色的边境墙像铜线一般缠绕在原始的景观中。

行驶的过程中，我们看着边境不停地出现、消失，又再次出现。克里斯用手指度量着边境的长度，在车窗上留下了一串指印。边境看起来不过是群山中的一条薄薄的缎带。乔丹不自觉地大声说出了心中的疑惑，他困惑这样一个又渺小又武断的东西怎么会成为那么多焦点话题的中心。毕竟，这儿不过是一片空地，边境两边几乎没有任何差别。但这条150多年前划下的边境线却不知怎么的成为了美国政治的一个主要冲突来源。

此刻距离我们俩在爱达荷州被警察拦下来已经过去了一年多。我们又开始了一次自驾游。这次自驾游开始前我们没有制定具体的计划，也没有想好要在哪些地方停留，只是大概想好了要游历美国的西南部。在我们去墨西哥蒂华纳市的路上，克里斯发现特朗普总统打算在凤凰城举行选举集会。对于前往这次集会，乔丹感到有些担忧，但克里斯很兴奋。

我们都觉得这个集会可能可以给我们一个了解美国现状的渠道。参与2016年总统竞选的双方几乎没有给对方留任何妥协的余地。曾经有着相似价值观，甚至曾同进晚餐的邻居们之间，突然出现了一道政治分歧的鸿沟。就像在索诺拉沙漠中的那道边境墙一样，一条锋利的分界线把社会分割成了两半——虽然我们中的一些人甚至都不确定我们是在分界线的哪一边，也不确定这条线到底代表什么。

所以我们向东朝着凤凰城驶去。

过去的几个月中，我们俩一直在争辩到底谁才是民主更大的敌人——唐纳德·特朗普，还是那些反对他的人。乔丹觉得那些认为美国正在向着独裁主义发展或者对种族主义事件正在激增的过分担忧不仅夸大其词，而且具有很大的破坏性。这种过分担忧导致了社会上对于现任总统的积极抵抗，而这在美国历史上从未发生过。克里斯则不太愿意指责那些上街游行的人。他在特朗普的语言和政治中听到了狗哨声*，并对特朗普表示他愿意为那些"打爆"抗议者的特朗普支持者支付律师费的言论感到非常担忧。

即便如此，我们俩依然抱有希望，也许在凤凰城，普通美国人依然在倾听彼此的观点。

下午的大部分时间克里斯都泡在推特上，他密切地关注着带有类似"凤凰城集会"和"特朗普"的主题标签。一位当地记者宣称预计有50000名抗议者会出席集会。一篇文章说一支穿着皮衣骑着摩托车的大军——他们被称为特朗普的摩

---

* 狗哨政治指的是用隐含着特别含义的语言来向特定人群传递政治信息。对于普通大众而言，这样的信息是可以理解且无甚深意的，但对于实际的目标群体而言，这些语言其实有不同或者更明确的理解。

托车军——正在全力向凤凰城进发。克里斯刷到了一个短视频，视频里这群人已经开始在凤凰城的市中心聚集。克里斯手机的扬声器无法承受视频中巨大的喧闹，发出了尖厉的声音。他把手机扔在了一边，望着窗外路边不断飞驰而去的灌木丛。

特朗普这次集会的时机引起了很大争议。仅仅一周之前，好几个白人至上主义群体的大约100名年轻男性聚集在位于夏洛茨维尔的弗吉尼亚大学草地上，手持火把，抗议市政府决定拆除邦联军将军罗伯特·李的雕塑。他们高喊着充满仇恨的口号，比如"血液与土壤"，还有"犹太人不会取代我们"。几百号反示威者也聚集起来，对立的双方之间发生了大量冲突。很多人担心凤凰城的集会将成为下一个冲突的战场。

乔丹很担心。几个月来他一直试图说服克里斯美国会回归正常。他认为特朗普会缓和语气，而针对特朗普的抵抗行动则会慢慢消失。当七月，特朗普总统任命约翰·凯利成为新的白宫幕僚长时，事态好像确实在向好的方向发展。凯利曾是海军陆战队将军，乔丹这样的海军陆战队军人们普遍认为他是一位有能力、性情温和的领导。但是在夏洛茨维尔发生的事情粉碎了这些希望。乔丹毫不怀疑在我们正在前往的集会上会发生暴力事件。唯一的问题是暴力事件会有多么严重，以及针对的对象是谁。

我们乘出租车前往凤凰城的会议中心，集会将在这里举行。会议中心沙色的墙上写着各种标语，墙外人声鼎沸。全副武装的警察警惕地观察着情势，街边停放了许多浅褐色的重型卡车——这令人不安地想到仅仅一周之前，一辆相似的卡车在西班牙巴塞罗那冲上了人行道，死伤20多人。路上挤满了特朗普的支持者。自从离开阿富汗之后，乔丹还从未感觉到如此紧张过。他在军队中的训练和经历让他下意识地知道暴力会在什么样的场景中一触即发，而凤凰城当时就是一个那样的场景。

当路上的交通变得太过拥堵时，我们下车走入了让人窒息的酷热之中。跟我们一起在路边的有各式各样的人，包括头发花白的中年男人、带着年幼孩子的父母，还有一群群青少年。他们中的许多人都戴着标志性的红色鸭舌帽，身穿灰色的T恤，上面写着类似"你们现在总能听到我们的呼喊了吧"的标语。

我们试着找到排队进入集会的队尾，但我们连续走了好几个街区也没找到绵延不断的队伍的尽头。克里斯看了一眼手机——6点25分，特朗普预计将在7点整登台演讲。

"我们肯定进不去了。"克里斯看着乔丹说道。

克里斯垂头丧气地跌坐在路边的一个植物围栏上，听着周围人群的喧闹。

乔丹转头望向前方，看着集会入口处大量人群正在通过一个狭窄的大门进入集会。

"要不我们直接走到队伍最前面去？"乔丹说。

"等等——"克里斯刚开口，但乔丹已经向着入口处走了过去。

我们穿过人群，避开路障走上了街道。人们在热浪中懒散地站着，无声地看着我们经过他们身边。队伍的最前方站着一位憔悴的警察，他身边是一个穿着白色网球衫的检票员。他们俩看起来都对如此巨大的人群感到有些不知所措。"走，走，赶紧走。"这位警官一边说一边把我们推过了检票员的身边，他的耳机正在嗡嗡作响。

我们可以进去了。

过了检票口之后，队伍在会议中心外顺着绳索蜿蜒延伸。我们的前面是两位戴着深色太阳镜的光头男性。跟着队伍绕过了一个转角之后，周遭噪音的音量突然变大，我们和传言中的抗议者打了一个照面。警力重兵防守的街道对面聚集了数千抗议者，他们被压在警方设置的屏障上，挤得路面水泄不通。其中的一些抗议者还在头顶上高举着标语——"他不是我的总统""没人有权宽赦种族主义""特朗普对美国造成的恶果不仅是让人民损失金钱"。还有一些人拿着声音嘶哑的大喇叭大声喊着口号。

"我的天呐。"乔丹大声说道。

突然有人开始高喊"耻辱"，然后我们身边似乎就只剩下了这一个声音。

还有什么比这更有效的表达集体谴责的方式呢？克里斯想。

克里斯在成长过程中经常参与抗议。他妈妈有时候会在周末早晨给他穿上毛衣，带着他前往旧金山市，和成千上万志同道合的人一起顺着市场街游行，呼吁政府尽快结束伊拉克战争。有一次他们一路走到了市民中心，楼上有一个可以看到下面情形的窗户。在窗户上探出身去，克里斯可以看到宽阔的广场上高高耸起的市政厅穹顶，广场上无花果树下各种人群在互相交谈。广场上挤满了在歌唱、高呼、大笑的大人和孩子。克里斯清晰地记得自己当时心中温暖的归属感。他不记得互相对抗的人们或是对立的意见，在那个清晨，对于一个小男孩来说，一切都显得那么地简单直接。

但现在凤凰城的情况却远比小时候复杂，克里斯站在了抗议者的对立面。沿街的路障把克里斯和抗议者们隔开了，他们正在对着他大声喊叫。克里斯很想跳过警戒线，加入抗议者的行列。

我们俩都有些不知所措。但排在我们前面的那两位光头男性显然比我俩冷静很多。其中一位展开一面美国国旗，挺起了胸膛，一边对着街对面的抗议人群大喊"再做四年总统"，一边把国旗攥在手中挥舞着。他的同伴很快参与进来，而他们俩的表现立马激起了街对面人群的反应，人群中爆发了大喊声，人们挥舞着攥紧的拳头。

"他们憎恨我们。"群情激愤中，乔丹轻声说道。我们溜进会议中心，终于远离了路上的喧嚣。

"我们的生命是如此短暂，不能让彼此之间的分歧离间我们。"

当我们走进会议中心的时候，这句话回荡在会场上方。

"说到底，与我们共同的人性以及联结我们的价值观比起来，我们之间的差异根本不值一提。"

"这声音听起来挺熟悉的。"克里斯说。

"是本·卡森。"乔丹说。

卡森站在一个狭窄的讲台上，身边站着几十个举着特朗普标语、被会场另一侧摄影灯照亮的人。几千人站在会场的中心区域，齐腰高的栅栏把他们与舞台及媒体区分离了开来。我们仿佛身处一个拳击比赛中——但在这场比赛中，拳击手站在舞台两侧，观众则被困在舞台中心。

克里斯震惊于集会上的演讲内容。如果闭上眼睛的话，某些时刻他甚至都可以想象自己是在参加一个奥巴马的竞选集会。"团结""爱"以及"共同的人性"之类的词语充斥着整个会场。虽然很多用词是一样的，但参与特朗普集会的人群基本是白人，其中很多都年纪比较大。而且参会者中有许多理着寸头、手臂上布满了刺青、穿着皮夹克的人。还有几对年轻的情侣搂着彼此，他们在几乎全是中年人的人群中显得有些格格不入。

随着我们逐渐适应了环境，周围的人变得具象起来。我们开始看到个体的人，而不只是群体，其中有几个人吸引了我们的注意。有几个看起来很凶狠的人正在皱着眉头到处晃荡。一个穿着松垮的棒球衫、牙齿乱七八糟的男人在人群中走来走去，试着离舞台更近一点，他时不时会突然发出一声吼叫。

"让他们见识见识，唐纳德叔叔！"他尖声叫道。

虽然这样的人在数量上并不多，但他们的存在让我们俩感到有些不安。其中一位这样的人物在几英尺外晃悠。他又瘦又矮，手臂上长满了肌肉，脊椎有些弯曲，一直耸着肩膀。他看起来50多岁，显然是独身一人来参加集会的。他疑神疑鬼地到处张望，时不时盯着我俩看，可能对我们俩是不是真正的特朗普信徒感到有些怀疑。

人群的热情被充分调动之后，就是主角上场的时候了。当特朗普总统从幕布后面走上舞台，双手抓住讲台的时候，聚集的人群发出了一阵嚎叫。

"今夜我来这儿传达一个信息。"伴随着雷鸣般的欢呼声，特朗普开始了他的演讲。

"现在是时候重建我们的国家、照顾我们的人民，以及为了我们伟大的美国工人应得的工作岗位而战了。现在我们正在做这些事。"

和在他之前登台的演说者一样，特朗普也向他的听众强调了统一和希望的主题。"我们相信每一位美国人都拥有活得有尊严的权利，"他从滚动的提词器中读出自己要说的话，"尊重美国意味着尊重她的全体人民。"

接着特朗普总统提到了在弗吉尼亚州发生的事情。

"夏洛茨维尔发生的事情是对美国核心价值观的打击，"特朗普说道，抓紧了讲台，"今夜，这个会场中的所有人将站在一起，对散布仇恨与暴力的暴徒们进行强有力的谴责。"

"但是，充满谎言的媒体们，"特朗普继续说道，加大了自己的音量,"那些坐在那边扛着摄影机的……"

特朗普指向电视摄影机所在的方向,他的话如同咒语一般,在人群中产生了爆炸般的效果。会场内的人群发出了巨大的嘘声,完全压住了会场外抗议者的声音。克里斯在脑子里慢慢数着数计时:一、二、三……整整30秒钟,整个会场和我们的耳朵里充斥着巨大的嚎叫、嘘声和愤怒的叫喊声;整整30秒,特朗普都没有重新开口说话。

"媒体不报道事实,"特朗普继续说道,"就像他们不愿意报道我对仇恨、偏见和暴力的公开反对,以及我对新纳粹主义、白人至上主义和3K党的强烈谴责。"

他从他西装的口袋中拿出了他对相关问题的回应,并开始一行一行地朗读。我们可以看到提词器停止了滚动,而特朗普的演说开始变得情绪化和没有重点。

"这就是我当时说的。"特朗普总统读着自己之前对相关组织的谴责,挥动着手上的纸片。他时不时会回归正轨,重新开始朗读提词器上的内容,但他每次都很快就又开始讲其他的事情,经常是攻击他最喜欢攻击的对象。

"哦,有意思,"他手指向电视摄影机,说道,"看那边,那些表示正在电视直播的红点。他们急急忙忙地把红点给关了。他们在赶紧掐断电视直播。"

我们俩都震惊于特朗普在演说中展现出的力量感和对场面的掌控感。他演讲中语气的不断变化——从温柔到有力又回到温柔——让观众欲罢不能。他的那种独特的、不断重复某些词语的演讲方式在电视上看起来很混乱,所以经常被嘲笑,但身临其境却让人觉得很亲切。他正在一个充满了信徒的会场中布道,而他很清楚如何一次又一次地拨动观众的心弦。他正在教化会场内外的特朗普信徒。他是他们的领袖,他要确保他们知道这一点。

听了快一个小时之后,我们决定离场。特朗普总统还在激情演讲,而观众根据他演讲的内容一会儿发出嘘声,一会儿在他又扔了一个言语炸弹之后大声欢呼。我们离开集会的时候,观众正在大笑连连。走在我们前面的是四位魁梧的特朗普支持者,他们往外走的一路上都在咆哮。

我们走出会场,来到了一个站满了穿戴着防暴装备的警察的十字路口。路边挤满了支持者和抗议者,他们在警察之间交错站立着,试图取得更有利的位置。我们后来把这个区域称为"淡海水区"——因为这是特朗普支持者从集会中出来,融入到会场外人群的地方。在这里,参与集会的支持者和抗议者像河流入海口的河水与海水一样发生了交汇。我们俩突然发现自己身处酷热街道上的无人区内,一边是被警察护栏保护着的参与集会的支持者,另一边是被路障隔离开的抗议者。

我们身后传来了一阵呼喊声。我们转过头去看到了一位穿着印有"我们拒绝接受"T恤的女性高举着一块牌子,牌子上印着上周在夏洛茨维尔不幸身亡的三个人的照片——希瑟·海耶,一位反抗议者,以及两位弗吉尼亚州警察,伯克·

贝茨和杰伊·卡伦。

"我们必须谴责国内恐怖主义，"她用仿佛在舞台上表演的声音说道，"为什么特朗普总统不谴责国内恐怖主义？"

她特意站在集会参与者从会场出来的地方，在不违反防暴警察指令的情况下尽可能地靠近会场出口处。每一个从会场出来的特朗普支持者都必然会经过她所站立的地方，而她已经成功吸引了一群人围绕着她。本地新闻台的摄影机正对着这一小群人疯狂地拍摄。

"为什么特朗普不谴责新纳粹主义？他为什么不谴责3K党？"她尖声叫道。

"你在大喊什么？"一位特朗普支持者对着她喊了回去，他是一位戴着鸭舌帽的中年男性，帽子里有一根麻花马尾辫伸出来，"他分明是谴责他们的。他谴责所有的暴力团体！"

"特朗普安慰那些杀人凶手！"她回应道，"他甚至都不愿意提到那些暴力团体的名称。"

"他明明谴责了他们——而且都是直呼其名。而且他谴责所有暴力团体。说起来，你们为什么不谴责安提法*？"

"安提法没有杀人，"她说，"你应该关注杀人犯。"

围观的几十个人靠得更近了一些，想要看这个闹剧将如何收场。我们俩也正想靠近一点的时候听到身后传来了一阵高呼。

---

* 安提法，即 Antifa，全名为 Anti-Fascist，是美国的一场左派反法西斯主义、反种族主义的政治运动。

"要希望，不要仇恨……要希望，不要仇恨……"

我们转过头去，以为会看到一群特朗普的反对者来声援这位女抗议者，却发现是之前走在我们前面的那四位魁梧的特朗普支持者，他们四个人一边挥着拳头，一边用手在左边做喇叭状齐声大喊。

街对面出现了一群新的躁动人群，我们俩赶紧过去看看是怎么回事。大约20个人在一个路障边上晃悠，路障的另外一边站着五位警察。我们看到人群中间有两位黑人正在和两位白人特朗普支持者面对面地进行激烈的对话。大约10英尺之外，几名全副武装的民间军事组织成员穿戴着完整的军事装备在街上游荡——他们的手架在武器上，脸上涂着迷彩漆。"这些枪是上了膛的。"乔丹看了一眼这些人带着的枪支之后说。

我们有些担忧地绕过了他们，走向了正在争论的四个人，他们四个人都比我们俩高一些。他们正在以机关枪般的语速进行着争论，双手在空中挥舞着做着各种手势。

"我们认为'黑人的命也是命'太容易分裂人民了，"其中一位特朗普支持者说，"这种提法正在分裂我们的国家。"

"但是你得明白，我们的孩子每天都在街上被警察枪击，"另外一方的黑人说道，"而且法院也不能为我们主持正义。警察可以杀害我们却无须受到任何惩罚。"

我们很快发现，虽然双方正在进行着激烈的争论，却没有一个人充满了怒气。争论的语气中甚至对对方充满了尊重。他们是真的在倾听并试图理解对方的观点。

"我明白你的意思，"一位特朗普支持者突然插话，"但所有人的命都是命，哥们儿。当你说'黑人的命也是命'，这听起来像是你想要把美国分裂成为不同的阵营。所有人的命都是命。"

"你说的没错，但是我们觉得我们的生命——黑人的命——在社会中不受重视，"其中一位黑人说，"当我们说'黑人的命也是命'，我们其实只是想要跟其他人一样被有尊严地对待。但黑人社群正在经历很多的痛苦。我们只是想要自己的声音被听到而已。"

在这个对话发生的过程中，电视摄影机一直在对着街对面的互相吼叫拍摄。只有我们俩，以及那些在旁边闲逛的民间军事组织成员，在柔和的橘黄色路灯下见证了这一远离摄影机的时刻。

集会结束之后，会议中心外面的人一下子变多了，街上的气氛立马发生了变化。大量刚参加完集会的人快步走向停车场，一群群抗议者聚集在一起。每个人好像都知道事态可能随时会发生巨大的变化。每一个巨大的声响都让人不自觉地抽搐一下，然后赶紧转头看发生了什么。我们身后的一位少年突然开始大声叫喊，旁边的人安慰着让他小声一点，我们俩一下子警惕了起来。

十字路口处，我们总能看到一些全副武装的人。他们身穿的迷彩服、戴着的编制披肩、脸上画着的油彩,以及身上挂着的威风凛凛的半自动机关枪都让这个夜晚显得更加疯狂。这并不让人意外。毕竟亚利桑那州宽松的枪支管理法律及当地的政治偏向都给民间军事组织提供了生长的土壤。

"老兄,你们是干什么的?"乔丹向其中一个人问道,"你们是什么人?"这个男人脸上涂着红色的油彩,一直延伸到他乌黑发亮的头发的边沿。

"我们是约翰·布朗枪支俱乐部的成员。"

"约翰·布朗?那个反奴隶制的约翰·布朗?西弗吉尼亚州哈珀斯费里县的那个?"

"没错,就是他。我们是一个反白人至上主义的民间军事组织。"

说话的人递给克里斯一张名片,名片上画着交叉成十字的来福枪和扳手,上面是一个矿工头盔和一个印着以下标语的头巾:"约翰·布朗枪支俱乐部:凤凰城分部——振兴红脖。"

特朗普的集会经常被描述成意识形态的左右之战,即特朗普反对者与特朗普支持者之间的斗争。但身处其中,我们才发现现实并没有那么简单。那个在集会入口处高举标语的女人和街对面那两位"黑人的命也是命"的活动家站在同一边吗?那些拖家带口领着昏昏欲睡的孩子离开集会的特朗普支持者和那些新纳粹主义者是同一战线的吗?在场的警察,还有这些约翰·布朗枪支俱乐部的成员属于哪一边?我们俩又属于哪一边呢？

两个派系互相争斗的主流叙述与我们在凤凰城目睹的现实情况并不相符。左右之间的纷争似乎是被一群并不全然理解现状，或是并不愿意花精力去理解现在的人按照自己的想象而划定的。那天晚上我们见到的大多数人都是很平和的。但报道这类活动的新闻头条却总是让人们以为有两个不可调和的政治"派系"在交战。

突然间，在毫无预兆的情况下，一阵震耳欲聋的声音响起，街道两旁建筑的高墙上仿佛都开始震荡起来。它是如此地响亮，以至于我们感觉到全身的骨头都在震荡，胸腔中都是回响。我们身边的人群一下子安静了下来。一些人在寻找躲避处，另一些人转身向街道深处声音传来的地方张望。巨响来自街角，就是我们进入集会之前特朗普支持者大声呼喊的那个地方。乔丹抓住了克里斯的手臂，并把他拉向一个路障。

"约翰·布朗俱乐部，撤退！"一个身穿迷彩夹克衫、胸前戴着一条围巾的民间军事组织成员越过人群大喊道。他一边撤退一边不断大喊撤退指令，还抓住了一个没及时撤退的胡子拉碴的长发同伴。他一把抓住同伴的制服领子，粗暴地拉走了他。剩下的人群要么也开始散去，要么被刚才的巨大声响吓得钉在了原地，盯着警戒线一动也不敢动。

夜晚传来的第二声爆炸让情势又发生了改变。这次的声音听起来像是有人开了一枪。几秒钟前，人们还在交流着想法和意见，但转瞬之间，他们开始惊恐地逃窜。

"我们去看看吧。"克里斯急切地说。

"但是我们得小心点。"乔丹说。

"当然——但是我们得去看看!"克里斯说。

"记住,"乔丹告诫道,"如果事态失控了,你就马上跟着我出来。"

"遵命。"

我们俩沿街朝着声音响起的地方跑去。

当我们转过第二个街角,向着当时抗议者们被警戒线围起来的地方跑去时,一大群人从相反的方向跑了出来。其中有些人一边咳嗽一边擦拭着自己的眼睛。其中一个人在歇斯底里地说警察,"他们就那样开始射击了!"他说道,一副快要哭了的样子。

街角处一片混乱。当我们再一次靠近会议中心时,一群蒙面的黑衣抗议者正在飞速地穿过一个公园。在他们身后,一个警察正在用一柄长枪对着他们发射看起来似乎是子弹一样的东西,子弹离开弹夹时咔嗒作响。我们和一些举着标语喊着口号的抗议者一起在一个停车场避难,他们也对正在撤退的这些抗议者感到震惊。子弹在树丛中呼啸而过。随着人们从公园撤退清空,一个新的僵局形成了:警方没有继续追击,而是形成了防卫线,看着那些蒙面人消失在夜色之中。

我们站在原地讨论怎么样才能观察到更多的冲突时,脚边飘来了一些烟雾。之前的那两声巨响是催泪弹爆炸的声音,气体在炎热的晚风中飘散。没过多久,一声爆炸再一次没有任何预兆地在靠近停车场的位置响起，巨响穿透了夜晚，我们吓得一哆嗦，赶紧躲在了一个水泥花盆后面。但我们身边的许多人依然惊魂未定，被吓得呆在了原地。

克里斯蹲在乔丹身边，他有些担心那些被吓傻了的抗议者无法完全领会正在发生的暴力事件的严重性。这让他想起了自己曾经报道过的占领奥克兰抗议活动中的一行涂鸦。"我们很抱歉，"有人在市中心一家咖啡店的碎玻璃旁写道，"这种行为不能代表我们。"

"走吧。"乔丹说，他领着不想走的克里斯沿街走去。

当我们走到街角处时，空气中的烟雾变得越来越浓，克里斯的喉咙开始有一些灼烧感，他试图用咳嗽来让自己舒服一点，但灼烧感似乎变得更加严重了。他的眼睛也因为刺激而有些流泪刺痛。乔丹的鼻子里也有些灼烧感，他不由自主地发出了一些声音。我们闭紧双眼跑步远离催泪弹的烟雾。在街角处，我们停下脚步，弯腰吐出了看起来像是浓痰的黏液。乔丹猛揉自己的眼睛。另外两个人跟着我们也在这个街角停了下来。

"你还好吗？"克里斯问一个正在用自己的白上衣擦拭眼睛的红发女人。

"嗯，应该还好。"她口齿不清地回答道。

一个十几岁的男孩站在我们的右边。

"你还好吗？"

男孩一边吐出催泪弹的烟雾一边点了点头。

我们溜到了一家酒店的灰色高墙后面，一架警方的直升机在我们头顶盘旋。直升机的探照灯照射着那些在宽阔街道上走路的人，似乎在发出无声的指责。我们紧贴着墙，以免被直升机的探照灯照到。"离开这个区域，"上方的声音轰然作响，"如果你拒绝离开，你将会被逮捕。"

一小撮抗议者和我们一起躲在墙边。一对老夫妻抹着眼泪，手牵着手。一些穿着黑上衣和深色牛仔裤，看起来不到16岁的小孩在走来走去。一些人从转角处走了过来，脸上满是震惊。还有一些人正在拍照片，并把它们发送给各地的朋友们。这些人蹲在一旁，大笑着交流着自己刚刚的经历，然后在收拾好心情之后就立马兴高采烈地回到充满了催泪弹烟雾的街道上，做好了参与到接下来可能会发生的任何事情的准备。

刚刚发生过暴力事件的场景又一次发生了转变，现在的街道就好像人们在足球比赛结束后体育场外的街道，或是谢幕后剧场外的场景。除了头顶上直升机的声音，还有街道上弥漫的稀薄催泪弹雾气之外，一切都恢复了正常。

然而，这个夜晚还要再经历最后一次暴力冲突才会结束。一个粗壮手臂上爬满了文身、头上戴着一顶紧绷棒球帽的狂热特朗普支持者大喊大叫着从我们身边经过。过了一小会儿，我们听到街道上传来一声尖叫。我们赶紧跑过去，看到一个年轻的女人手捧着自己的脸，泫然欲泣地说有个男人打了她。作为回应，她的朋友对着正在离开市中心的一家子特朗普支持者大喊大叫。这突然发生的吼声吓到了一位老太太，她赶紧在一架水泥楼梯上趴了下来。当这个愤怒的年轻女孩跺着脚消失在夜幕中时，一群人围上去照看这位老太太。她看起来伤痕累累，为自己的年老体弱而倍感痛苦。

当我们离开时，心中充满了震惊，路过的一辆车中有个人从黑暗的车后座上对着我们行了一个纳粹礼。

接近午夜的时候，我们在离会议中心几个街区的地方找到了一个有现场音乐和露天座位的酒吧。我们坐在吧台边，小口喝着龙舌兰酒和橙汁，感觉到头顶上有细密的凉雾飘过。远处的天空中直升机还在盘旋。抗议者和特朗普支持者们从酒吧的露天区域路过，向着自己的汽车、公寓或酒店房间走去。在某种意义上，每个人身上都带上了这个夜晚所形成的张力。

自从18岁为《加州日报》写下了他的第一篇报道，克里斯一直认为自己是位记者。他热爱这份工作，并且崇拜这个行业中的偶像。"到现场去""如实讲述故事"，他为这个时刻准备了将近10年。但这个夜晚却如此混乱，这一刻，克里斯并不羡慕那些必须要在当场为新闻头条进行报道的白宫和当地记者。

这个夜晚并非只充斥着暴力，但明天的新闻头条和媒体故事很有可能只会关注暴力。克里斯担心这个夜晚最后呈现的样子并不是他所亲眼目睹的那样，而媒体的报道只会展现出一幅不完整的图景。

克里斯还有点担心这个夜晚是否让乔丹感到疑虑，催泪弹爆炸时的尖厉声音是否让乔丹感到惊慌,甚至会不会勾起他在军队中的一些回忆。克里斯不知道我们所目睹的暴力和愤怒是否也让乔丹感到忧虑。如果有的话,乔丹一点都没有表现出来。

而乔丹则无法摆脱他在那个夜晚所目睹的种种黑暗迹象。那个文身男的怒视像电影镜头一般在乔丹的脑海中不断重复播放着,他站立的样子,他沉默不语的姿态,他冷漠态度所传达出来的威胁。然后还有那个纳粹礼,它被如此随意地使用着,几乎让人忽视其代表的极端邪恶含义。

等到龙舌兰酒麻痹了我们身体中因为今晚的事件而被激发的肾上腺素,我们俩开始谈论我们各自的看法。

"我不得不说,"乔丹说,"今晚我们见到的有些人可真有点诡异。"

"而且很恐怖。"克里斯补充道。

"那个集会里站在我俩边上的男人……"乔丹陷入了沉思,"那些蒙面人又是怎么回事?"

克里斯虽然还是有些惊恐,但突然觉得如释重负。他的朋友观察到的情况和他并无二致,而且乔丹也在因为自己看到的黑暗面而感到恐惧。

"你有没有看到那个戴着盖伊·福克斯*面具的男人?"克

---

* 盖伊·福克斯(Guy Fawkes)为1604年英国"火药阴谋"的参与者,该阴谋试图炸掉英国国会大厦,并杀掉正在其中进行国会开幕典礼的英国国王詹姆斯一世。盖伊·福克斯面具在《V字仇杀队》电影中出现后成为了流行文化中各种抗议活动的象征。

里斯问道。

乔丹摇了摇头。

"这整件事情都……"乔丹说，他思索着最恰当的词语，"让人失望。"

但在这一切的背后，我们清楚地看到了美国人民有多么执着于自己认定的真理。这个集会让我们看到在电视台的灯光照射下、摄影机在拍摄时，群众会有什么样的举动。摄影机似乎有一种让我们显露自己人性中野蛮一面的能力。

我们还意识到，在凤凰城，有一些我们在找寻的东西的影子。虽然催泪弹在人群中炸开，场面一片混乱，但我们短暂地瞥到了对话的发生。人们在真正参与其中。虽然我们身后酒吧的电视上播放着抗议者被豆包弹击倒的画面，警察正追击着逃散的人群，我们的总统正在台上大声叫喊，我们牢牢地抓着自己看到的那一丝文明的迹象，仿佛它就是希望。

给我们希望的是我们知道，人们的外在表现并不代表他们真正的想法。这个夜晚我们在许多人的脸上看到了正义而真实的愤怒与苦痛。我们还看到一些人做了不合人设的事情——仿佛是一个演说者在念演讲稿时突然结巴或忘记了自己要说的话。这些私密的时刻有着与其他叙事完全不一样的印记。人们表层的演出是人为、做作的，就如同我们人为划定的边境线。而这就意味着我们有越过现象看到本质的可能性。正如同那些不被打扰越过边界线的岩壁、山谷和蜿蜒的河流一样，人性的流动同样不可阻挡。

当晚我们回到汽车旅馆后，决定第二天一早驱车北上，远离这些虚假的演出。我们将离开这个动荡的边境城市——这座城市的沙漠两边是两个国家。在这里，我们的政治逼迫着我们去接受一些很难理解的想法。这场集会让我们意识到路上还有许多值得我们发掘的东西，而现在我们需要去找寻它们。

佩吉

离开凤凰城之后,我们朝北驶向亚利桑那州的马蹄湾。在那里,科罗拉多河环绕着悬崖,形似新月。虽然它没有河流下游的大峡谷那么壮观,但我们感觉马蹄湾值得我们开四个小时的车穿越亚利桑那州去看。我们的计划是去参观一下马蹄湾,然后继续往北走,去锡安国家公园找个地方看一场血橙色的夕阳。

经历了前一晚的特朗普集会,乔丹希望可以安静一会儿。不再有拥挤的人群和保安。不再有人为设立的路障。探访马蹄湾将是我们俩喘一口气的机会——只有我们俩,和乔丹只在照片中见过的美丽峡谷。

前往马蹄湾的道路途经断断续续的山脉,这些山脉与纳瓦霍人*占地1750万英亩的巨大保留地接壤。1000多年来,各种原住民族在大峡谷周围的沙漠峭壁间生活,直到严重的干旱使得这一区域不再适宜居住,而不宜居住的阶段持续了

---

* 纳瓦霍人(Navajo)是北美洲地区现存最大的原住民族群,他们拥有现今美国面积最大的印第安保留地,横跨亚利桑那、新墨西哥和犹他三个州。

一个世纪。随着时间的推移，水流重新回到了峡谷中，派尤特人和霍皮人，以及后来的纳瓦霍人，又慢慢搬了回来。然后，比干旱更可怕的事情发生了。1848年，一位名叫约翰·韦斯利·鲍威尔的独臂内战士兵率领着一支探险队来到这个区域探险，并写下了有关此处壮美景观的描述。几年之后，美军强行将这个区域内居住的美洲原住民部族从其祖先的土地上赶走了。

我们俩在89号高速公路上行驶着。克里斯自告奋勇做驾驶员，小心翼翼地载着我们向北方驶去。乔丹整个下午都把脚架在仪表盘上，在断续的睡意间隙欣赏着窗外的沙漠。我们一连几个小时都在沉默中行驶着，看着窗外的红沙漫天飞舞。

到了午后，我们已经驶过了旗手市，正在向着鲍威尔湖进发。当我们驶入马蹄湾的停车场时，太阳还高悬空中。我们涂上防晒霜，在正午的燥热中跑过一段短短的小径，到达了观景台。在那里，我们和几名游客一起欣赏着悬崖的景致，以及它下方落差近1000英尺的晶莹河流。河水闪烁着蓝宝石和翡翠一般的光芒。马蹄湾中心的岩石像一根柱子般耸立着，上面点缀着彩色的装饰物。乔丹趴着挪动到悬崖边缘，把头探了出去。

"过来啊！"乔丹对着克里斯大叫，但克里斯站得老远，不愿挪动。

"我在这儿就行了。"

一只边境牧羊犬一边嗅一边蹭到了光滑岩壁上的乔丹的

身边,在悬崖的边缘徘徊着。悬崖对面的巨大岩石看起来像是旧欧洲的宗教棚屋,表面装饰着凹凸不平的土红色的岩石雕刻线条。

我们在观景台上漫步了半个小时才往回走,心情一扫之前特朗普集会带来的阴霾。

我们站在车外,等待着空调洗去车中的暑气。这已经成为了我们在亚利桑那州每次停车后的固定仪式,因为停完车方向盘总是烫得没法摸,车座椅也热得坐不下来。

"我们的船感觉怎么样?"在乔丹伸手摸车座人造革的温度时克里斯问道。

"船?"

"你不觉得听起来很有感觉吗?"

"确实挺合适的。"乔丹点了点头。

午后的太阳悬在空中,我们的"船"在高速公路上行驶到了佩吉小镇。镇上除了点缀着零星商铺的几条街道和山坡上的几家三层楼高的酒店以外什么也没有。

"你看。"乔丹说着,指向一个商店门口悬挂着的巨幅广告牌。广告牌上写着"枪手峡谷"。"我们去打枪。"乔丹一边把车开进停车场一边说道,"发泄一下"。

乔丹很享受每一次扣动扳机前所需要的专注力和深呼吸,这是他在军队中所受的训练教他的。他第一次拿枪就是在海军陆战队。秉承其宗旨——"每个海军陆战队员都是神枪手"——海军陆战队教其队员的第一件事就是射击。乔丹的射击训练是在弗吉尼亚州匡提科市的一个寒冬进行的。那是一段非常艰苦的岁月。他和其他300位年轻队员一起练习了数周,直到所有人都被训练成了神枪手。每个白天他们都要稳住自己因为寒冷而颤抖的身体,通过步枪的铁质瞄准镜努力看清目标的画面。而每天晚上,被冻了一天的手脚都要好几个小时才能够恢复知觉。

在靶场上,每当有人开枪时,滚烫的铜壳就会从枪膛里向右飞出。每一颗铜壳都会弹到右边射击者的脖子上,然后顺着他们的衣服滚下去。但在荷枪实弹的训练场上,海军陆战队员们不得不咬紧牙关,忍受着滚烫金属接触自己皮肤的灼热。乔丹的背上直到现在都还有金属烫伤的伤痕。

"你觉得怎么样?"

克里斯从来没有打过枪。在射击场打枪对克里斯来说可和"放松"差得很远。在湾区成长的经历让克里斯觉得枪支只会制造悲剧。

"走吧——这是我送你的生日礼物,"乔丹一边下车一边继续劝说,"而且我们这次旅行就是为了体验不一样的事物。"

克里斯不想和乔丹争辩。因为昨晚的经历他还是觉得有些疲倦,所以他跟着乔丹下了车,重新回到了亚利桑那可怕的热浪中。

"但我的生日是昨天。"他小声嘟囔了一句。

枪手峡谷店里空空荡荡的,只摆放着几个架子和一个柜台,柜台后面有一张单子,可以选择步枪、手枪和猎枪。房间里充斥着高口径枪支的射击声被厚厚的砖墙隔开后发出的闷响。

乔丹走到自动机器前去思考选什么枪。克里斯则在一个面朝墙的黑色皮沙发上坐了下来。他仔细看了看步枪的图片,它们看起来都被打磨得发亮。正在空旷的店里踱步的几个年轻男人对克里斯来说显得既陌生又危险。

克里斯感到越来越焦虑,他伸手去掏手机。希望这一切赶快结束,克里斯想,这样他们在天黑前还能到达锡安国家公园。克里斯一直很想去看犹他州的红色岩石。如果我们现在回到车里,继续开车,我们在一个半小时或两个小时之后就可以到了。那样他就可以不用再在脑海中不断想象枪支意外可能造成的可怕场景,克里斯紧张地摸着自己胡子拉碴的下巴。

"你们俩之前开过枪吗?"接待我们的名叫鲍勃的年轻男人问乔丹。

"我没有。"克里斯坐在沙发上说道。

"我开过,"乔丹说,"我之前是海军陆战队的。"

"没开玩笑吧,哪支部队?"

"3/1。"

"嘿,尼桑,"鲍勃对着一个戴着棒球帽、穿着黑色上衣的男人喊道,"你听到没?这人是3/1海军陆战队员。"

"不会吧,"尼桑一边说一边走了过来,"那你之前在彭德尔顿?我当时在德尔马营地的第三部队。"

尼桑和乔丹之前都是海军陆战队上尉。正在侧耳倾听他们对话的鲍勃则是美国陆军的一名中士。他们仨有来有回地说着各种名称，笑谈着自己在海外服役时所待过的单调的战斗基地。另外一个名叫乔伊的海军陆战队老队员也走了过来。

乔丹经常开玩笑说当海军陆战队员最好的地方在于之后可以做一名退伍军人。退伍军人之间有着一种特殊的纽带把他们联结在一起，特别是那些从同一个部队出来的军人。同为海军陆战队军人，尼桑、乔伊和乔丹经受过同样残酷的训练，谙熟在海军陆战队中已流传了近250年的同一套传统和习俗。尼桑和乔伊的背上估计也有着和乔丹一样的红色伤痕。

作为乔丹与枪手峡谷店员们互动的旁观者，克里斯努力从他们的谈话中挑拣熟悉的词语。他能够理解其中的一些词语，像是排、枪支、彭德尔顿、二十九棕榈村之类的，但大部分谈话他都不太懂。毕竟，只有那些曾有过相同经历的人才能够真正理解。只有他们才会在合适的时机恰到好处地微微一笑，或是在谈论到某个战役或牺牲了的战友时一起低下头。

"听着，兄弟，"尼桑说，"我免费多送你们两副弹夹，再多借你们一把枪。我请客。而且我强烈建议你们试试 MP5 式机关枪。我们对它进行了一些改动，所以它可以在两秒钟内发射 30 发子弹。完全感觉不到后坐力。"

尼桑说完之后，鲍勃领着我们绕到店面的后边，来到一个巨大的、排列着四个射击站的混凝土砌成的射击房，地面上满是射击后留下的铜壳。

"这个射击场真不错。"乔丹说。

"完全是我们自己一手建起来的。"鲍勃回应道。

鲍勃是一个身上有许多彩色文身的瘦削男人。他看起来很自信,但这种自信是经过练习的,底下掩藏着与生俱来的孩子气。

在克里斯看来,这个几乎空旷的房间让人生畏。砖头摸起来和砂纸一样粗糙。射击站的金属架子看起来像是马厩一样。在手可以方便够到武器的地方有一个架子。顺着一条明亮走廊,远处可以看到纸质靶子已经被挂在了钩子上,每个靶子都有一个人头和躯干的轮廓。克里斯看着这一切,有些发抖,太阳穴上的血管直跳。

鲍勃推来了一个小推车,里面摆满了各种突击步枪、手枪和装满了子弹的弹夹。"听着,我对你的智商和经验完全没有不尊敬的意思,但我得把所有的安全程序都给你解释一遍。成吧?"

没等我们回答,鲍勃就开始了安全程序的解说。

"我会用最浅显的方式来解释。我们从四条安全规则开始。第一,对待每一件武器都要像是它已经上了膛一样。第二,永远不要用武器对着你不打算射中的东西。第三,在你准备好开枪之前,把手指伸直,远离扳机。第四,在你准备好射击之后再打开保险栓。"

鲍勃连珠炮般地说完了指令。

"说了这么多,我们从手枪开始。"鲍勃说。

他给我们讲解了使用手枪的基本知识，然后把一把手枪递给了克里斯，克里斯又把它递给了乔丹。

"你先来。"

乔丹接过枪，在手里掂量了一下重量。在阿富汗的时候，他的腰上日夜都别着一把手枪。他曾在阿富汗国民军担任了八个月的军事顾问，当年对他这样的海军陆战队员来说，最致命的威胁之一是"绿对蓝"的攻击，即阿富汗士兵攻击美国军人。有时这种攻击是出于仇恨，也有时是因为塔利班把他们的家人扣作人质进行威胁。但不管是哪种情形，乔丹的手枪是他唯一的保护。手中再次握着一把手枪的乔丹不禁有些怀念那些日子，但同时他也对自己不必再过那样的日子而感到一阵欣慰。

乔丹缓缓举起了枪，微微下蹲，瞄准，然后扣动了扳机。

枪声透过耳塞传入了我们耳中。乔丹打完一个弹夹之后放下了枪。现在轮到克里斯了。他小心翼翼地接过了枪，随着鲍勃再一次进行解释而不断点头。鲍勃解释完之后走到了边上，克里斯平举双臂，微曲膝盖，闭一只眼睛来观察枪管内的情况。就是现在了。克里斯扣动了扳机。什么也没发生。力气用得太小了。克里斯稍微用了点力，再次扣动了扳机，手枪啪的一声射出了子弹。目标的下方猛烈地颤动起来，克里斯转头对着乔丹笑了笑，然后又连发五弹，每一次之间的间隔都更短一些。

克里斯不信任任何可以致人死命的东西。仅仅是手握着手枪呆站着都让他觉得自己承担了一项过于重大而严肃的责任。但克里斯的心中也确实感到了一阵悸动，就好像刚从一个高高的悬崖上跳进了冰冷的河水中一样。

"乔丹，要不你来教他如何使用这一支枪？"鲍勃说道。他刚刚把一支修长、有着突出机匣的 AR-15 扛在了肩上。

"没问题。"乔丹说。

乔丹很享受。手握着自己曾经使用过的武器，乔丹心中充满了自信，他很喜欢向克里斯介绍自己之前掌握的技能。这是他过去人生的一部分。

乔丹向克里斯展示怎么使用这把枪，然后走进射击站，飞快地连续发射了几十发子弹。弹壳不断在不锈钢的墙面上弹开。克里斯把这把枪拿在手中，觉得它比手枪笨重许多。克里斯再次走近射击站，但立马把如何操作它忘得一干二净，连手都不知道往哪儿摆。在乔丹再次指导之后，克里斯摆好了姿势。他把枪托抵在胸口，停顿了一下，然后扣动了扳机。枪声响起，克里斯不断射击。

"好的，"鲍勃说，"现在我们来试试这个宝贝。"他抚摸了一下那把改装过的 MP5 式机枪——这是一把蹲式步枪，克里斯觉得它长得像一头犀牛，宽大的瞄准镜像角一样突出在枪口上方。

乔丹仔细检查着这把枪，在手里来回翻看。"它是滑动式解锁的吗？"鲍勃点了点头。乔丹插上一副弹夹，走到射击线前，一次性射空了整个弹夹，空气中嗡嗡作响。

"一点后坐力都没有。"乔丹说。

这次克里斯走上前去,相对轻松地进行了射击。他扣住MP5的扳机,一次性发射了多发子弹。随着每一枚子弹射出,枪口都有一个强烈的向上抬的冲击力,这猛地一下把克里斯最初的恐慌感又重新注进了他的心中。这些武器所拥有的可怕的、非常容易就会造成严重后果的力量突然再一次显得无比强大。克里斯放下了枪,并离开了射击台,他心中暗暗期望鲍勃和乔丹没注意到他差点就用子弹把天花板打穿了。

"所以你感觉怎么样?"当尼桑从办公室走出来跟我们打招呼时脸上挂着一个大大的微笑。我们当时已经准备好离开,正在往门口走去。

"等一下,"尼桑说,"你们俩今晚应该回来。我们到时候会在店里给我的堂弟卡勒布举行参军仪式,会很有意思的。"

"听起来太棒了。"克里斯说。

"好,到时候看吧。"乔丹补充道。

我们在日落时分离开了佩吉,往北向着犹他州驶去。定居在这儿的摩门教徒把这里称为"应许之地",因为这个原因,国家公园管理局局长霍拉斯·奥尔布赖特后来将这个区域命名为"锡安"[1]。克里斯常常说想去探访这个区域。作为骨子里的博物学家,在国家公园里的克里斯就像在射击场

---

[1] 锡安即Zion,古希伯来语,意为避难所或者圣殿,常用来指代耶路撒冷。

上的乔丹一样舒服自在。克里斯小时候甚至参加过年度鸟类计数比赛。乔丹很喜欢想象那时候的克里斯：一个带着笔记本和双筒望远镜的八岁小男孩在加利福尼亚的山脉中漫步。山野之间是克里斯的领地，在我们迄今为止的旅途中，他确保我们探访了黄石公园、恶地国家公园、黑山和锯齿国家森林。我们现在的计划是在锡安国家公园的某个峭壁上观赏日落，然后继续前往盐湖城。

除非我们看完日落之后掉头往回开。

"我们一定得回去。"我们开着车时克里斯说。

"我不太确定，"乔丹说，"我觉得我们应该继续前进。"

"为什么？这种机会很难得，也不是我们想有就能有的。"

乔丹不置可否地耸了耸肩。我们飞驰经过了鲍威尔湖，向西驶去。犹他州绿色平原上可以看到一场暴风雨在逼近。天空中裂缝状的闪电把黑色的云层划成锯齿状。克里斯已经习惯了乔丹突然的严肃——他会突然长时间沉浸在自己严肃的思考中，脸上的表情让人无法琢磨。

乔丹在纠结让克里斯看到自己生活中的另一面意味着什么，这一面克里斯也许永远无法完全理解。自从从海军陆战队退伍，乔丹一直把自己过去的生活与自己新的平民身份分离。他的同事和法学院同学可能无法理解海军陆战队的传统、粗鄙的语言、在严酷环境中所表达出来的幽默，以及可被接受和不被容忍的事物之间的界线。克里斯可能会被那些佩吉老兵说话的方式冒犯。

更关键的是，乔丹不确定克里斯是不是能够真正欣赏参军仪式。乔丹觉得没有什么事情比见证一个人挺身而出为国而战而更让人心中感到谦卑的了。克里斯可能会认为这不过是一个普通的经历——与旅途中的其他逸事并无二致，而不会把它当作一个神圣的仪式。如果参军仪式以后变成了纽黑文鸡尾酒会上闲谈时的谈资，乔丹会有什么样的感觉？

但克里斯并不是乔丹加速向北离开佩吉的唯一原因。乔丹觉得有些迷茫。我们两个人开始这段旅程的初衷是想理解美国。而如果我们往回走，在某种意义上，乔丹将会像报道前一晚上特朗普集会那样来报道他的海军陆战队兄弟。作为退伍军人，乔丹是他们其中的一员。但突然之间他却更像克里斯这样的平民。这是否会违反某种心照不宣的约定准则？

每个海军陆战队员在入伍时都需要宣誓，这个仪式意味着他们从此需要遵守某些特殊的规则。七年前，2009年12月11日，乔丹进行了宣誓，那时他刚刚从位于弗吉尼亚州匡提科市的军官候选人学校毕业。那一天，他举起右手，发誓会保卫祖国。这个誓言构成了乔丹的世界观基石的一部分。宣誓完毕后，乔丹的父母在他的肩头别上了一副新的金色条纹，作为少尉军衔的象征。

这样的仪式在今日的美国生活中是很少见的。我们会纪念一些仪式，比如说婚礼、葬礼、宗教圣餐和毕业典礼，但很少会有一个仪式拥有一种改变了参与者人生的神圣感。在宣誓者举起右手之前，他们是拥有各种权利甚至特权的平民。而在那之后，他们是对国家和战友负有各种责任和义务的陆军、海军、海军陆战队员和空军。这是约束军人的许多仪式中的第一项，这些仪式使得军人不同于社会的其他群体。但是，当我们从亚利桑那州离开，前往犹他州的这个时刻，这种不同对于乔丹而言似乎已经不复存在了。

我们在高速路旁的一个小镇停下来加油。这儿是通往锡安国家公园岔路口的一个驿站，道路的海拔从这里开始攀升，一路向着远方延伸。落日渐沉，青蓝的暮色在山间流转。

"我觉得我们应该开车回去，"在安静的车里，克里斯再次尝试说服乔丹，"尼桑显然是诚心邀请我们的，而且最坏的情况能有多坏呢？如果我们觉得很尴尬的话，大不了就走嘛。"

乔丹考虑了一下。

"去吧，哥们儿——是你说的，这是一次尝试新事物的旅行。"

乔丹知道拿枪对于克里斯来说是一件让他很不安的事情，但克里斯在他的坚持下也做了尝试。现在轮到他来做一些让自己感到不安的事情了吗？带着克里斯和其他退伍军人一起喝酒对于乔丹而言就如同卸下一件铠甲，向克里斯暴露自己脆弱的一些方面。他做好这样的准备了吗？

乔丹下定决心，他准备好了。他依然对于要把这两个他隔绝了那么久的世界融为一体而感到焦虑。而且正如他所担心的那样，这对克里斯来说可能不过是满足好奇心。但这一路以来，克里斯已经赢得了乔丹的一些信任。

"好吧，"乔丹终于松口了，"但我们需要多带些酒去。"

"超级多。"克里斯笑着说。

步枪的轰鸣声和弹壳掉落在地上的叮当声都消失了，射击场变成了一个完全不同的样子。一面美国国旗的四个角被胶带贴在一面墙上，使得整个地方看起来像个祭坛。人们说话轻得如同耳语。克里斯身边站着几个来自旗帜城的少年和一位穿着网球衫、头发乱糟糟的中年男人——他是卡勒布的父亲。尼桑穿着他的蓝色海军陆战队制服，站在房间的最前面。人们注视着鲍勃、乔丹和乔伊，而他们目视前方、手臂贴近身侧地正步走进了房间。尼桑的堂弟卡勒布最后一个走了进来。他穿着黑色的网球衫，下摆扎在裤腰里，头上戴着一顶迷彩卡车司机帽，走进来时步伐沉稳，显然是经过练习的。他与鲍勃和尼桑一样站得笔直，但看起来还不太习惯这个姿势。他的年少在他光洁的脸庞和大眼睛上显露无遗。

"立正。"尼桑说。除了克里斯、卡勒布爸爸，还有那几个多动的少年以外的所有人都一下子打起了精神，站得笔直。

"今天晚上，你将加入无数挺身而出保家卫国的美国军人前辈的行列，"尼桑说，"和他们一样，你将被召唤，为一个比你自己更伟大的事业而牺牲。当你诵读这个誓言时，你将从一个平民变成一名战士，你将承担这个新身份所带给你的所有义务。这是你人生中做过的最重要的决定，而我为你感到无比骄傲。"

看着卡勒布，乔丹想到了我们前一天晚上在特朗普集会上看到的那些年轻抗议者。他们和卡勒布年龄相仿，而且和卡勒布一样，他们也相信自己是在保卫祖国——保卫她免受来自国内和海外尚不清楚来源的各种威胁。但区别在于，这些年轻的抗议者明早起来依然拥有回到高中或大学课堂的选择，而卡勒布则已经做出了一个会持续四年的承诺，在这四年里，他将体会许多严苛的训练。他现在是一名军人了。

"举起你的右手。"尼桑命令道。卡勒布面对尼桑站立着，他们俩都举起了右手。屋子里的其他人在他们俩旁边围成了一个半圆形。

"跟我重复以下誓言。"尼桑说，他的星条领上佩戴着海军陆战队的铜制徽章——一只老鹰、一颗地球和一个锚。

"我，卡勒布·马尔科森……庄严宣誓……我将支持并捍卫美国宪法……不受任何国内外敌人侵辱……我将信仰并效忠于宪法……我将根据规定服从美国总统的命令……和那些位阶高于我的军官的命令……并遵守军事法……上帝保佑我。"

两人一起放下了手臂。伴随着小屋里站着的五六个男人的欢呼声，卡勒布和尼桑握了握手。卡勒布咧开嘴笑了。他成为了一名军人，这个身份将伴随他的一生——他与十年前的尼桑一样，加入了同一个兄弟会。

"我和这房间里的每一个人都认识了很久，"卡勒布说，然后他瞟了我们一眼，补充道，"好吧，这房间里的大部分人。我非常感谢今晚你们的到来。"这位刚刚成为了军人的年轻人挨个和房间里的人握手。

"谢谢你允许我们参加这个仪式。"克里斯说。

"不客气。"乔丹插话道。

仪式结束后，大家从后门走进了车库，车库敞开着，面对着沙漠的夜色。

尼桑拍了拍克里斯的肩膀。

"你们俩回来我很高兴。"他说。

当我们走进夜色时，山丘远处的佩吉城里灯火闪烁，我们这群人感到十分振奋。

三个年轻男孩在卡勒布的带领下，像猎犬一样围着酒瓶站了一圈。尼桑把烧烤架从车库拖到了路面上。他走开之前把我们介绍给了他的生意伙伴麦克。麦克是一个粗壮、语速很快的明尼苏达人，他握紧了我们的手，充满戏剧性地说："只要你俩喜欢便宜的啤酒和兔崽子们，我们就是兄弟。"

麦克把烧烤架搭了起来，尼桑在一旁指导着，双手抱在胸前，显然很满意。尼桑是枪手峡谷店的创始人，是他沿着沙漠的高速路把这些人搜罗在了一起。在尼桑的设想中，这家店会成为沙漠中的一个驿站，而他也确实做到了。"好吧，让我们来看看都有些什么东西。"他说。鲍勃抬出了一张塑料的折叠桌，麻利地展开架了起来，然后在上面放满了薯片、蘸酱和装满了腌制过的生肉的塑料袋。麦克抓起了一个袋子，然后开始骄傲地讲解他买到的各种肉。

卡勒布的爸爸也走出来加入了我们。他戴着细框眼镜，是一个腼腆但十分友好的人。他安静的性格使得他在这个军人团体中显得有些格格不入。他告诉我们，卡勒布每个下午和周末都会从旗手城开车到枪手峡谷店打工。他显然很为自己的儿子骄傲，而卡勒布一整晚都在观察模仿着尼桑的一举一动。

"所以你们住在旗手城？"克里斯说。

"我们大家都住在旗手城，"尼桑回答道，"我和我老婆已经在那儿住了四年了。"

"你觉得怎么样？"乔丹问。

"旗手城是最酷的，"乔伊插话道，"我和我的兄弟们在一块巨大的空地上租了一个挑高的仓库。月租200美元一个人。我们随便干啥都可以。我们甚至在那儿建了自己的射箭场。"

乔伊湛蓝的眼睛很抓人。但我们能够感觉到他们深处掩藏的伤痛。也许是因为他眉毛耷拉下来的样子，抑或是他眼睑下面的眼袋。这种伤痛可能源于他正在进行的离婚程序，或是其他什么困难。鲍勃的脸上也有这种痕迹。还有尼桑。

"我们之前都在做我们痛恨的工作，"尼桑继续说，"我从海军陆战队退伍，又从商学院毕业之后花了两年时间卖医疗器械。有一天我发现那个工作就是一堆狗屎，于是就辞职自己干了。我想要重新找回一种使命感。我在这里认识了鲍勃和乔伊，我们一起喝了一杯啤酒之后，他们决定加入我。我们仨都想跟自己喜欢的人共事，做自己喜欢的事。"

"这个小团体有自己的特别之处。"麦克一边补充，一边把最后一盘烧烤放了下来。不仅尼桑通过一个共同的目标把这个团体聚集在了一起，而且这个团体接纳了我们这两个完全陌生的人，并把我们当作尊贵的客人一般对待。这种慷慨和友谊是我们在旅途中很少见到的。

那几个佩吉城的男孩子也许信奉宗教——我们没有问他们。但是，他们对于枪手峡谷店的崇敬有种近乎虔诚的感觉。

夜深了，沙漠中的温度也不断下降。我们从啤酒换成了威士忌，谈论的话题也变成了女人、战场上的故事，还有不守信用的商业伙伴。烧烤架被冷落在一边，我们在空空荡荡的人行道上靠着墙坐在倒置的水桶上。

整个晚上我们都在惊叹这些男人在亚利桑那州大沙漠中为自己建造出来的社区。他们都有自己的生活，但在一周结束的时候他们能够聚在一起，就好像一个聚在一起吃安息日晚餐的犹太家庭一般。

就像那些我们在凤凰城遇见的人，枪手峡谷店里的这些人也在一个越来越分裂的社会中寻找着意义和归属感。但是，当凤凰城的那些集会参与者和抗议者试图在政治中寻找意义和归属感时，这些佩吉城的男人却有意识地远离公共生活。当尼桑谈到为了做生意他不得不与地方监管机构打交道时，我们能够听出他声音中的不屑。当我们告诉他们我们在特朗普集会上的经历时,他们觉得那些有关催泪弹的故事很有意思,但对我们与此相关的政治见解不屑一顾。

而这并不是这两个群体之间唯一的区别。佩吉城的这些男人拥有一种那些集会参与者和抗议者所没有的东西。在军队中服役的共同经历给予了他们对彼此的信任、尊敬和相似的文化基石,而正是这些东西让枪手峡谷店成为了可能。特朗普的支持者和抗议者的团体也许也拥有相同的世界观,但他们并没有通过日复一日的共同生活、工作、庆祝活动而建立起来的关系网络,这就使得他们的汇聚转瞬即逝。他们没有,也不可能拥有枪手峡谷店的这群人所拥有的那种社群归属感。

然而,午夜时分,这群人身上的悲伤气质却显露得愈发明显。老兵们言语中透露着他们觉得一切都不会变好了的悲观。他们似乎打定主意活在自己过去的光辉记忆中。他们用怀念的口吻谈起战场上发生的事和驻扎海外港口时发生的各种逸事,就好像这些事情给他们的军旅生活带来了意义和色彩。他们仿佛被抛在了时间的后面——但也许这正是他们想要的。

在夜晚的某个时刻,鲍勃从车库中走了出来,拍着侧身的一包烟。他把一个塑料桶翻了个个儿,蹲坐在上面,膝盖顶着前胸,点燃了一根香烟。他一边喝着威士忌一边听麦克讲话。

"我爱旗手城,兄弟。"他突然插话,其他人安静了下来。"它特别棒。我是说,我所看到过的那些事情……"他陷入了沉默,但没有人说话。"我在阿富汗服役三次。三次。第一次驻扎了 15 个月,然后又差不多 15 个月,然后又驻扎了 12 个月。这加起来是将近四年时光在阿富汗境内,兄弟,那他妈的会毁了你。"

鲍勃摇了摇头,往人行道上弹了一些烟灰。

"我有一次结束了海外服役,回到我父母家。我服役期间差不多攒了30000美元,所以我买了很多酒,然后疯狂喝酒。怎么说,我记得有一次我躺在草地上,烂醉如泥,然后不知道怎么回事院子里的火盆炸了,点燃了旁边的充气泳池。当然,那个该死的泳池也炸开了——那是一个那种塑料的、放在地面上的充气泳池,你知道的——然后像洪水一样,水流得到处都是。水冲到了我身边,然后一下子把我冲得穿透了树篱笆,冲到了邻居院子的草坪上。而且水一直狂流,把我顶在邻居家屋子的前廊上不得动弹,还冲翻了前廊的木板。我看到着火了,却没法从水流中脱身。"

"我爸把火灭了,我好不容易从那个被冲烂了的前廊爬了起来,然后因为太醉又昏睡了过去。第二天早上我到邻居家——我们之前就认识——去向他们道歉,然后我说我会赔偿他们的损失。你知道他们说了什么?'别担心。'他们自己付钱修好了前廊,还感谢我当兵为国家做的贡献。"

"在旗手城我发现也有这样的邻居,哥们儿。我有个小房子,但我总是不在家。有一次,我出门了好多个礼拜,可能差不多有两个月吧。我当时在给国民警卫队做集训,帮他们去阿富汗服役做准备,你懂的,就是教他们怎么执行任务之类的。当我回到家的时候,我的草坪被修剪过了。我那个秋天砍下来的木头都被叠得整整齐齐。整个院子被打理得井井有条。当时我站在房子外面，看着这一切，然后我的邻居站在自己前院向我招手让我过去。我走了过去，他说：'我会观察周围发生的事情。我观察我们这个街区，然后我发现你经常一走就是好长时间——离开的时候一般穿着制服。所以当你几个礼拜没出现的时候，我决定在你回来之前帮你把院子打理好。'"

"要是他还送了你半打啤酒，那就简直太好了。"人群中的某个人说道。

"他还真的送了！他给我准备了啤酒，"鲍勃说，"这他妈的就应该是这样，哥们儿。"

在日出之前我们离开了佩吉城。向西行驶不一会就到达了锡安国家公园，我们把车开进公园时，清晨的第一缕曙光刚刚照亮了天空。我们驱车在红色的峡谷间穿行，一路深入锡安大教堂般的山坡和悬崖。开到半路，太阳即将跳出地平线的时刻，我们连走带跑地奔上了一条岩壁上的小径。在一个朝向山谷的高台上，我们一起坐下观看日出。

我们人类可能总是会把自己分为一个个团体，然后放弃自己的一部分来迎合这个团体的规则和道德观。这是人性的一部分。是我们抵御生活中的黑暗残酷的方式。当我们与他人有了亲密的联结，我们共享的仪式不仅能够给予安慰，它们还能够让我们体验到超越自己本身的东西。在佩吉城，我们打破了一些人与人之间的壁垒。乔丹向克里斯展示了自己身份的一部分，而克里斯见证了一个年轻人从青涩的少年变成了一名战士。他看着那个少年心甘情愿地接受了这个使命，在将体会其中艰辛的同时也将享受它所带来的喜乐。

共同体让我们变得更强大，一个好的共同体能够让我们少一些猜忌，多一些高尚的情操——不论是每周日参加布道的教徒，怀里揣着家人照片躲在散兵坑中的士兵，还是那些唱着与先辈们同样旋律的抗议者。而一个强大的团体所秉持的传统、准则与信条必然涉及待客之道。我们给彼此讲述的故事、我们夜里轻声给孩子们念的寓言，还有围绕这一切所形成的责任，都要求我们慷慨对待他人。

一个强大的共同体会展开双臂欢迎那些寒冬中的游子，为有需要的人提供庇护。当我们把传统提炼至其最基础的形态，剩下的便是这些善意和慷慨的特质。那就是我们最为虔诚的时刻。正是这些美德使得人类不论是在沙漠、高楼林立的城市，还是在河流蜿蜒、日出时红色岩石闪烁着朱红色光芒的边境线上都得以生存。

当我们两人欣赏着锡安的美景时，我们反思了自己是如何改变的。当我们开始穿越亚利桑那州的旅途时，我们并没有特别的想法和打算。当我们离开凤凰城时，理解了人们为了保卫自己心中认为神圣的东西所愿意付出的努力。我们带着对那些与谦逊的外来者分享自己仪式的人们的敬意离开佩吉城。他们的仪式充满了历史与传统的原始力量。

莫诺湖

2016年春天,我们俩刚成为朋友不久,我们在从纽黑文前往华盛顿特区的旅途中探访了葛底斯堡。那是一个星期天的傍晚,雾气笼罩着田野和山丘。在逐渐昏暗的天色中,灰色的纪念碑上染了一层薄雾。周围没有什么人。我们漫步了一会儿,在一座高大陈旧的雕塑前停了下来。雕塑上罗列着在内战中阵亡的士兵的名字,它的旁边,林肯的葛底斯堡演说被刻在了一个石碑上。克里斯在毛毛细雨中磕磕绊绊地念了起来。

"我们应当继续投身于此项伟大任务,"克里斯读道,眯起眼睛努力辨认碑上水珠下的文字,"从那些为此投入了全部热忱的逝者身上,我们将取得对此事业更为强烈的热忱——后面那个词是什么?"

乔丹往前走了一步。

"我们不会让那些为此献出生命的人们白白丧生,"乔丹擦去了石碑最后一段文字上的水珠,也开始读了起来,"这个国家,在上帝的庇护下,将会拥有自由的新生,而那民有、民治、民享的政府也绝不会从这片土地上消亡。"

乔丹带着克里斯在这个曾经是战场的原野上漫步。乔丹指给克里斯看，上面那些是散兵坑，联邦军队就是从那些山头过来的。这是一个防御性位置，乔丹解释道。当敌人一波又一波地冲上高地时，士兵们会透过这些缺口瞄准火枪。

库尔普的山顶上可以看到下面米黄色的牧场和远处的绿色原野，牧场上堆放着许多砍下来的树木。在山顶上，乔丹给克里斯讲述了联邦军将军温菲尔德·斯科特·汉考克与邦联军将军刘易斯·阿米斯特德之间长达几十年的友谊。19世纪50年代，阿米斯特德与汉考克一同驻扎在加利福尼亚州，丧妻的阿米斯特德与汉考克夫妇成为了亲密的朋友。

不久，战争开始了。汉考克留在了联邦军中，而阿米斯特德远走加入了邦联军。像当时的许多人一样，他们对朋友、家庭和国家的忠诚受到了南北冲突的考验。他们必须要选择自己的立场，哪怕这种选择可能会分裂最亲密的朋友。在1861年，汉考克与阿米斯特德分道扬镳。

处于对立阵营的两人为自己的军队而战。但两人的战友都说，在无数场战役中，他们频繁而深情地提起对方。在葛底斯堡，他们所代表的两支军队在战场上短兵相接。在随后的混战中，两人都受了重伤。亨利·宾汉少校，汉考克的一名参谋，发现了倒在地上的阿米斯特德，并跑过去帮助他。受伤的阿米斯特德的第一句话便是询问汉考克的安危。宾汉告诉他汉考克也受了伤。阿米斯特德悲伤地请求宾汉告诉汉考克，"我对他和你们造成了严重的伤害，我将懊悔一辈子"。

"尽管发生了这一切,"乔丹说,他的声音有些飘忽不定,"尽管发生了战争,还有战争所代表的一切丑恶,他们始终维持了友谊。直到最后。"

一段好的友谊应当是坚不可摧、不会因为外部压力而破裂的。但有些时候,心有灵犀的两个人的友谊也会在几乎没有预警的情况下突然破裂。有时,激烈的争吵会暴露出人的本性,会给彼此造成痛苦的伤害,把两个人连接在一起的情感纽带就会无可修复。

在内华达州的荒野中,这样的事差点发生在我们身上。在那里,谷地笔直的道路绵延起伏,漫长公路上唯一的人类迹象便是数英里才会出现一个的木质棚屋,上面的胶合板上覆盖着镶嵌了金属装饰的薄毯,写着"印地安珠宝"的广告。

就在这荒野之中,我们差点分道扬镳。

那是我们开始这次旅程的第五天,我们正为自己能在那么短的时间内就经历了那么多事而感到欢欣鼓舞——尤马、凤凰城、特朗普集会、马蹄湾,还有枪手峡谷店。在特朗普集会上,我们对特朗普总统作为演讲者所展现出来的力量印象深刻,但同时也对集会周边游荡的那些奇怪的人感到害怕。在集会外面,我们对所发生事件的戏剧性和其所充斥的暴力感到沮丧。但当我们看到特朗普支持者和抗议者之间的对话时,我们又充满了希望。

有那么一瞬间,我们仿佛已经跨越了不同党派的纷争。

那天，我们一大早离开了锡安国家公园，开始自由地探索内华达州中心地带广阔、未被开发的乡村。锡安国家公园与里诺之间没有固定的行车路线，州际公路系统在各个方向都有分支。所以我们选择了一条把我们带向西南方向的高速公路，这条路线会带领我们先往拉斯维加斯方向前进，然后顺着一条两车道的小路蜿蜒向北，直到到达加利福尼亚州的边界线。从那里，我们将会顺着边界线沿着内华达山脉，途经太浩湖，最终到达里诺。

晴朗的天空在青黄的田野上洒下阳光，那些田野顺着道路两旁向着远处隐约可见的山脉延伸。风卷草被大风吹起，在柏油路和草原上狂舞。克里斯驾驶着车，一路上牛群在田间闲逛，绵羊们在无聊地吃着草。

达成共识的可能性是诱人的，特别是我们俩对于和对方达成共识并没有抱特别的期望。但这正是我们一直以来所追求的东西：对于公民政治中什么是最重要的这件事达成共识，以及找到能够调和我们俩异见的共同观点，使得我们能够试图站在对方的立场上去看待这个世界。

"很有意思的一点是，"克里斯说，"那些对集会的报道中所描述的场景根本不是它真实的情况。如果你只读那些报道的话，你会以为两派分裂得很严重，但实际情况并不完全是这样的，对吧？"

克里斯的这个评论是示弱，是对乔丹的让步与认可。乔丹尊重地点了点头。我们俩都同意某些媒体在报道我们所经历的那些复杂情况时，进行了简单化和误导性的描述。

乔丹的回答同样充满了善意，他赞扬了许多抗议者行为中的鼓舞人心之处。我们俩在这件事情上再次达成了统一意见。距离我们行车经过南达科他州时就激进主义的作用进行的激烈辩论也只过去了一年。

"你知道吗，"乔丹在沉默了一会儿之后说，"让我感到烦恼的是左派的很多人默认特朗普的支持者们都是'种族主义者、性别歧视者和同性恋歧视者'。这种看法很不公平——特别是有关歧视同性恋的指责，因为特朗普实际上是支持同性婚姻的。没错，他确实会说一些我永远不希望从一个总统口中说出的话。但那些话中的大部分都并非源自种族歧视或者性别歧视——或者说至少他的大部分支持者们并不认为那些话是歧视性的。而且他们对此的回应也并不是基于歧视。但每次只要特朗普说了什么，左派和媒体都会从最糟糕的角度来解释，然后用这种解释来谴责他的所有支持者。"

乔丹说完这段话之后，我们俩都沉默了。在这个时刻之前，我们俩已经就那么多问题达成了共识，于是我们冒险把谈话带入了我们从来一直有所保留、未曾真正踏足的领域。

对于克里斯来说，这是一段十分漫长的沉默。这一天以来，与乔丹达成共识所带来的那种令人陶醉的认同感一直在被另一种感觉削弱：克里斯感觉自己好像成为了一个不合格的自由派。这种感觉对克里斯来说奇怪而陌生。他从没有觉得自己是一个完美的自由派，事实上，他总在倡导温和与节制——有时甚至会有一些保守的观点。但这一次，他却奇怪地感到有些自责。当克里斯暗自觉得特朗普集会上本·卡森的演说在奥巴马集会上发表也不会显得突兀时，他享受于这种念头里直接的冲突感。但是，现在，这个想法却让他感到不安。这确确实实是他当时的所见所闻所感，但当这个念头在他的意识中不断出现时，他突然觉得它是错误的。这个念头存在的时间越长，就越发让他觉得苦涩。特朗普在舞台上所展现出来的力量感也给了他同样的感觉。这个对于特朗普演说的观察开始让他觉得自己背叛了自由派。而随着两人沉默时间的流逝，克里斯心中这种阴暗的感觉越来越强烈，直到它迸发了出来。

"比如说？"克里斯有些生硬地问道。

"比如说他关于墨西哥移民的评论，"乔丹说，"他说的话的大意是，墨西哥把他们最糟糕的人都送来美国。他们送来强奸犯，他们带来毒品，但他们中的一些是好人。特朗普的支持者们听到这些话的时候心里并不会想，'他是个针对所有墨西哥人的种族主义者'。他并没有把所有移民都叫作强奸犯和贩毒者。他是在说确实有坏人越过了边境——当然也有好人——但是这些坏人在伤害美国人。所以我们需要更好的边境安全系统来保护美国人不受那些坏人的伤害。重点是安全问题。"

"哥们儿，那就是他妈的种族歧视的言论，从字面上就是，"克里斯说，"这个说法问题太大了——整个认为他们是罪犯或者坏人的想法都很有问题。你不能为了满足你的理解而改变这种说法的重点。他说的那些话显然是为了宣扬种族主义,而且最糟糕的是他从来也没为此道歉。"

在这一刻,克里斯不仅充满了反叛的情绪,而且他还忘记了能够让我们在辩论中依然求同存异的语言。克里斯仿佛需要向自己证明——也许是向乔丹证明——他依然属于那个养育了他的自由派社群。

"他要是道歉了,那就意味着他接受了左派对他的说法的解读,"乔丹说,"如果他的本意并不是你或者媒体认为他所说的意思,那他就无须因为你们在玩一个猎巫的游戏而道歉。"

乔丹的眉毛扬了起来。

我们都感觉到了气氛的变化。

"他没有道歉是因为他的听众是我们社会中最种族主义的群体。那就是一个狗哨言论。"

"我的天,你们这些人真的是能把任何事情都当作狗哨言论。"

乔丹说这句话的时候不屑地望向了窗户。

"没错,因为我们本来就应该这样。不对的事情就应该被指出来——而且现在更是这样。特朗普总是发表种族歧视或者性别歧视的言论。"

"比如说什么?"

"比如说,他无数的有关穆斯林的言论。那个《走进好莱坞》的录音带。[1] 而且特朗普对梅根·凯利的'血从她那儿流出来'的评论你又怎么说？这种例子数不胜数。"

"你又来了，你又在对他说的话进行最坏的解读。他说的是，'有血从她的眼睛里流出来，血从她……随便什么地方流出来'。而你非要在这句话中找到性别歧视的地方。但他先说了'眼睛'，为什么接下来符合逻辑的联想不是'耳朵'？"

"你在开玩笑吗？而且即使我们先不谈这个事情，他有无数被记录下来的对别人的蔑视和恶语相向。你总不能忽视所有这些日积月累的例子吧。我们都知道他说的是什么，因为他想要表达的意思都在他的政策和语言中体现了。"

"不，你们根本不知道！这就是问题的关键。你们说他'种族歧视、性别歧视、同性恋歧视'的全部证据都只是对他言语的曲解。没错，他的话可能是粗鄙的、不该是总统应该说的。我已经说了他说那些话的时候我也很厌恶。但是你们谴责他的根据是你们对他动机的判断，或者是对于'他其实想说的是什么'的猜测。你可能不同意他的政策，但除了你说的那些模糊的言论之外，你没办法指出他说的任何一句话或者他做的任何一件事明确是种族歧视或性别歧视的。"

听到这里，克里斯再也受不了了。

---

[1]《走进好莱坞》录音带指的是2016年由《华盛顿邮报》曝光的一份2005年的录音资料，在该录音中，特朗普在与《走进好莱坞》节目主持人闲聊时夸耀自己调戏已婚妇女的经验。

我们的"船"加快了行驶的速度。随着我们之间的谈话愈发尖锐,我们越来越躁动,克里斯不知不觉踩下了油门。

乔丹说最后一句话的时候,我们正在爬坡,到了顶端之后我们开始沿内华达州一个巨大的山谷快速下行。这个山谷延伸得如此之远,以至于远方的道路缩成一个小小的点,在热浪所产生的涟漪中消失不见。尽管这条路笔直向着前方,但它仿佛在通往虚无。

"这根本是胡说八道。"克里斯冲口而出。

乔丹整个身体都靠在副驾驶座的门上——离克里斯越远越好。

"听着,对我来说这是这个事情的本质:特朗普说的一些话让我生活中的一部分人为他们的人身安全感到害怕,"克里斯说,"我爱的人。他为了自己的政治利益而攻击那些最为脆弱的社会群体。而这他妈的是不对的。"

"民主党想要这些群体害怕特朗普,"乔丹说,"这样他们才能激励这些人去投票。他们就是在试图把特朗普塑造成一个独裁的种族主义者的形象。煽动恐惧情绪是他们有意识的策略。我再次重申,我不是说特朗普从来没发表过愚蠢的言论,但是这些群体现在所感到的恐惧也有民主党的一定责任。"

"不,民主党是在保护这些群体不受到仇视言论的伤害。要不是为了吸引那些充满偏见的人,边境墙和穆斯林禁令根本没有意义。而那就他妈的是种族歧视。"

"当存在一个正当问题需要被关注的时候,那就不是种族歧视。非法移民确实犯过罪,包括杀人。人们有权对此感到愤怒。特朗普不过是和他们站在一起,并且提出了一个对他们而言很重要的议题。那些非法移民犯罪,被送回墨西哥,然后又重新越过边境回来,这对美国人来说公平吗?他为什么不能说这个问题?"

"这是不理性的。"

"怎么不理性了?"

"这种事情发生的概率很小。你不能基于这些小概率事件来制定政策。而且根据几个例子来煽动人们的愤怒——这令人恶心。"

"他并没有煽动愤怒。当他在一群因为非法移民犯罪而失去自己所爱之人面前演讲时,人群中的愤怒是正当的。"

"有很多更值得关注的事情,"克里斯说,他的声音有些发涩,"更重要的事情。把所有注意力都集中在这样一个无限小的问题上是不理性的。"

"这为什么比关注警察枪击案更不理性?"

"你在开玩笑吧。"

"你知道今年被警察射杀的没有武器的美国黑人有几个吗?"乔丹说。

"你要是想说什么你就直接说。"克里斯反唇相讥。

"14个。"

"我不相信这个数字。而且这也不是重点。因为种族主义的历史，警察暴行是个完全不同的问题。它是其他一系列社会问题产生的后果。"

"我可以立马在谷歌给你查这个数字。"

"我不需要你谷歌。针对黑人的警察暴行已经持续了几十年。正因为这样，所以这个问题是需要被讨论的。相比而言，其他议题中的数字是不重要的。"

"克里斯，就因为一个人的死亡是由于警察而不是非法移民造成的，前者父母的伤痛难道就比后者的更有道理吗？为什么一个群体的痛苦比另一个群体的更重要？"

我们俩都不再倾听对方所说的话。我们在进行下一次攻击前甚至都不让对方说完一句话。我们生气地摇着头，愤怒地解读对方的话语，怒气让我们瞪大了双眼。克里斯热血沸腾，耳膜不断跳动，他说话都变得磕磕巴巴。

"在黑人的社区中，几十年来对于警察的愤怒在不断地累积——而且这种愤怒是有正当原因的，"克里斯重复道，"每次发生警察枪击手无寸铁的黑人的事件，都在提醒着人们我们国家依然真实存在着系统性的种族主义。"

"都 2017 年了你还在提出这个论点，我也觉得很不理性，"乔丹回复道，"警察并不想杀害任何人。杀人是世界上最困难的事情。它会给你留下一辈子的心理阴影。这种觉得警察想要杀害黑人的想法是荒唐可笑的。说到底，他们最多只是没有得到良好的训练。"

"那你解释给我听为什么黑人被警察杀害的比例那么高，"

克里斯说,"解释给我听为什么他们被关进监狱的比例那么高。"

"那你解释给我听为什么警察枪击黑人的事件大多发生在民主党执政的城市里,"乔丹说,"在巴尔的摩,市长和检察官都是黑人。芝加哥几十年来都是民主党执政,奥克兰也是。你为什么不把矛头指向你自己政党失败的领导?"

"实际情况比你说的要复杂太多了——而且你心里也很清楚。"

"不,这两件事情是相互关联的。你这种把种族主义完全归咎于警察的态度是彻底不公平的。警察的工作非常危险,而他们想要的只是每天晚上能够安全回到自己孩子的身边。他们必须在一瞬间做出是否使用暴力的决定。相信我,这不是那么简单的。我们在训练中会花好几个月来演练这些情形。想要知道一个人是否有武器他妈的太难了。特别当你肾上腺素狂飙的时候。"

"我亲眼见过警察对我的朋友们的种族歧视。我亲眼见过警察叫停了一辆坐满了学生的车,然后只有坐在第三排的黑人学生被拉了出来,要求他出示驾驶证。他甚至都没有在开车。我——"

"这并不能成为左派煽动针对警察的愤怒和仇恨的借口。"

"你他妈的能让我先说完吗?"

"请。"

克里斯浑身都在颤抖。

"说实话我真不敢相信你竟然会有这样的想法。"

"你这话他妈的是什么意思?"

我们的"船"飞速冲下了山坡,克里斯没有说话。

"如果你有什么话想说,你就赶紧说!"

克里斯直直地盯着前方,道路在车下隆隆作响。我们俩都知道我们之间的某些东西被撕裂了。我们之间短短的距离仿佛有几英里那么遥远。

"我受够了,没有再谈下去的必要。"克里斯说。

乔丹瞪着窗外。太阳刚过中天。窗外的风景广阔而美丽。我们即将驶上又一个山顶。但这些景色对于现在的乔丹而言跟漆黑一片没什么两样。他心里又生气又委屈。轮胎的每一次颠簸和发动机的每一次轰鸣声都让他分心。

"朋友之间不应该这样攻击对方,"他心里想,"克里斯怎么能这么不讲理?"

乔丹开始怀疑这些旅行和自己与克里斯之间的友谊。"等我们回到家就结束这一切。我再也不跟克里斯一起旅行了。我没必要自己找罪受。"这些感觉让乔丹很低落。每过一小会儿,乔丹就试图让自己从这种负面情绪中走出来。但克里斯不向他道歉的每一分钟都让乔丹觉得更加愤怒。乔丹知道,我们俩之间只需要一句话就可以和好。他可以先开口,说一句发自内心的话,然后一切就会回归正常。克里斯会抓住机会,也说一些心里话。之前每次都是这样的。但那个下午,乔丹却说不出口和好的话。它们憋在他的胸口,而他没法张开嘴。

所以乔丹独自生着闷气煎熬着。

克里斯在狂怒之中迷失了方向。他感到有些幽闭恐惧,也感到很委屈。他甚至都无法看乔丹一眼——他觉得好像不认识这个朋友了。克里斯一直相信乔丹并不是真的与他有那么多不同的观点。剥去乔丹表面的保守主义观点,他们俩其实是一样的。但在这次的对话之后,克里斯没那么确定了。

我们俩都想和之前一样说点什么来挽回我们的友谊。我们之间的争论有着自己的生命周期:有高峰,有低谷,但总会因为一次揉乱头发,一个玩笑,或是兄弟之间的默契而结束争吵。但我们之前从未像这样吵过架,从未因为如此原则性的问题产生分歧。不管在内心尝试了多少次,我们都没办法找到准确的词语来缓和关系。

如果我们没办法缓和,那么我们大概会分道扬镳。不再有两个人的自驾游,友谊也将不复存在。毕竟我们现在住在美国的两端——克里斯住在康涅狄格州,而乔丹在加利福尼亚州。我们并没有特别的原因必须跟对方交谈或见面,我们很可能会渐渐疏远。

也许从一开始这就是一场愚蠢的冒险。以为我们俩能够在一辆车的密闭空间中独处那么多个小时而不发生争执——不到达我们的忍耐极限——是不切实际的。其他人肯定也做过和我们类似的尝试,而没人出来讲述这样的故事是有原因的。也许根本就没故事好讲。也许我们之间的分歧实在是太过巨大。

每当我们在起伏的道路上翻过一座山峰,都可以看到黄色的野花如同黄金一般散落在山麓上。我们绕过一条山脉,正在驶过从内华达山脉中雕刻出的高速公路。道路从这里开始变得平坦,然后往下通往一片花海,这预示着我们已经很接近加利福尼亚州了。

"我爱你,哥们儿,"克里斯长久的沉默之后终于说,"但我需要一点时间让自己平静下来——找到合适的语言。"

"我也有同感,克里斯,"乔丹说,"我也爱你。"

我们没有再多说什么,在这之后又沉默了许久。但当我们快要回到加利福尼亚州时,我们终于打破了沉默。

风呼啸而过的空旷山谷的另一侧是莫诺湖。克里斯小时候,他母亲在家里浴室的墙上挂了一张镶着框的莫诺湖的黑白照片。石笋——碳酸盐矿物沉淀形成的巨大石灰塔——在图片的边缘耸立着。它们看起来像是沙子被雨水淋湿之后,又被孩子粗暴拍成的沙堡尖顶。"它是一个即将死去的湖泊。"克里斯的母亲告诉他。多年来,由于其支流被改道去给洛杉矶之类的远方城市供水,莫诺湖的水在被慢慢地排空。随着水位下降,越来越多的石笋从湖中浮现,仿佛是湖底的疤痕组织。多亏了一群珍惜莫诺湖的市民,它才得以幸免于干涸的命运。克里斯想要去看看莫诺湖,乔丹没有反对。

我们离开了停车场,在湖岸边探索着。石笋看起来和我们去年夏天在恶地国家公园看到的脆性黏土的岩石很像。当我们沿着岸边行走时,莫诺湖特有的飞蝇形成的黑云随着我们的脚步飞升散开,水面随着山间微风轻轻拍打着湖岸。我们在远离游客的地方找到了一个湖湾,坐在石笋下面可以遮阳。我们安静地闲坐在岸边,看着平静的蓝绿色湖水拍打着棕褐色的细沙。

"我们能在湖里游泳吗?"乔丹问。

"我觉得应该不能。"

"为什么?"

克里斯想了想说:"我也不知道。"

"我们可不能不游泳就离开这儿。"乔丹说,勉强挤出了一个微笑。

克里斯望向湖面。它看起来一直延伸到数英里之外。他完全不知道莫诺湖到底有多大。眼前的景色之宏大让克里斯心生敬畏。这一路上我们看到的景观似乎总与克里斯心中想象的尺寸不相符。拉什莫尔山曾经在克里斯心中是巨无霸般的存在,但当我们到达它的山脚时发现它其实看起来很小——甚至有一些古怪。而在黄石公园外的山峰上看到的景色,以及沿着大峡谷看到的马蹄湾,则是无限壮美的。距离让风景定格在了某个瞬间。

"你看,"乔丹把手机拿给克里斯看,"这里说我们可以游泳。"

"那估计确实可以。"

于是我们脱掉了衣服，只穿着内裤走进湖中开始游泳。湖水中的盐分使得水有些黏稠，在湖的表面形成了一层薄薄的油状膜。当我们向湖水深处伸出手时，有什么东西被我们惊起了一阵涟漪。我们离岸边越游越远，胸膛和腿上沾上了一层薄薄的黏液。但湖水中的盐分增大了水的浮力。克里斯觉得这应该有点像在月球上行走。

"水里有很小的海带！"乔丹大声说。

"那些是盐水虾。"克里斯说。

"它们安全吗？我是说，它们不会游到我的……咳咳……里面去吧？"乔丹边说边大笑起来。

我们在远离岸边的地方慵懒地游着泳——远离高速公路上的匆忙，远离人声。

"我们游到那些石头那边去吧。"乔丹说。我们俩像狗爬一般划着水，然后带着微笑开始比赛着向着那个方向进发。到了之后，我们爬上了陡峭的河岸，躺在阳光下，感受盐水在我们的皮肤上逐渐干燥。

"我们往更远的地方游吧。"克里斯说着，跳回了湖中，乔丹紧随其后。

我们游着泳的时候，湖水渐渐冲走了我们心里留存的怒气。它就像一剂清凉的药膏，缓解了痛苦，治愈了伤口。当我们从湖中爬出来，湿淋淋地穿上衣服时，我们差不多已经恢复正常了。

"我喜欢这儿。"乔丹说。

克里斯会心一笑。

我们的争执把我们推到了友谊破碎的边缘，但我们成功躲过了这个结局。我们俩伤害了彼此，而这种伤痛需要时间来消解。当离开莫诺湖时，我们的手臂和脸上结了一层盐，把皮肤拉扯得很紧，但我们心上的伤口却已经开始愈合。我们又一次开始微笑了，这一次并不勉强。我们甚至坐在岸边的一个潜水酒吧里分享了一篮子油炸食物，在酒吧的帆布躺椅上留下了湿漉漉的印记。

很快我们重新上路了，沿着高速公路往山脉的顶端前进。傍晚时分，山峰的阴影笼罩着湖面。

"兄弟，我真的很爱你，"克里斯说，他是一个从不吝啬于说爱的人，"我愿意把我的生命托付给你。我很抱歉我之前那么生气。"

"我也爱你，兄弟，"乔丹回复道，"我也很抱歉。我知道我刚才有点咄咄逼人。"

"我生活中有很多人真的因为这些事情受到过伤害，而我特别在乎他们。他们受伤让我特别心痛。所以我基于这种情感做出了反应。但我应该直接告诉你这些，而不是开始吵架。"

"我真的很抱歉，克里斯。我之前不理解这件事对你来说那么重要，如果我知道的话我绝对不会像刚才那样回应。这些事对我生活中的许多人而言也同样是很重要的。"

问题就这样解决了。和好的言语从我们口中自然地流出。

让我们长舒了一口气。

我们找到了重新开始尝试对话的路径。争吵的结束也许有其神秘方式。我们俩都没能说服对方,但友谊并不建立在完全的统一之上。无论我们坚持的立场多么旗帜鲜明,友谊中有比政治更为重要的东西。我们挽救了我们的友谊,因为分歧并不是需要逃避的东西,它反而可以培养美德。我们俩都不希望分歧会割裂我们,我们俩都希望能继续从分歧中学习。只要我们用心倾听对方,我们就能够帮助彼此变得更好。

之前,当乔丹说起那些因为暴力而失去自己所爱之人的家庭时,克里斯没有严肃地去思考这件事,这让他有些不安。不管这对克里斯的政治观点会产生什么样的影响,一想到自己冷酷无情地无视了他人的痛苦,克里斯就感到十分惶恐。人类最为持久的感情并不是背叛、愤怒或内疚。

克里斯还有史以来第一次感到了乔丹对于因为政治观点而失去朋友的担忧。他一定带着这种不安全感过了很多年。当自己的观点不仅不被自己身边的人接受,而且还要被咒骂——被认为是不值得探讨和提出的——该有多么艰难啊。当乔丹在与人发生冲突时,他身上的尖刺并不仅仅是为了自己,也是为了所有那些和他持有相同观点的、他所在乎的人——他的家人、海军陆战队中的许多战友,以及他不认识的几百万美国同胞。

事情是怎么发展到现在这个地步的呢?乔丹心里认为有一个关键的时刻——当克里斯说他生命中的许多人被特朗普

的言辞伤害过。乔丹以前也听到过这种话，他能够理解这句话所承载的感情，但他依然坚持自己的论点。如果他没有这么做，而是暂停一下，承认他的话给克里斯造成的伤痛，然后试图去进一步理解，又会如何呢？如果他努力尝试去理解这些伤痛，去告诉克里斯他明白为什么这件事对他而言那么重要，那又会如何呢？现在的情况也许会截然不同。

找寻共识的意义并不在于争辩是非，而在于培养某种默契，让两个人能够在进行激烈探讨的同时依然相互尊重。找寻共识并不意味着必须达成统一意见，而是当意见相左时，对话依然能够继续进行。

在旅程中，我们时常会意识到共识有时是那么地脆弱。如果我们发生争执时不在同一辆车里，那我们可能已经分道扬镳了。我们意识到了在争论时两人都必须遵守某种默契的规则和尺度，知道对方的限度在哪儿是很重要的。这件事情让我们明白，我们不能把我们之间的友谊当作一个理所当然的存在。我们有责任去尊重友谊的界限、去维护它，并在有可能的情况下，去帮助它变得更强韧。这一点在我们的旅程中至关重要，特别是因为我们有着不同的价值观和生活重心。

七点左右，我们驶入了一个房车公园中卡拉·麦地娜家的车道。这个房车公园在里诺城外不远的火花城。卡拉是乔丹小时候的保姆。当我们在逐渐变暗的暮色中下了车时，卡拉打开了门，向我们用力地挥手。

"我的宝贝！"她大喊道。

乔丹走上前去给了她一个拥抱，克里斯从我们的车里把行李拿了出来。

"这是我的朋友克里斯。"乔丹说。

"你们俩上同一个学校？"卡拉问道，瞥了一眼克里斯的长头发。

"没错！我们俩是铁哥们。"

卡拉的丈夫查克也走出门来欢迎我们。他是个头发浓密的粗壮男人。他跟我们握了握手，他的手很大，在虎口处文了一个海军舰锚。他看起来像个拳击手，气质却十分平和。

"你俩饿了吧？"查克说，"我正在煎牛排。"

"我还给你做了玉米饼，"卡拉插话道，挽着乔丹的手臂，"我的宝贝最爱的就是玉米饼。是我教他怎么吃的。"

卡拉带着我们穿过一个铺着瓷砖的厨房，进入了一个到处摆放着家庭照片的客厅，其中有一张是穿着蓝色制服的乔丹。灶台上的不锈钢锅里煮着东西，在咕噜咕噜地冒着泡泡，旁边放着好几篮用巨大的香蕉叶包起来的玉米饼和一盆刚刚拌好了的沙拉。卡拉告诉我们，她今天整天都在准备吃的。

卡拉从乔丹一岁开始就在照顾他。乔丹小时候，他的父母忙于照顾他的姐姐珍娜，所以卡拉对于乔丹而言就像是妈妈。他们之间形成的情感纽带持续了几十年。她把他当作自己的孩子。

在乔丹的讲述中，卡拉的人生充满了冒险与挣扎。在我们的旅程中，乔丹一直在说卡拉实现了美国梦。卡拉来自危地马拉，她刚来美国的时候待了几年就回到了家乡，希望有朝一日能够再回来。她最终得到了美国绿卡，并把她的家人一起带来了美国。

卡拉和她当时的丈夫劳尔，以及他们的六个孩子在洛杉矶开始了新生活。她认识了布拉什克一家，然后开始在他们家做保姆照顾乔丹和珍娜，而她的丈夫在当地的一家小餐馆打工。她的孩子们上了高中，其中三个上了大学，一个参军加入了海军陆战队，他们后来都拥有了自己的小家庭。劳尔不幸早早离世，留下卡拉孤单一人，没有人帮助她。乔丹的父亲罗伯在自己力所能及的范围内帮助卡拉解决了孩子们的学费问题，这个家庭在困苦的情况下坚持了下来。之后的许多年，卡拉成为了这个不断繁衍扩大的家族的女族长。她后来嫁给了查克，一个疼爱她的好男人，他们从那之后一直生活在一起。

卡拉一直在给克里斯讲乔丹小时候的故事，比如说她带他去公园玩、教他尝试新鲜的食物、保护他不受姐姐的欺负——有时候甚至保护他不受妈妈的责罚。很快我们谈论的话题变成了我们前几天的经历，我们向卡拉和查克讲述了我们在特朗普集会上遭遇的事情。这是我们第一次详细讲述这个故事。查克觉得很有意思，但卡拉觉得很一般。

"我可没时间管特朗普的事儿。"她宣布道，并像是要赶走苍蝇一样地挥了挥手。

只有工作和家庭是最重要的，卡拉解释道。她不懂为什么所有人都那么在乎总统又说了什么做了什么。这些事情在她的生活中根本无关紧要。相反,她需要管理她在危地马拉的房产,以及一个在拉斯维加斯她想卖又还没卖掉的房子。而且,更重要的是,她需要在自己的孩子去上班时帮助他们照顾照顾她的孙辈。这些才是她在乎的事情。

"要是我不工作,我就没饭吃。"她总结道。

克里斯看着坐在乔丹对面的卡拉讲着一个又一个故事。卡拉用母亲特有的骄傲眼神看着乔丹。略感尴尬的乔丹微笑着、充满爱意地纠正卡拉故事中不准确的地方。不知怎么的,他们看起来就是一家人。

就在几个小时前,我们俩在激烈地争论着有关移民的话题,而乔丹为特朗普的言辞进行了辩护。但现在我们却坐在一个曾经是非法移民的人的家中,她对乔丹而言非常重要,而乔丹则被她认为是家人。

这一切让人感觉好复杂。

但在卡拉和查克的房车里的那个晚上,乔丹的保守主义观念是不存在的——克里斯的自由主义观念也同样消失了。至少在那个夜晚,我们俩只是在与卡拉和查克分享一顿晚餐的两个朋友。其他任何事情都不再重要。战线被抹去。防御被卸下。那个晚上,我们四个人讲述了许多故事,谈论了生活的困难,分享了彼此的梦想,并传递着热腾腾的食物。

我们在这一刻只是克里斯和乔丹,一对原本似乎不可能成为朋友的朋友。

第二部分

路易斯安那

2017年12月一个周六的早晨，我们驶进了拉斯维加斯夏延大道东侧的莫顿旅游广场。这儿离拉斯维加斯大道有几英里的距离，我们隐约可以望见远处大道上闪烁的灯光。各式各样的拖车侧停着，覆盖了看起来有整个城市街区那么大的范围。

我们破晓时分刚从纽约飞达此地。我们俩刚刚把应该分散在两个星期的秋季学期期末考试挤进了一个周末完成，就是为了在放假之前再进行一次自驾游。乔丹在耶鲁法学院完成了他的最后一个学期，我们俩都将在明年春季毕业。距离我们上次自驾穿越加利福尼亚、亚利桑那和内华达已经过去了四个月。

一天前，克里斯跟57岁的卡车司机彼得·迈伦确认了我们的到达时间。彼得来自佛罗里达州的代托纳比奇，他将作为我们接下来一周的东道主。

我们试图追寻我们之前在亚利桑那州的佩吉体会到的感觉，并花时间与那些可能向我们展示与我们的生活截然不同的人生的人相处。

我们站在停车场里，在早晨的凉风中看着一个拖车舰队。一声喇叭声突然划破了宁静的空气，它来自一辆侧面画着纽约巨人队标志的蓝色卡车。

"需要搭车吗？"一个男人从卡车敞开的车窗向我们喊道。

彼得从卡车驾驶室爬了下来。他是一位高大魁梧的男性，有着健壮的手臂、黝黑的皮肤，脸上长满了浓密的胡须，戴着一副细长的眼镜。他相当有存在感。

"欢迎，小伙子们。"他边说边热情地跟我们握手。他的前臂上有两个显眼的黑绿色文身——一个是老鹰与美国国旗的图案，另一个是巴洛克十字架的图案。

"我是彼得，"他热情地说，"很高兴见到你们。"

彼得一边说话，一边张开手臂给我们展示了他红色上衣胸口印着的"让美国再次伟大"标语。

"我特意为了你俩换上的这件衣服，"彼得解释道，他注意到我们俩正盯着他的衣服看，"我告诉我老婆，我得穿个红色的衣服，如果他们对着我开枪的话，他们一定可以击中目标。"他放声大笑起来——笑声低沉而嘶哑。

我们这周的安排很简单。彼得要驱车1800英里把一户人家的全部家当从拉斯维加斯送到密西西比州的格尔夫波特，他答应带上我们一起。用卡车司机的土话来说，彼得是个"臭虫"，是专门帮人搬家的人。

这段旅程将会带着我们经过亚利桑那州和新墨西哥州，

沿着得克萨斯州东部与俄克拉荷马州接壤的蜿蜒边界线贯穿得克萨斯，然后经过路易斯安那州的什里夫波特，最后途经密西西比三角洲进入密西西比州。我们将会在四天内走完这段路。

乔丹在彼得边上的副驾驶位坐了下来，而克里斯一屁股坐在他俩身后双层床的床垫上，晃荡着双脚。彼得对于自己擦得锃亮的沃尔沃VNL 780型号卡车感到很满意。他踩下了气刹，气刹的嘶嘶声盖过了发动机的轰鸣声。皮特——这是我们之后对于彼得的昵称——把卡车挂上了挡。

"出发喽。"皮特说着，操纵着震动的卡车驶离了停车场，经过一个路口之后驶上了高速公路。

皮特一手握着方向盘，一手掏出了一包橙色的波迈香烟和一个红色的打火机。他打开车窗，点燃了一根香烟，拉斯维加斯与阿尔伯克基之间州际公路上的风在驾驶室里呼啸而过。

"要是我的卡车没有完全塞满，我是不会出车的。"皮特说。当他说话时，他会把整个上身都转向我们。

"因为我可以拿到55%的佣金，"他继续说，"但所有费用都得我自己出，保险、汽油、工伤保险。我不是那种卡车还有四分之一空着就出车的人。有一次，我从康涅狄格州回来的路上，在车里塞了2000磅的货物，还在车后面绑了一个床垫。"

皮特的卡车相当拥挤。两个副驾驶位占据了半个驾驶室，随着车的晃动不停摇动、吱吱作响。皮特在宽阔的仪表盘上摆放了各种各样的东西：迷你日历、笔记本和笔、瓜子、挂在镜子上的饰品、一个塑料的双臂张开的耶稣雕像和一个好像从来没有移动过的咖啡杯。在副驾驶位后面放着一台冰箱、一台小电视和一张双层床。下铺是自己睡的，而上铺则是给他的帮手准备的——现在他的帮手就是我们。

跟皮特出车是克里斯的主意。克里斯揣测，如果我们想要避开政治话题，我们应该在普通人生活和工作的场景中去认识他们。克里斯很喜欢读斯塔兹·特克尔在《工作》这本书里写到的各种采访，他的那本《工作》已经被翻烂了。而有什么比从长途运输卡车上开始更好的地方呢？根据克里斯从特克尔书中的了解，运输卡车司机是一份非常需要坚韧意志的工作——它不仅能让我们更了解工作的意义，也许还能让我们看到之前所不了解的美国的一些地方。乔丹觉得这个主意很有意思。他觉得卡车司机恐怕跟他熟知的军队有很多相似之处。

卡车司机是美国生活中不可或缺的一部分。300万名卡车司机每年在美国州际公路网中运输价值超过7000亿美元的货物。没有他们，美国的商业将进入停滞状态。然而，这个行业却在社会的边缘。现在如果有任何关于卡车运输的报道，它们也基本上是在所谓马上就要实现的自动驾驶的语境中被提及。

克里斯最后找到了芬·墨菲，他曾经是一名卡车司机，写了一本叫作《长途：一名卡车司机在路上的人生故事》的书。芬告诉我们他会帮忙找到一个可以让我们跟车的人。

几周后，芬回复了。"我找到了合适的人。"他在信息中说，并给我们发了一个电话号码。

在和皮特打了30分钟的电话之后，我们觉得芬说得没错。皮特是个很有主见、平易近人的大嗓门。"你们的打印机里都没有足够的墨水可以写下我的所有想法。"皮特当时在电话中大喊，他的开怀大笑即便在高速公路上风的呼啸背景音中依然清晰可闻。

"所以，"当我们驶过内华达州时，克里斯坐在副驾驶位后面、皮特为我俩准备的躺椅上说，"你是怎么认识芬的？"

"芬？"皮特说，"你知道吗？我从来没见过芬。"

"真的吗？"乔丹说。

"对，完全不认识他。"

"那他是怎么联系上你的？"克里斯问道。

"他应该是认识我们当地的调度员，"皮特解释道，"他联系了她，说：'我认识这样的两个人。你知道任何可能愿意帮他们的司机吗？'然后她就说，'皮特，我觉得这听起来像是你会做的事。'"

那时我们已经在拉斯维加斯东南方向数英里之外了。我们正和一个完全陌生的人一起沿着高速公路驶入拉斯维加斯和亚利桑那州之间的广袤沙漠。这个陌生人是个穿着特朗普T恤、会被自己的粗鲁笑话逗得哈哈大笑的喧闹而暴躁的男人，他正载着我们，在下坡时带着连在卡车后面的几千磅重的家具飞速行驶。

正在这时，一辆轿车从高速公路入口匝道处飞速驶上公路，当它渐渐超过我们卡车的驾驶室时，坐在里面的司机抬头看了我们一眼。我们低头看他，为这个全新的高高在上的视角感到新鲜。皮特也注意到了这辆轿车，他以一个相当危险的角度把身体横过整个驾驶室。一只手把着方向盘，皮特掀起了自己的上衣，露出了自己的胸膛，用自己的另一只手弹了一下乳头，发出了一声中气十足的嚎叫。在之后的旅程中，我们对这嚎叫的声音变得无比熟悉。

"他们爱死我这样了。"皮特对我们说，重新拉下了上衣，衣服的下摆堆在腰间。伴随着道路的颠簸，他在自己的座位上上下起伏着，手指间的香烟还在冒着烟。

皮特开车很猛。他轻松地在各个车道之间来回穿梭，绕过各种小型汽车和笨重的卡车之后再极速回到快车道上。这样一辆巨型卡车在皮特的手下却移动得非常灵巧。全部算上，皮特在他驾车的 40 年间已经驶过了大约 300 万英里。他刚开始时只是一个睡在卡车后面的被称为"公路狗"的帮手，而在过去的 33 年间，他都在开自己买下的卡车。

然而，即使对他这样的老司机来说，这一次旅程也是一个全新的体验。最近的一项规定即将改变卡车行业。根据美国国会通过并由巴拉克·奥巴马总统于 2012 年签署通过的《21 世纪进步法案》，联邦机动车运载安全管理局必须规定所有卡车司机都要安上被称为 ELD 的电子记录设备。一直以来，卡车司机一天内被允许驾驶的时间都是有法规限制的，ELD 将有助于这些规定的执行。经过多年的审议，新的要求将在 2017 年 12 月 8 日开始生效——我们旅程开始的三天后。

"我基本可以预见那天会天下大乱。"皮特说。

《车队拥有者》杂志进行的一项调查显示只有三分之一的卡车司机遵守了安装 ELD 的规定。对于一项将影响 300 万人、几天后就会到达最后期限的规定，这是一个令人担忧的数字。对不遵守规定的处罚可能很严厉，包括罚款和传票。等到了 4 月，那些还没完成安装的司机则有可能会被停职。

皮特在仪表盘上方的挡风玻璃上装了一个 ELD。ELD 带有 GPS，所以本质上是一个追踪器。它的电子日志可以精确到检测每一分钟的动向，创建出一个可以让政府和当地调度员检测的精准记录。在安装 ELD 之前，卡车司机们会用纸笔记录下自己的工作时间。当我们刚在拉斯维加斯见到皮特的时候，他就正在填写一份工作日志。

"记录这些东西太操蛋了。"在我们离开莫顿旅行广场前，皮特说道。他在一块写字板的表格上勾勾画画，表格上有一连串拜占庭式的线条和格子。"我在这个本子里记录下我做的所有事。"皮特解释道。

直到安装 ELD 的最后期限，皮特都将在这块写字板上做记录。他来回翻看着一整本写满了日期和时间的袖珍笔记本，他用它来计算自己的行车距离、开始工作的时间，以及停车小憩的时间。尽管这套体系相当不完美，但司机们觉得它尚可容忍，因为当法规太过脱离实际的时候，他们可以根据道路的实际情况来"调整"记录。皮特给我们讲了一个故事。有一次他花了十一个小时才完成了卡车的装车，当时他已经筋疲力尽、浑身臭汗了，但如果他把车开回卡车休息站洗澡的话，他就违法了。根据法律，他必须就地在他客户房子的门口过夜。但他在日志上写上了"下班"，然后把车开回了卡车休息站。

"他们迫使你撒谎，"皮特一边说一边在亚利桑那州荒凉的车道上横冲直撞地绕过了一辆慢吞吞的汽车，"制定这些法律的人根本没开过卡车。"

而现在，ELD即将改变这一切，卡车司机们的愤怒可想而知。在这次旅途中，我们俩会从我们在路上遇到的十几位卡车司机那里听到他们的抱怨。全国各地都在爆发抗议。300辆卡车以每小时五英里的速度在高速公路行驶，从萨克拉门托开到了弗雷斯诺，以抗议安装ELD的新要求。在华盛顿特区，卡车司机们沿着宪法大道把车停在美国交通部的门口。还有很多司机威胁要完全停止卡车运输。

皮特很理解这些司机，但他没有参与抗议。

"我得养家，"他说，"我开车就是为了挣钱。"

这恐怕是许多卡车司机的想法。一项最近的行业调查显示，78%的卡车司机认为报酬过低。

生活的重担压在皮特肩上。他经常会讲起他因为各种道路规则而感到的压力。他说这种感觉就像是他的脖子被一只靴子踩住一般。

"每一天，我都过得小心翼翼。我做错了什么？他们会罚我什么？罚款会花掉我多少钱？而这一切都来自于一项又一项的规章制度，它们扼杀我们、支配我们、摧毁我们的精神。"

皮特的想法引起了乔丹的共鸣，他经常怀疑联邦政府在美国这样一个庞大而复杂的国家中管理人民生活的能力。乔丹认为，尽管联邦法规的初衷是好的，但它们可能会产生二阶或者三阶的后果，使得"小人物"的生活变得更加艰难——小人物包括了小企业主、个体户，以及所有没钱雇律师团的人。监管有恰当的时机和地点，但官僚主义常常有过度扩张的倾向——而当各种监管妨碍普通人诚实地工作时，它只会让它所应当保护的群体失望。

克里斯能够理解皮特的哀叹，但他同时也有点不那么信服。看着皮特开车是一种让人提心吊胆的体验。每一个人——不论他驾龄多少——在路上行车都需要遵守一些规则。而且卡车司机并不算是在驾驶这件事上最遵守安全规定的群体。2016年，在美国的高速公路上至少有4400辆卡车遭遇了致命事故。但在37年前，这个数字超过6400辆。对于克里斯以性命相托的皮特而言，国家的这些政策可能是恶的，但对于一个负责监管数百万司机的系统而言，这些法规似乎是必要的恶。

"他们让我们觉得自己像是罪犯一样。"皮特总结道。

几十年来，在美国人民心中的图景里，卡车司机代表了一种粗野但体面的职业。在20世纪60年代，在路上遇到麻烦的驾驶员们总能得到卡车司机的帮助，卡车司机常常被认为是公共道路上的贵族。但这种全国性的对于卡车司机职业的尊敬却在20世纪80年代开始消退，特别是在1980年的《机动车运输法》结束了对卡车行业的管制之后，高速公路开放给了激烈的竞争和非工会车队。

但皮特从未离开过这个行业。

日色渐沉，车窗外的景色壮美得令人惊叹。阳光触碰着亚利桑那的红色岩石和雄伟的谷壁。"这是我的办公室。"皮特说着，指向窗外绵延数英里、远处耸立着陡峭山脉的金色景观。皮特用手指搭了一下自己之前的那包波迈香烟，发现已经空了，于是把它扔在了一边。

"我唯一要做的就是在高速公路上运送我自己和我的信仰。"

在看到前往佩吉的高速出口之后，克里斯躺下来小憩了一会儿。当他醒来的时候，太阳已经落山了，皮特在亚利桑那州温斯洛的一个土面停车场里把车停了下来。乔丹离开了卡车去附近的一家汽车旅馆开房。而皮特正在摆弄他的手机。

"你想要开个房间吗？"克里斯问。

皮特摇了摇头。

"有时候我在家的时候也会睡在车上，"皮特说，"而且当我在路上的时候，如果睡不着，我凌晨两点也会爬起来，走到车上坐在这张椅子里。"他拍了拍椅子的扶手。

"有道理。"克里斯说着，跟着乔丹去了汽车旅馆。

我们的第二天早晨很快就开始了。我们俩不情愿地在四点刚过时就爬进了驾驶室。我们发现皮特已经完全清醒了,而且有些抱歉。ELD装置还没有清零,所以我们还得再等10分钟,直到法律要求皮特的休息时段结束时才能出发。

"我们实际上并不需要等,"皮特说,"因为法规明天才会生效。但我在训练自己。"

我们等待时钟清零的时候,皮特给我们讲解了这个行当的规则。联邦机动车运输管理局允许他一天行车11个小时,但必须在14个小时内完成。并且在开始行车的6个小时之内,无论如何必须休息30分钟。他在连续八天内最多可以行车70个小时,但之后必须休息几天。政府的规则非常严格。

"我觉得宇航员都不用遵守这些狗屁规则。"我们等待时皮特抱怨道。

很快,我们开了一段时间之后在一个卡车休息站停下来买咖啡和补给。卡车司机们只能在特定的地点停车。他们的巨型卡车对于大多数城市街道而言都太笨重了。在高速公路出口处零星点缀的佩德罗、迅驰和飞行员J卡车休息站是这些州际游牧民族的水泥绿洲。

当乔丹和皮特在浏览休息站里的热销商品时,克里斯绕着皮特的卡车走了一圈。那是一辆白色的、有许多支撑梁的卡车。侧面有许多蓝色和红色的斑点。驾驶室的后面用哥特式字母写着"赞美主"这句话。巨大的纽约巨人队标志占据了拖车表面的大部分空间。"这个让我跟伙计们有东西可聊。"今天早一点的时候皮特说。乔丹也加入进来。皮特发现我们俩在欣赏他的卡车,他大步走到侧边,手一抹就打开了卡车中部的门。他拍了拍车厢里从地板密不透风堆到天花板的纸板箱,解释了在车厢内装箱的诀窍。

给卡车装车是一件很复杂的事情。你必须深思熟虑确保空间内的密度最大化,从而使货品重量最大化,而这是利益最大化的唯一途径。这需要良好的体能、一支优秀的壮劳力团队,以及充足的经验。想要把一辆三轮车和一台烤面包机无缝装车,实践是百试不爽的唯一办法。

重新上路后,皮特摸出了另一包波迈香烟,一边用自己的手肘把着方向盘,一边在黑暗的驾驶室里点燃了一根烟。天色逐渐亮起,我们正在穿越新墨西哥州。拂晓是皮特最喜爱的驾驶时间。那时他刚休息好,而且没有阳光直射他的眼睛。他刚刚喝完了他今天的第一杯加奶加糖的咖啡,咖啡在他脏兮兮的杯子里晃荡着,他拒绝把这个杯子洗干净。这是一段近乎冥想状态的时光。我们基本上只能看到对面的卡车车灯和隔离带反射过来的光。

"纽黑文怎么样?"皮特问,声音中没有他平时的那种激动,"我十四五岁的时候经常在纽黑文的绿地晃荡。就在教堂街和——"

他试图回想街道的名字。

"庙街?"乔丹提醒道。

"对,教堂街和庙街的交叉口。"

皮特曾经在自己的脸书页面上形容自己是"生在深山，长在洞穴"。他在几个亲戚对于他这样形容童年表达了抗议之后，把这个描述改成了"努力工作，努力玩耍，努力祈祷"。皮特在康涅狄格州的米尔福德市长大，他的母亲是一个酒鬼，虽然她很爱自己的孩子们，却没有能力照顾他们。皮特的父亲吉姆是一位工程师，他在离婚的时候得到了皮特和他姐妹的抚养权。吉姆是一个事业型的人，皮特说，他根本不管自己的孩子和他的新妻子，而皮特的后妈则经常虐待皮特和他的姐妹们。她会给冰箱上锁，还会在自己出门的时候把大门也锁上，孩子们只有她在家的时候才可以进屋。

所以当皮特15岁的时候，就离家出走了。他在康涅狄格州的南部游荡，很需要一个歇脚的地方。他在米尔福德发现了一个卡车休息站，在那里他一晚只需要花25美分就可以在一个睡着几十个卡车司机的空旷房间里得到一个放在地上的床垫和干净的床单。其中一个卡车司机问皮特愿不愿意帮他装车。大块头的少年皮特很轻松地完成了这个工作。然后这个司机带着皮特去了加利福尼亚州。很快，皮特成为了一个"公路狗"，白天在驾驶室中跟车，晚上睡在卡车货仓里听着收音机入睡。

现在这个时代，当时皮特在米尔福德住的那种铺位房已经不复存在了。它们在20世纪70年代逐渐消失，因为带卧铺的卡车在市场上变得更加常见，而这种新式卡车永远改变了这个行业。

皮特也许很早就找到了自己的使命，但他却度过了一个颠沛流离的青年时代。他的麻烦开始于《洛基恐怖秀》，他和一群朋友边看电影边互相传递琥珀色酒精和手卷烟。后来，当他不工作的时候，他和一群志同道合的兄弟会跟着感恩而死摇滚乐队*在东海岸到处游荡。他住在一辆皮卡的后面，睡在草地上，在河流小溪中洗澡。杰里·加西亚**去世的那个晚上，皮特在纽黑文绿地上参与了一个烛光守夜集会。

皮特有几个孩子，但和他们很疏远。他努力工作，买了自己的卡车，但他并没能戒掉毒瘾。在路上有染上各种恶习的可能性，而皮特也不能幸免。当这一切变得让人难以承受时，皮特时不时地会试图搬到康涅狄格州的其他地方来躲避他的毒贩和朋友。但没有用，他们总能找到他。他的毒瘾对他的人生和健康造成了极大的损害。

直到有一天，他突然戒了毒。

克里斯觉得难以置信。

"你就这样一下子戒了？"

"没错。"皮特说。而且从那之后他再也没有吸过毒了。

在路上行驶的时候，皮特跟我们说了他最近和他的大儿子小皮特重逢的故事，在那之前，他们已经几十年没有见面了。他的儿子喝醉了，大半夜给他打了一个电话，皮特跟他说他们应该一起吃顿饭。

---

* Grateful Dead，美国20世纪六七十年代的著名摇滚乐队。
** 感恩而死摇滚乐队成员。

"我知道你很生气,"皮特见到他儿子时跟他说,"你对于我的缺席而生气,对我从来不在你身边而生气。"

皮特给了他儿子打他一拳的机会。

"我把手放在背后,你可以给我脸上来一拳。"皮特说。小皮特问他能不能留着这一拳下次再打,但他爸说不行。这个提议只有当时当地有效。小皮特选择不给他爸来一拳。这是他们父子和解的开始。

皮特一边给我们讲这个故事一边开始哭。他经常在讲到家庭和信仰的时候流泪。最近许多年,他一直自诩自己是一个重视家庭的好男人——那种在忽视了家庭多年之后突然浪子回头的父亲和丈夫。

途中我们经过了一个在高速路上边走边竖起大拇指想要搭车的年轻人。他穿着脏兮兮的衣服,长长的头发打着结。皮特说,通常情况他都会让他上车,但因为我们俩,车上没有足够的空间了。因为他自己也曾经流浪过,所以皮特经常会试着帮助路途中流浪的孩子。他的妻子把这些搭车的人称作皮特的"特殊慈善案例"。

皮特的妻子存在于他驾驶室的每一个角落。她是他的第四任妻子。卡车司机的生活方式很影响夫妻关系。皮特每个月都有28天在路上。只有拥有一些特殊品质的配偶才能够忍受这样的生活。

"我疯狂爱过我的每一任老婆,"皮特说,"我现在还和所有前妻都是好朋友。我告诉她们每一个人,我和她们共度的时光对我而言都是天赐的礼物。而现在，这种福气结束了。我们得走自己的路，我祝福她们可以在别人那里再次找到幸福。但我和她们每个人在一起的时光都是美好的。"

但是皮特说，他现在的妻子是很特别的。

"我特别特别爱我老婆。"他不断重复这句话。他们在一起15年了，而且皮特宣称这15年里他们没有一天是生气地度过的。

"就像我告诉她的那样，我是全世界最好的老公，"他大笑，"我每个月回一次家。你给我做块牛排，帮我洗一桶衣服，然后我就又走了。对吧？然后你每周可以因此拿到2000美元。所以说真的，跟我结婚能有多坏？"

"这是你的吗？"

在一次喝咖啡的休息时间后，皮特举起了一本柠檬绿的袖珍《圣经》。这是我们在路上第二个整天的早上七点多，黎明的曙光刚刚照进驾驶室，睡意仍然让我们的眼皮发沉。

"是我的。"克里斯说。

克里斯刚刚得到了这本《圣经》。是路上的一个陌生人递给他的。克里斯把它放在了他背包装水瓶的地方，它肯定是滑落在皮特18轮卡车上的薄床垫上了。

"你信上帝吗？"

克里斯摇了摇头。

"我生来就是怀疑论者，但我并非无信仰者，"克里斯说，

"到现在,我只是还没有找到我信仰的东西而已。"

看到皮特脸上失望的表情,克里斯说起了他的圣徒克里斯托弗吊坠。这是他母亲在他21岁生日时给他的,而圣徒的故事引起了克里斯的共鸣。他告诉皮特和乔丹,就像圣徒克里斯托弗一样,如果他能够找到信仰,那他的信仰是为我们所处的这个世界而非来世服务的。

但皮特是一个浑身散发着信仰的光辉的人。信仰存在于他的问候、他的希望与梦想里,还在他的政治理念中。他在路途上,在日落里,在前方的风景中都能看到上帝的身影。上帝是他让搭车人上车的原因,也是他每晚打电话给家人恳求他们原谅他做错的事情的原因。所有事情都是天赐的,皮特告诉我们,而上帝就是爱本身,爱是他的语言。

我们花了一个小时来理解《圣经》如何要求他在爱全人类的同时又禁止同性关系,包括他的姐妹和继女的同性关系。他对此感到非常矛盾,对于他需要做的事情的严重性感到十分困扰:他必须要违背一条戒律从而遵守另外一条。但最终皮特得出的结论是如果上帝是爱本身,一段充满爱的关系怎么可能是错误的呢?违背《圣经》中的指示让他感到难过,但他认为支持他的姐妹和继女是正确的,哪怕这有一天可能会让他受到神的惩罚。

皮特还在收留路上遇见的流浪者时找到信仰。"对于那些我看到的在路上流浪和挣扎的年轻人,"皮特告诉我们,"我真的觉得上帝会告诉我他们需要听到的话语,你们明白我的意思吗?"皮特是宣扬慈悲心的传教士。他一遍又一遍地告诉我们,他想做的不过是去爱和去帮助他生命中的人们,就像当他小时候被锁在家外面时,当他醉生梦死时,当他的孩子需要他的指引时,基督为他做的那样。

皮特从仪表台上拿起了一本迷彩色的袖珍《圣经》,台面上还零散地堆放着一些香烟盒和皮特的钱包。他随意翻开了《圣经》的一页。"你能不能之后另外找个时间读给我们听?"克里斯问道。皮特却当时就开始朗读了起来,但他没法一边开车一边专心看清楚字。所以他把《圣经》递给了克里斯,后者把手指放在书页上,开始大声朗读。

"我难道不是自由的吗?我难道不是一名使徒吗?难道我没有见过耶稣我们的主吗?"克里斯读道,"你难道不是我在主前工作的成果吗?即便我对他人而言不是使徒,至少对你们来说我却是。这是我对那些责难我的人的答复。难道我们没有权利吃喝吗?"

乔丹把他的手放在克里斯的肩上。

"这难道不就是在描述皮特吗?"

"我也在这样想。"

"你们告诉我,这段话难道不是在讲今时今刻我们正在讨论的事情吗?"皮特说,"我不过随意翻开了一页。你们能告诉我上帝不存在,或者没有对我们所处的情况进行干预吗?这种事可不是意外发生的。感谢您,耶稣。"

我们并不了解皮特,但这一切却有一种仿佛本该如此的感觉。皮特不是个圣人。他很粗鲁，而且似乎对自己的粗俗感到骄傲。但皮特是他所熟知的上帝的仆人，也是他所遇见的人们的仆人。他不虔诚的外表之下掩藏着深刻的虔诚之心。

当太阳的光辉照亮了我们面前的世界时，皮特悄悄地流泪了。天上的云彩是粉色的，而群山依然是紫色的。高速公路隔离带上的金色锯齿草在灿烂的黎明中闪闪发光。

ELD装置在我们进入得克萨斯州之后开始变得极端混乱。它吐出了各种根本没有意义的数字。规定的休息时间很晚才出现，而装置上显示的总驾驶时间好像莫名其妙地减少了3个小时。皮特翻动着一本50页的使用手册，上面只有如何用安卓手机来使用ELD，但没有解释皮特安装的那种嵌入式设备该怎么办。

"我们这些愚蠢的卡车司机根本搞不明白这玩意儿，"皮特咆哮着说，"这就是你花了700美元得到的东西。"

和皮特的谈话总是很跳跃。上一刻还在谈论量子力学，下一秒就可能在谈论政治，或者足球，或者死海古卷。音乐——特别是那些他在收音机里听的20世纪70年代的摇滚乐——则是另外一种形式的教育。皮特说，人的性格是由音乐塑造的。

我们现在正在得克萨斯州的潘汉德尔地区，向路易斯安那州和密西西比州进发。

路上，皮特向我们承认那天早上祷告时，他请求上帝让他能够在我们面前说出一些有见地的话。他每天都会祈祷，而他那天早上坐在黑暗中等待我们出现时的卑微请求是能够说出一些让我们思考的话。在太阳升起之前,他祈祷了三次。

皮特承认,我们俩在他的车里让他感到有点不安。也许他觉得我们的存在是某种测试,一种测验自学成才的公路学者的方式。他在念完八年级之后就辍学了,但由于在路上有无数的时间需要消磨,他开始自学。他读书。他看历史频道。《菲尔博士》* 是他灵感的一个来源。他在开车时有许多思考的时间,而他把自己所知道的知识全部都在我们面前显摆了一遍。

我们逐渐和皮特熟悉起来,发现他是一位神秘的思想家,特别是在政治领域。特朗普在我们的谈话中不可避免地出现了,而我们对于皮特对此的开场白感到震惊。

"你们知道吗?"皮特说,那件写着"让美国再次伟大"的上衣紧紧绷着他的胸口和肚子,"我对他最大的反对意见是他不承认气候变化。"

当皮特从一辆小心翼翼试图驶上高速公路的小轿车边上飞驰而过时,我们卡车的柴油发动机发出了一阵轰鸣。

皮特接着开始感叹特朗普的性别歧视。他对白人特权带来的不公进行了抨击。他还告诉我们他对特普朗在竞选时和当选后有关移民和穆斯林的发言感到遗憾。

"9·11"恐怖袭击之后的两天,皮特记得,他开着卡车在新泽西州拥堵的高速公路慢行。和很多其他卡车司机一样,

---

* 《菲尔博士》是美国著名的访谈类节目,由心理学专家菲尔·麦格劳(Phil McGraw)主持。

皮特当时在自己的仪表盘上摆放了一排小型的美国国旗。当他快要进入一个通往纽约方向的收费站时,他注意到旁边车道上的一个司机在对着他招手。那个司机是穆斯林,皮特说,他告诉皮特他很怕自己没有摆放国旗就进入纽约。

"他为自己的生命安全感到担忧,"皮特说,"所以我给了他一大把国旗。我当时仪表盘上估计有差不多30个国旗。他好像一辈子都在纽约布鲁克林工作,而现在他却不得不为自己的生命安全感到害怕。"

但皮特还是投票给了特朗普。

"我真的觉得他对任何事都完全不在乎,"皮特说——而且他的意思是这是一件值得钦佩的事情,"他想到什么就说什么。他不是个训练有素的政客。"

皮特对于联邦调查局试图贬低总统的做法感到不满。他认为希拉里·克林顿应该被刑事起诉。他认为伤残保险和社会保障体系创造了不工作的动机——它们让人们觉得自己可以白得这些东西所以就不用工作了。他感慨美国人民正在失去自己的责任感和自由感,而且他们不在乎自己是不是在通过努力工作来谋生。但他同时又相信普通人可以得到负担得起的医疗保健服务是每个人应有的权利——这件事太重要了。最为关键的是,他对下一代道德教育的缺乏表示哀叹。

"年轻人太迷茫了。"他说。"现在有太多的政治正确的讲究了,"他继续说,"以至于我们没法既说正确的话,又说错误的话。这就意味着我们正在失去能够让国家向着正确方向前进的担当。"

"我们的先辈们为我们设想的那种国家已经被腐化了。"他说。

但不论他有多少抱怨,皮特很为自己的国家感到骄傲。他的批评来自对于批评对象的热忱之心。"我爱美国。"皮特会一遍又一遍地重复这句话,没有一丝讽刺或者羞赧。他说这句话的方式就像约翰·韦恩会说的那样:完全确信这个宣言的正确性。他坚定不移地相信,这句口头禅,以及它所代表的爱国主义精神,永远不会让他失望。他深信这种信念经得起考验。他同样深信自己对于祖国的信仰——他认知中的美国精神——永不可能被辜负。

这是他生命的一根支柱——一颗指引他人生道路的北极星。"上帝与国家,"他在某个时刻说过,"这是我除了我的老婆和孩子以外最在乎的两样东西。"

那天晚一点的时候我们行驶在 I-40 号公路东段,正在穿过得克萨斯州的潘汉德尔地区,前往阿马里洛的路上。阿马里洛的城市规划对卡车司机很友好,皮特解释道。那里有好多可以停车的区域,而且还有一家给任何能一次性吃完 72 盎司牛排的卡车司机免单的牛排店。我们开车路上看到一片棉花地里出现了一块褪色的牛排店广告牌。

"这个机器半死不活的,"皮特说,他正在检查 ELD 设备,"我重启好几次了,希望它可以重置。"

"如果它坏了的话,你会有麻烦吗?"克里斯问。

"我希望不会,"皮特过了一小会儿说,又点了一根香烟,"我有一份纸质备份记录。法律就是这么规定的。"

他看起来有些焦虑。

"唔,这玩意儿好不了了。"皮特说着,放弃了尝试,把ELD扔到了一边。

皮特有一次把卡车司机称为"最后的牛仔"。他们为了广阔大路上的自由而活。这是20世纪70年代的情况,那时卡车行业的前沿精神还没有因为监管的增加和竞争的残酷而丧失殆尽。而现在皮特这样的卡车司机却充满了焦虑和压力。各种法规、公路警察和小型四轮卡车都在他们的路径上神出鬼没,骚扰着他们在高速公路上的驰骋。

"皮特,美国梦对你来说意味着什么?"乔丹问。

"没半本书的长度还真不够我描述美国梦。"皮特说。

"我们有的是时间。"克里斯说。

"我希望美国梦意味着选择自己人生路径的自由。我认为人们在90%以上的时间都有能力自治。我们需要一些指导吗?需要。但你得让人们过自己的生活。"

"你觉得你实现美国梦了吗?"乔丹追问道。

"我的美国梦,没有。"皮特说。

皮特抱怨各种监管使他很难获得利润,而各种税收则削减了他的收入。他承认自己为了退休已经攒了一些小钱。"当我晚上躺在床上，思考我的晚年会是什么样的光景时，遗憾地说，我最担心的是我的老婆。如果我不能继续工作了她怎么办？谁来照顾她呢？"

美国梦对于每个人来说都是不一样的，皮特总结道，"但谁来画一条线然后说，'你现在算是成功了'？我的那条线就是我保证了我身边的每个人——我的家人和朋友——当他们知道我爱他们，当他们知道我有能力照顾他们的时候"。

然后皮特把同样的问题交还给了我们。他想知道我们从旅行中对此得出了什么样的结论。

"克里斯和我看待这个问题的角度不一样，"乔丹说，"我觉得这可以从海军陆战队与记者之间的差异中反映出来。我的目标更加积极一些。我想要人们相信美国梦。我想要人们看到美国最好的地方。梦想是一种渴望——但永远没有人可以保证你一定可以实现梦想。但你首先必须要相信它们是有可能实现的。我觉得克里斯的目标比我的更富有探索性一些。他认为正确的方法是让我们把我们看到的、发现的东西陈列出来，这样人们可以根据我们观察到的情况自己做判断。哪怕这意味着美国梦可能已经不复存在了。"

这个态度上的不同是我们俩讨论过很久的话题。乔丹相信不论我们去哪里，我们总能够找到美国的积极信号。他相信美国梦不仅依然存在，而且生命力旺盛。在海军陆战队服役时，乔丹与来自各种不同种族、民族、宗教与阶级的男男女女一起工作。他们中的大部分都是十八九岁，而且许多人经常会惹上各种麻烦。但当面对最困难的挑战时，他们总能够无私、英勇地执行任务。他们并不总是相处得好，但当重要时刻来临时，他们总会团结在一起。这种精神，乔丹相信，是美国独有的，而他认为不论我们去到哪里，总能在我们遇见的人身上找到这种精神。

克里斯则完全没有乔丹那么有信心。在开始旅行前他就已经看到了裂痕与不平等给国家蒙上的阴影，而在旅行中他更是做好了在每一站停留处都会看到这些现象的准备。克里斯担心有太多的美国人仅仅因为自己出生家庭条件这一偶然性的因素就被排除于有产阶级之外。他经常会思考产生这一现象的结构性原因，还有这如何影响到许多美国人感觉到的与其他群体之间不可跨越的鸿沟。在我们的穿越美国之旅中，克里斯担心我们会实时目睹美国的解体——一场没有救赎的悲剧。

"我猜我大概在某种程度上可以算是实现了美国梦。"皮特再思考了一会儿之后得出了这个结论。他确实经受过苦难，没错，但他有一个好妻子，他们在戴通纳有一栋房子。工作充实忙碌。他常常在路上，但他有能力养自己的孩子。他过得有些拮据，但总体而言生活还算不错。而且他热爱开卡车。

克里斯问他打算开卡车开到什么时候。

"到 70 岁，"他说，"或者直到我死在路上。"

傍晚时分我们已深入得克萨斯州，接近路易斯安那州的州际线了。ELD依然是失灵状态,皮特开始有些沮丧了。所以当我们开进一个卡车休息站时,我们俩决定给他一点空间。我们安静地坐着,看着皮特忙碌地做着无数未完成任务中的一个。终于,皮特转头看着我们说:"你们俩谁想开这个车?"

我们俩看着对方。

"你先上。"克里斯说。

乔丹和皮特换了座位。

"把你相机拿出来,克里斯,"皮特说,"因为当做这种事的时候,谁知道会发生什么。"

皮特给出了一些指令。乔丹调整了一下座位,看着自己面前的各种踏板和按钮。

"我现在难道不应该是踩着刹车的吗?"伴随着卡车的轰鸣声,乔丹担心地说。

"这个操作系统是傻瓜式的,"皮特说,"但不是说你是傻瓜。"

"我希望我有安全带可以绑上。"克里斯在驾驶室后面说道。

乔丹用力踩下了气刹,它在发出一声"嘶"的声音之后松开了。

"我的老天。"克里斯小声嘟囔着。

"你现在可以自由发挥了。"皮特说。

乔丹试探性地踩下了油门,卡车大声轰鸣着向前冲去。

"冲啊,宝贝儿!"皮特说。

乔丹双手把着巨大的方向盘，缓慢开出了停车场。

"往左打方向盘。"皮特说，乔丹照做了。我们在雾气迷蒙中穿过了停满了车的停车场，几个在便利店屋檐下喝着咖啡的男人饶有兴趣地看着我们。

"你要不转过来，掉个头，这样你可以感受一下后面挂车的感觉？"皮特说。

"往那边去？"

"我跟你说，往那边开，"皮特说，"然后在最后一刻把方向盘朝我这个方向打。现在打直方向。好。这样。很好。现在把车挂到倒挡上。"

乔丹看着他。

"我们把车开到那个绿色卡车旁边的大空地上去。"

乔丹慢慢地倒着车。方向盘的每一点转向都会让拖车的角度发生巨大变化，乔丹就立马调整。几分钟之后，我们停到了停车位——只是停得有点扭曲。

"再试一次，哥们儿！"

乔丹把车重新开出了停车位，然后再一次把它倒进了两辆卡车之间的位置，这一次轻松多了。

皮特逼克里斯也尝试一下。

"把它开进车道，"皮特说，"来吧，宝贝儿。"

克里斯慢悠悠地把车开进了停车场。

"从这个缝隙里穿过去。"皮特说，克里斯举起手在两辆停成一排的卡车间比画了一下。他小心穿过了两辆停着的卡

路易斯安那

车，然后绕过它们把车停进了乔丹之前停车的位置。皮特逼着克里斯尝试倒了两次车。当克里斯在进行第二次尝试的时候——这一次稍微快了一些，他也更有自信了一点——皮特接了一个电话。

"噢，你知道的，"他说，"我在让两个耶鲁佬开我的挂车。差点把一辆彼得比尔卡车撞报废。"

"今天是世界末日。"皮特在脸书上的一个卡车司机组里发了状态。这是我们在路上的第三个早晨，我们又在日出之前就起床了。ELD 相关的法规在前一天午夜正式生效。卡车司机们最害怕的那一天到来了。

"肯定会完全乱套的，"皮特前一天晚上说，"我们明天要随机应变。"

这天一开始就给了我们一个下马威。皮特大力拍打了 ELD 几下，但它依然完全没有任何复活的迹象。

"应该没事，"皮特说，"我有纸质记录作为备份。"

但他听起来并不是那么确信，反而像是在为之后的审问做准备。

路易斯安那州的雾很浓。高速路上的路标会在雾气中突然出现，路上的能见度只有不到一辆卡车的长度。气温很低。

"这儿是不是闻起来不太一样？你们能闻到沼泽的味道吗？"皮特问。

"是的。"乔丹说。

"我也能。"

我们在穿行河谷和松树林。

现在我们已经很接近目的地了，皮特开始进行一些准备工作。货运司机经常会比他们的客户提前到达目的地，所以他们会把运送的货物留给那些被称为"目的地代理人"的寄存公司，这些公司会等客户安顿下来之后再最后送货。但是找人帮忙卸货是很困难的，所以皮特开始打电话给工人们。克里斯会在副驾驶上把一张表格上的号码输进手机，然后把手机递给皮特。在皮特的卡车里旅行了三天之后，我们俩都觉得自己已经是名副其实的"公路狗"了。

皮特的 ELD 突然恢复了运作，至少恢复了一部分：屏幕上显示卡车正在沿着高速公路行驶，但是记录依然是错乱的。但皮特看起来好像不在意。那天早一些的时候，我们在紧张的沉默中驶进了臭名昭著的什里夫波特称重站。皮特的仪表台上有一个应答器。如果检查站要求他停车，应答器就会闪红光。绿光表示他被允许通过。靠近称重站的时候，我们仨都盯着应答器。当它闪绿光的时候，我们不约而同松了一口气。得救了。我们顺利经过了称重，避开了州政府的管控。至少暂时来说，道路是仁慈而自由的。

但皮特还有其他的麻烦。在进入路易斯安那州之后，他提前给目的地代理人在密西西比州格尔夫波特的仓库打了电话，但被告知仓库已经满了。所以皮特给派活给他的公司打了电话，要求他们提供一个新的卸货地点。公司要求我们前往路易斯安那州的斯莱德尔，位于新奥尔良市东北方向40分钟的地方。我们更新了GPS上的目的地。只有最后100英里了。

"我们要听着70年代的音乐开进斯莱德尔。"皮特说着，转动着收音机的旋钮。清水乐团*的《小道消息》响了起来。

"你知道吗？"克里斯说，"清水乐团里的这些人，他们听起来仿佛是南方人。但其实他们就在离我小时候位于埃尔塞里托的家几个街区的地方长大。他们上的学校就在我学校的对面。"

"真的吗？"皮特难以置信地说，"怕不是小道消息吧？"

当我们在最后100英里的笔直高速公路上行驶时，夜幕降临了。这条公路穿过雾气笼罩的沼泽地，泥潭和护堤上的迷雾挥之不去。穿过巴吞鲁日市的路上有一些车。驾驶室被我们前方货车的红色刹车灯照亮，《太阳之子》这首歌阴森的前奏在驾驶室中响了起来。

每天的日落时分，皮特都会开始打电话。我们之间的谈话会冷下来——一整天的经历都已经聊透了——皮特会把耳机甩到头顶上，开始拨号。这对于每天都有大把时间需要消磨的卡车司机们来说是常见的娱乐活动。

有一天晚上他打电话给一个侄子。"我爱你，哥们儿。"他大声地给语音信箱留言。

"打电话给奇巧巧克力。"他给手机发出了指令，下一个

---

* Creedence Clearwater Revival，全名为克里登斯清水复兴合唱团，是活跃于美国20世纪六七十年代的一个摇滚乐团。

电话打给了凯蒂，大概是一个表妹、女儿或者孙女。"我正想着你呢。"他在语音信箱里留了言。

好一会儿都没有人接起他的电话，直到 7 点的时候他打电话给了他的妻子。这是他们的晚间仪式。每天晚上同一时间，他都会一边抽着烟一边轻声细语地和她通话。

"你今天过得怎么样，宝贝？挺好的？真的吗？"

我们到达斯莱德尔只有最后一个早晨了。

我们前往的仓库位于商业区的一条小路上，路的两旁是泥泞的沟渠和长满苔藓的松树。第二天早晨我们到达仓库的时候，隐约可以听见附近传来的火车轰隆声。空气潮湿而厚重，沿街的松树上的树枝因为浓重的雾气而有水珠滴下来，天空也因为雾气而变成了一种病态的灰色。

皮特交给了前台的一位女性工作人员一些文件，然后和我们俩一起坐在了一张圆桌边上。我们仨都垂着头，因为路上的奔波而感到有些劳累。我们在这个仓库中的冰冷房间里无言地坐了一会儿，这个房间有点像塞进飞机停放库中的便携式住房。皮特打开手机，开始了一个两小时的倒计时。

"每个人都以分钟给我计时，"他说，"我不如也来给他们计时。等倒计时归零了的时候？那就是我开始大喊大叫、给他们比中指的时候了。"

这个房间的设计意图好像就是为了提醒司机们他们二等公民的地位。墙上贴满了各种指令和严肃的警告："本公司不允许司机使用任何酒精和毒品""不许在下午两点之后吃午饭""所有司机必须遵守雾气规定"。司机的洗手间在办公室外面的"机库"里。洗手间的门卡住了,从门轴上耷拉下来。门锁是一根老化的厚实橡皮筋,你如果把它缠在脚上,坐着的时候也可以把它拉紧。

皮特站了起来。

"我去看看我能不能不要这些坐办公室的人帮忙,而是找一些真正干活的人。你会惊讶于20美元能买到的劳动力。"

然后他走了出去。

很快,皮特就开始指挥他找到的工人给卡车卸货了,六个男人在仓库里进进出出地搬运着货物。他们把床垫顶在头顶上,像扛着一个天平一样在肩上扛着卷起来的地毯。卡车后面敞开的地方伸出了一条通向临时堆放处的坡道。其中两个工人把家具和纸箱从卡车扛到仓库中,另外四个人则听从皮特的指令,把各种物品放进沿着裸露的绝缘墙堆放着的木箱中。

在仓库里的时候,工人们嬉笑着聊着天。但在外面,他们则避开皮特的眼神,安静地工作着,除了偶尔会嘟囔着问一问什么东西放在哪儿。

"喂,喂,司机。"领头的工人站在仓库门边的斜面草坪上说道。他的名字叫克雷格,正在抽着烟休息。

"干啥?"皮特说。

"我要去搞一个巨大的新奥尔良圣徒队的鸢尾花饰,覆盖住那个头盔。"他边说,边指着皮特卡车上的那个蓝色巨人队头盔。

"你要敢这么做，我就开着我的车直接碾过你的房子。"

搬运的工作继续进行着，但皮特不再是场地上唯一的司机了。其他司机开始在仓库附近聚集，有点像在渔船船舷上聚集的海鸥。

一个留着长胡子的司机一瘸一拐地走到我们旁边。他戴着一顶特朗普帽，穿着黑色的牛仔裤，靴子上沾满了烂泥。他看起来很瘦长，几乎没有牙齿。

"你去过这条路过去一点的那家中国餐馆吗？"他问皮特。

"没，"皮特说，"好吃吗？"

"对，牛排尝起来真的像是牛肉。"那个男人说。他看起来很想闲聊，不管皮特卸货有多忙碌。

"你运的是什么？"皮特漫不经心地问道。

"差不多八个负载量。你都不会相信。这个女人有20个书架。我只能把它们一个个都拆开。"

皮特哼了一声，表示同情，但手上继续叠着垫子。

"老兄，我远远超出了允许工作的时长，"这个司机继续说，"我在试着在我的工作日志上作弊，老哥。我还在用纸质记录。"

"你没有ELD？"

"还没有。他们要到4月才真的开始搞我们。我的哥们儿说他可以下周就给我弄一个，但我说，'不到4月你是见不到我的'。"

路易斯安那

那个司机的狗，一条癞皮的蓝色赫勒犬，在我们边上走来走去，最后侧身躺在了一片湿润的草地上，不受控制地大力喘着气。他的帮手，一个大腹便便的男人在晃荡着，身上带着在卡车狭小的驾驶室中待了太久时间，终于自由了的人身上特有的喜悦，这种喜悦现在对于我们而言已经很熟悉了。他站在街对面他们的卡车边上，看起来不太确定接下来该干什么。

"你知道吗？我兄弟本来想给你们公司开车的，"那个司机说着，注意到了皮特卡车上公司的标志，"他还填了申请表和各种东西。"

"然后呢？"

"他们看到了他的驾驶记录。"

"巨人队的粉丝，哈？"第二个司机大声说道，和之前那个工头一样注意到了皮特卡车上的巨人队标志。

"我们这儿都是圣徒队的粉丝。"他跟皮特说，他说"这儿"时的发音听起来像是"这鹅"。

"没错，"皮特讥讽地说，"你看起来确实挺像圣徒队的人的。"

第二个司机，就是挑衅皮特的那个，他的细软头发湿漉漉地缠在一起。他宣称自己的眼睛凹陷是因为前一天晚上的"酒吧房"。

"你头顶上几乎都长出天使光环了。"皮特说。

那个留着长胡子的司机喋喋不休地说着话。而且他越说越兴奋，就好像在路上已经好几天，甚至好几个星期都没有说话了,就好像这是他讲述自己经历的最后一个机会。

"你有没有带他们找点乐子?女人?嗑药?"他问皮特,而皮特正在努力无视他。

这个想法让这个男人兴奋地叫了一声。然后他跟我们讲了他和一个朋友的老婆鬼混的故事:她在他的手机上发现了自己的裸照,还偷了他的钥匙和一沓钱,而他锯断了她脚踝上州政府要求佩戴的追踪器,并把她扔在了一个卡车休息站。然后他又讲了自己完全不负责任的父亲身份和散落在全国各地的小孩的故事。

当工作进入收尾阶段,我们意识到我们马上就要离开皮特了。我们俩都迫不及待想要结束这种每天在驾驶室中吸二手烟的漫长而辛苦的日子了。但在驾驶室朝夕相处的时光让我们不知不觉地建立起了对皮特的某种欣赏与喜爱。

皮特走了过来。我们闲聊了一会儿,试图拖延不可避免的告别。乔丹问皮特他是不是迫不及待地想回家了。毕竟他就要回去过圣诞节了。"我很期待,"他说,"然后等我在家待了几天,我就又会期待离开。"

我们站在卡车远离其他司机和工人们的一侧。这一侧很安静——再一次只剩下我们三个人,就好像我们在路上时的那样。皮特看着我们。"我得直接走开。"他说。我们明白他的意思。"你们现在看过了整个行业。我们也有重视家庭的人、商务人士,还有——"他停顿了一下,"甚至小痞子们。就像任何其他行业一样。"

路易斯安那

皮特和我们来自不同的世界,但他现在是我们的朋友了——我们俩都很喜欢他,觉得他仿佛是个久别重逢的远亲。

"你们知道吗?"皮特说,"你们总是担心给我添麻烦,但你们没有。"他眼中又饱含泪水,就像我们在谈论上帝、离家出走的孩子,还有他的妻子时那样。

"开车小心。"皮特说道,他的嘴唇有些颤抖。

那天下午,我们在斯莱德尔叫了一辆优步,途经蓬恰特雷恩湖,到达了新奥尔良。平静的水面上依旧笼罩着同样的浓雾,直到我们驶入东新奥尔良的时候浓雾才渐渐在冬日暖阳的照射下逐渐散开。在车上时,我们俩都在想皮特。

克里斯的思绪回到了我们仨前一天晚上在一起的最后一顿晚餐。我们三个人坐在路易斯安那州哈蒙德卡车休息站的一家小餐馆里。皮特永远精力充沛,在橙色的桌子上把他的手机朝着已经累得筋疲力尽的我们俩推过来。

"你们看这个。"他说着,打开了一个视频。

与我们之前穿越西南地区时总是在几乎空无一人的快餐店里吃的饭相比,这顿晚饭基本上算是一顿盛宴。我们在"富丽堂皇"的加油站停了下来,因为这里是皮特的最爱。加油站里充满了卡车司机们闲聊和咔咔作响地拉伸关节的声音,而背景音是几十台卡车的发动机在停车场里的轰鸣声。

皮特指了指视频。

"看,看。"他说。

那个视频是罗得岛州普罗维登斯一个治安法庭的片段合辑。视频中的法官名叫弗兰克·卡普里奥,正在进行一些有关泊车罚单、拖欠法院的款项,以及其他一些轻微犯罪、罚单和违法相关案子的庭审。

视频中,法官正在神采奕奕地进行庭审。

其中一个片段里,卡普里奥法官面对着一个被开了可以堆满浴缸的罚单的单亲妈妈。"你能付多少罚款?"他问道。"不多。"她回答。

"好吧,"法官说,"我判决你八周内每周都付一点钱。"

在视频里,卡普里奥法官斥责了一个闯红灯的高中篮球运动员,告诉他继续回去念书。他推翻了一张在停车时限到达前一分钟开出的停车罚单。他邀请年幼的孩子上台给他们的父母判定罚款金额。然后他拒绝收下一个年轻女人口袋里的最后5美元。

法庭上的每一次交谈都会让皮特开心地咯咯直笑。皮特觉得这个法官身上有一种让人无法抗拒的东西。他很智慧,是个英雄般的存在。但是他浓重的罗得岛州口音和幽默感又让他像个普通人。最重要的是,这个法官有同理心。他掌有权力,但他懂得给予恩典。

"他就跟所罗门一样。"当我们的食物端上桌时皮特说道。

对于那些不想或不愿与人社交的人来说,高速公路所给予的自由可以被当作逃避现实的美梦。但是卡车并非世外桃源。皮特服务于这个他似乎格格不入的社会。他也许在家时睡得很不安稳，当别人在自己温暖的床上度过夜晚时，他也宁愿跑到卡车上来睡觉。也许比起家里水压充足的淋浴，他更喜欢卡车休息站里的小餐馆和一排瓷砖地与淋浴头，但他同样也在为自己的家庭、社区和国家付出。

不论怎么说，皮特的存在充实了我们的世界，正如他曾经祈祷过的那样。

墨西哥

顺着美墨边境横穿墨西哥的 2 号高速公路在亚诺思小镇向着东北方向以一个巨大的角度弯曲着。在我们身后，夕阳正在一片灿烂的紫色与橙色中落下山峦，面前的道路逐渐变得笔直，一路向东延伸。

我们俩正和我们的朋友里奇在"船"里。乔丹跟着导航开着车，我们仨偶尔聊上几句。收音机里突然传来了来自埃尔帕索的乡村摇滚乐电台的声音，我们知道离目的地已经不远了。

克里斯转过身，透过灰蒙蒙的后视窗看着身后的山川。因为太阳光的反射，山上出现了金黄与棕褐的大理石纹理。克里斯皱起了眉头——这可不太妙。

前一天，在亚利桑那州汤姆斯通市的一家雪茄店里，里奇告诉一个满头白发扎成马尾辫、穿着印第安纳波利斯 500 上衣的男人，我们前一天刚从蒂华纳穿过美墨边境开到了墨西哥的墨西卡利市。

"真的吗？"他说，"你们没惹上任何麻烦？"

"一点都没有。"里奇说。

"而且我们今天要开车去阿瓜普雷塔。"克里斯补充道。

那个男人不置可否地扬了下眉。

这是个很常见的反应。天黑之后可别待在华雷斯城——经常有人跟我们这么说。这是一个只听一次就足够留下深刻印象的警告。

现在是2018年8月,上一次自驾游之后我们决定要往南向着边境的方向前进。我们的计划是在墨西卡利、纳科、羚羊井之间来回穿梭——从美国进入墨西哥,然后再回来。这条线路便于我们结识在边境两边谋生的普通人。这次旅行从圣地亚哥开始,并将在埃尔帕索结束,一路上我们会探索各个边境小镇,包括华雷斯城。

我们对华雷斯城的了解甚少,只知道它以暴力和记者经常在此暴毙而臭名昭著。克里斯对于一篇有关华雷斯城的报道印象深刻。2010年的时候,总部位于华雷斯城的《日报》的一名摄影记者被杀害了,这家媒体发表了一封致黑帮的公开信——这足以让任何写作者胆寒。

"你们现在是这座城市实际上的掌权者,"这封公开信中写道,"因为政府的法律部门没有办法阻止我们的同事们丧命。所以,请告诉我们,你们到底希望我们怎么做。"

那天早上的晚些时候,在我们再一次穿过边境进入墨西哥之前,我们三个一起坐在亚利桑那州比斯比的一家咖啡店外面。

"我们将要做的事情可能会很危险。"乔丹说。

我们三个显然都感到有些担忧。

"所以如果你对于我们的计划有什么感到不安的地方,"乔丹继续说,"现在说出来。"

克里斯和里奇点了点头,但没有作声。于是我们继续开车前行。

但是当我们到达墨西哥的亚诺思市的时候,事态的发展和我们设想的不太一样。我们离阿瓜普列塔,以及下一个边境口羚羊井,都还有相当的距离。那时我们正在向着华雷斯城驶去。

"马上就要日落了。"克里斯说。

当乔丹踩下油门的时候,发动机轰隆作响,我们的"船"冲入了华雷斯城紫色的暮色中。

两天前,我们在加州格兰戴尔的一个停车场碰面。克里斯发现乔丹站在"船"边上,在酷暑中等待。距离我们上次和皮特的公路行已经过去了八个月。我们拥抱了彼此,并在圣加布里埃拉山脉的微风中叙了叙旧。毕业之后,乔丹参加了加州的司法考试,而克里斯回到伯克利开始了一个写作者的生活。我们俩都很期待开始新生活,但在我们钱花光、必须回到生活正轨上去之前,我们俩打算好好利用不多的假期时间,在"船"上尽量多待一会儿。

我们计划在路上游玩至少五周。一个名叫里奇的法学院的朋友会加入我们几天。我们的计划是向东北方向的丹佛市走，但是里奇会飞到亨廷顿比奇，所以我们向南开车到奥兰治县与他会合。

当我们在I-5号高速公路上向南开的时候乔丹突然说道："我有个想法，我们干脆去墨西哥怎么样？"

乔丹对于墨西哥这个国家有着浓厚的兴趣。在他成长的过程中，乔丹和父亲每年都会在南下加利福尼亚州*的水域钓鱼，这些钓鱼之旅培养了他们深厚的父子感情。乔丹热爱墨西哥文化，特别是墨西哥的美食和音乐。他还是个拉丁舞的狂热爱好者，大学的时候曾在一家舞蹈公司打过几年工。他还在最近的一次商学院游学中去了墨西哥城、瓦哈卡和瓜纳华托。

克里斯耸了耸鼻子。乔丹提出这个建议的方式让克里斯觉得乔丹恐怕对这个提议也不是那么确定。在边境线的另一边，黑帮和蛇头们也会使用这些高速公路。但我们俩早就说过想要一起去探索墨西哥的北部各州，而现在是我们最好的机会。

"我们可以先去蒂华纳，"乔丹继续说，"如果感觉不对，我们就立马从下一个边境口回来。"

克里斯拍了拍窗台，没有说话。

"而且里奇会说西班牙语。"乔丹说。

"好吧，我们试试吧。"克里斯说。

于是我们接上里奇，驱车到达了蒂华纳。在蒂华纳城，我

---

* 墨西哥的一个州。

们找到了一家便宜的汽车旅馆。我们去年 8 月份也在这儿，所以对它的各种大道和地标都相对熟悉。宽阔的革命大道两旁有各种酒吧、铺着瓷砖的咖啡厅、啤酒屋和露天大声播放着音乐的舞厅。我们第一次来这儿的时候，只是小心翼翼、缺乏冒险精神地开车穿过了革命大道，然后就迅速开回了美国，确保自己在下一个夜晚来临之前返回安全的凤凰城。

我们这第二次的探访将会很不一样。不仅因为我们已经来过一次蒂华纳，这无疑给了我们一些勇气，而且那时我们已经习惯于自驾去新的地方了。我们总体而言变得更适应与陌生人交流了。于是，加上里奇，我们仨一起在有些倾斜的人行道上漫步，注意避开裸露的钢筋，看着亮着车灯的汽车飞快驶过我们身边，然后消失在远方紫色的烟尘中。

我们向着革命大道走去，我们知道那儿会有戴着面罩的警察巡逻。乔丹突然注意到了什么。

"看，"他说，"那是什么？"

克里斯顺着他的视线看去。

在一条小巷的深处，有一处看起来像是庭院的地方，由一串串的白色灯饰装饰着。里面有笑声传来。克里斯远远地观望着，直到他注意到乔丹已经穿过了前庭，消失在了那一片绿洲之中。

院墙里面是一个富丽堂皇的庭院，长满了各种蕨类和多肉植物，停放着几十辆餐车，还有大量的白色瓷砖餐桌。那时已是深夜，可能差不多 11 点，但这里依然充满了欢声笑语。

我们点了猪肉和鱼肉馅儿的玉米饼,喝着当地的啤酒。一个穿着红色上衣、白色牛仔裤的羞涩年轻女郎帮我们清理了桌子。当克里斯问她这个地方叫什么的时候,她用西班牙语回答了。

她好像想表示自己不会说英语。

来自密苏里州、身材健硕的里奇用西班牙语开始和她攀谈。这个服务员和里奇有来有回地聊了好久,一句话刚说完就接上了下一句。

她走开之后,克里斯充满期待地看着里奇。

"怎么样?她说什么?"

"她不是墨西哥人,"里奇说,"她是哥伦比亚人。这个庭院是一家本地公司——西班牙电信——赞助的,然后这些餐车是由一些想要进入餐饮行业的年轻人经营的。如果他们在这儿经营得好,就可以开一家实体店。"

比起我们想象中边境小镇的样子,这里让我们想起了纽约市的布鲁克林区。

"这儿有各种各样的顾客。"里奇翻译道。

"美国人和墨西哥人?"

"以及那些从中美洲和南美洲来的人。"

填饱了肚子之后,我们在市中心和红灯区漫步了一会儿,途经蒂华纳的地标拱门,它看起来像是圣路易斯市密西西比河上那个拱门的缩小版。我们叫了一辆出租车回酒店,一路上车上都播放着美国的重金属摇滚乐。我们的司机载着我们路过了许多路边小店和大门紧闭的教堂,门上的霓虹十字架被关掉了开关。

回到酒店之后,虽然已是凌晨,我们都还不想去休息。所以我们在酒店的酒吧里小口啜着唐朱利奥龙舌兰酒,一个头发染成金色的胖女人在高声唱着卡拉OK。

"OK,"克里斯说,"明天,我们什么计划,先生们?"

"我提议我们尽可能深入墨西哥。"乔丹回答道。

"同意。"

"那些路线是黑帮出没的重灾区。"里奇说,我们仨沉重地点了点头。

我们仨不具备评估开车穿越巴哈、索诺拉和奇瓦瓦的危险指数的能力。克里斯被这其中的冒险感所吸引,但在这种时刻他的脑海中总响起他母亲的声音:"注意安全,放聪明点。"

"而且我们可不想碰到腐败的警察。"里奇补充道。

"我说只要我们还觉得安全,就尽量往墨西哥深处开。"克里斯说。

"可行。"乔丹说着,低头看了看他的手机。

作为我们中唯一一个接受过军事训练的人,乔丹觉得自己有责任保护我们这个小群体的安全。他想在克里斯最新发展出来的冒险精神和里奇的小心谨慎中间找到一个平衡。乔丹对于白天开车经过墨西哥觉得挺放心的,但晚上则是另外一种情形。

"纳科有个边境口可以回来,"乔丹看着他的手机说,"羚羊井也有，然后当然还有华雷斯。"

我们三个沉默了一小会儿。

"我们到时候在日落前穿过边境回来。"他说。

"没错——日落之后咱们不能继续待在那边。"

"是的。"

"那就这样，"克里斯说，"日落时分回到华雷斯。"

"在日落之前我们就应该回到华雷斯。"

背景音乐中喇叭声响起，唱歌的女人用了一个高音来配合它。

克里斯一口喝掉了他的龙舌兰酒，乔丹和里奇则推开了他们剩下的酒。唱歌的女人结束了她的演唱，懒散地对着还滞留在酒吧里的人们鞠了一躬，得到了一些零星掌声。

太阳在城市上空熊熊燃烧着。在向着东边出发之前，我们还有一站需要停留：父女慈幼会早餐厅。这是一个给每年在蒂华纳聚集的中美与南美洲移民提供早餐的服务中心。我们到蒂华纳来就是为了探访这个服务中心。

这个早餐厅是一个为贫苦人群提供服务的天主教组织分支。

和美国的施汤处一样，这个早餐厅由志愿者经营管理。为了每天给超过1000人提供食物，这些志愿者天还没亮就到了，一直到午后才收工。

那一年有许多新闻集中报道了那些越过边境，却发现自己被困在埃尔帕索、圣地亚哥或拉雷多这些城市郊区的收容所中的人。这些人是新移民、寻求庇护者，以及——取决你谈话的对象——无证移民或者非法移民。但是在墨西哥境内，走进这个早餐厅的人的身上还没有贴上这些标签——至少暂时还没有。

我们顺着边境墙行驶着，然后把车停在了稀疏的阴影下。外面有一条混乱的100多人的长队。一个举着一张黑白照片的男人正在玻璃门外恳求警卫。

"他在寻找一个失散的亲人。"里奇对着我们耳语。

过了一小会儿，站在门边的警卫转向了我们。

"你好。"里奇用西班牙语说，准备解释我们在那里干吗。

但在他开口解释之前，那个警卫用西班牙语连珠炮般地说了一通。

"对，对。"里奇用西班牙语回复道，然后示意让我们走进去。

"他说什么？"克里斯问道。我们走进了一个食堂。

"你们是来做志愿者的吗？"

我们四周的桌子都铺着塑料桌布。外面的队伍开始有些躁动，室内的志愿者们进行了祈祷之后开始忙碌地工作了起来。

一个名叫尼尔森、留着山羊胡、反戴着一顶灰色洛杉矶道奇棒球帽的矮小萨尔瓦多人给我们展示了我们今早的任务：洗碗。他领着我们进入后厨，一路上经过了好多装满了辣椒的箱子、用于炖煮的大桶,还有巨大的、装着热腾腾米饭的保温桶。大门一开,穿着围裙的男人们就开始很熟练地飞速把食物舀到一个又一个盘子里。各种年纪的人都点了点头表示感谢,拿着自己的餐盘坐在了长桌边上吃饭。

每天早晨,几百个移民和当地人——那些被遣返的人、怀揣移民希望的人、无家可归的人以及其他不容于社会主流的人——会走进服务中心的大门来吃一餐饭、打个电话、理一下发、找律师咨询一点法律问题,或者让医生检查一下身体。有些人在这里找到了工作。而其他人,比如说尼尔森,在这儿做志愿者以换取一个铺位,他们会在厨房里工作好几周,甚至好几个月。

在后厨,有人递给我们三条围裙,然后领着我们走到巨大的商用水槽边上。乔丹开始刷洗因为年久而发黄的脏盘子和用马克笔写着数字的塑料杯子——服务中心都是一打一打买这些杯子的。里奇和克里斯开始用毛巾把它们擦干。

尼尔森沉默地用手势指挥着我们工作,旁边的音响放着喧闹的西班牙语音乐。

"你问问他他们踢不踢足球。"克里斯指着窗外后院里尘土飞扬的足球场,试探性地问道。

"他不敢去外面,"里奇说,断断续续地翻译了尼尔森的回答,"他不太敢离开这个服务中心,因为他太害怕被遣返了。"

尼尔森对我们笨拙地进行简单西班牙语会话的尝试微微

一笑。他拿起了两个杯子,在里面舀了一点肥皂水,然后兑在一起,摇动着它们像是在做鸡尾酒一样。

"你们得小心,"一个站在乔丹背后的人说,"之前外面有条狗咬了我的手。"

乔丹转过身,看到一个正在深水槽里清洗着巨大锅具的年轻男人。他理着短发,留着两撇小胡子,细瘦的手臂上满是文身。

"你们会说西班牙语?"

"只有他会。"乔丹说着,对着里奇的方向点了点头。

"你需要找一个蒂华纳女朋友,"男人说,"她会教你的。"

乔丹大笑了起来。

乔希是个喜爱社交的20多岁的年轻人,他在美国的印第安纳州长大。小时候他们全家从墨西哥越境之后就在那儿安家落户了,乔希解释道。他父亲后来加入了海军陆战队,然后驻扎在意大利。但是即便这样,乔希在收到了一张超速罚单之后还是被遣返了。他白天在早餐厅做志愿者,晚上在"香港"——红灯区的一家夜店——做服务员。

"我所有的朋友都是脱衣女郎,"他说着,掏出了手机开始翻看照片和自拍,"哥们儿,她们整天都在工作,而且赚得超多。"

他很快就要回美国了,乔希解释道。他已经受够蒂华纳了。但是具体什么时候会回到美国去却是个他还没能搞清楚的细节,乔希一边说着一边用水冲着锅底烧焦的碎屑。

乔希和乔丹交谈的时候，尼尔森正在向里奇敞开心扉——里奇则把他们的对话翻译给克里斯听。

"我想要的东西并不是给我自己的。"里奇说，他一边忙活一边听着尼尔森说话，眼睛全程都看着水槽，"我的梦想并不是关于我个人的。"

"当我在萨尔瓦多长大的时候，生活很艰难，"他继续说，"我们过得很拮据。我是由我妈妈养大的。我爸当时住在洛杉矶，但他生病过世了。因为我们没有自己的房子，所以我们经常搬家。雨季的时候我们卖不出去水，我和我的姐妹只好去菜市场，从垃圾桶里捡西红柿、青椒和洋葱来吃。"

尼尔森看起来像是在招供一般。

"你想建立自己的家庭吗？"里奇问道。

"当然啦，"尼尔森说着，擦干了手，"我把女朋友扔在了萨尔瓦多。她当时哭着说，'你什么时候才能给我一个孩子啊，尼尔森？我没地方住，没工作，我怎么能在这样的情况下把一个孩子带到这个世界上来？'"

尼尔森因此往北来到了墨西哥，在被遣返回萨尔瓦多的恐惧中生活。

"我第一次来到墨西哥是2015年，"他说，"我当时22岁。但我没能在墨西哥走多远就被遣返了。"

同样的事情之后又发生了五六次，让他筋疲力尽。但他还没有放弃，希望有一天能够跨越边境到美国去。他不断地往北走，一次又一次地回到蒂华纳。

"如果他们抓住我,他们就会把我遣返回萨尔瓦多。"尼尔森说,"那我就不再继续尝试了。为了想要到美国去,我已经浪费了太多的时间,我不能再继续尝试了。我还是很着急,很想去美国,但我已经习惯了这里的生活,所以我可以在这里等到好的时机。"

他的一个朋友尝试偷渡去美国,他告诉我们,他死在了亚利桑那州,而他的尸体再也没能找到。尼尔森沉默了一会儿。照亮了屋外城市的阳光透过窗户斜射了进来。

"现在让我告诉你们我的梦想。"尼尔森说。

他刚开始时很腼腆,但很快变得坦诚而开放。

"我的梦想就是去美国。我并不想在那儿过一辈子——只要 10 年或者 15 年。我想给我妈妈买一栋房子,不管她想在哪儿买。然后我还想给自己也买一栋房子。"

乔丹转过身来专心听尼尔森讲话。尽管和他对于边境执法的立场相悖,他发现自己心里仍然暗自希望尼尔森可以得偿所愿。

"我必须努力工作,"尼尔森继续说,"金钱并不意味着幸福。幸福是和你的家人在一起。我现在一个人在这里,我觉得特别孤单。我没办法照顾我妈,也不能和她在一起。我小时候她总是照顾我、保护着我。而现在轮到我来保护她了。"

清水乐团的歌声从音响中传了出来。一开始是《你见过雨吗?》,然后《摆》这张专辑上的其他歌一首连着一首播放着。

"我比很多老人都经历了更多事,"他说,"我的生命里发生了太多的事情。但我不想忘记任何发生过的事情。那是我继续生活的动力。它也提醒着我为什么我要在这里做这些事,为什么我要继续过这样的生活,我在抗争着什么。我妈——她是我继续努力的原因。这也是我不去夜店,也不喝酒的原因;我不想失去我的初心。我不想忘记我的家人们。我不能忘记他们。"

"你为什么还在这里等呢?"克里斯问。

"我在等一个大雾天,"他说,"这样当我越过边境的时候他们就看不到我。如果起雾了,我就立马出发。"

那一天早晨是阴天,但灰色只停留在山脉中,并没有降落在街道上,所以尼尔森没有行动,而是看着雾气慢慢散去。

克里斯为尼尔森感到心痛,而且他知道乔丹也是这样,因为乔丹抬起手擦了擦自己的眼睛。

"我跟你们说这些并不是为了让你们可怜我,"尼尔森总结道,"这只是我的故事罢了。"

在这之后,我们吃了早餐。仙人掌肉、鸡肉、米饭,还有辣椒和豆子——和几分钟前他们提供给移民以及那些迷途之人的食物是一样的。

"你要和我们一起吗?"我们坐下之前乔丹问尼尔森。

"不了,不了。"尼尔森说着,穿过一扇门,消失了。

在离开早餐厅之后,我们向东行驶。一整天边境墙沿着山坡一会儿升一会儿降，像是米白色沙滩上的一抹铁锈。这与我们一年前在凤凰城看到的边境墙是同一堵，只不过换了一边。我们开车经过了许多在山边上建起来的社区。中午时分，我们三个在一家墨西哥小餐馆中挤在一张长椅上，和旁边坐着的几十个大汗淋漓的游客一起吃着堆满烤肉的玉米饼。

我们在卡莱希克越过边境时道路很顺畅，然后在图森市外一家提供廉价毯子的汽车旅馆住了一晚。

第二天早晨我们开车去亚利桑那州的汤姆斯通喝咖啡。从那儿我们会向南开，在纳科再一次过境进入墨西哥，然后进入索诺拉沙漠——它是偷渡进入美国的一条主要通道。重新回到墨西哥之后，我们会向东前往华雷斯，然后在日落之前回到美国领土。

比斯比是在纳科过境之前的最后一个小镇，我们在它郊外停车加油的时候，乔丹问一个蓄着大胡子的工作人员开车去纳科以及更深入一些的地方是否安全。

"在墨西哥境内？"

"对。"

"我听说他们有很可怕的路。"

"怎么可怕？"

"就是可怕。"

"像是可能会被枪击的那种可怕？"乔丹说。

那个工作人员大笑起来。

"不是，兄弟——我是说路上坑坑洼洼的那种可怕。"

在边境口，我们排在一队皮卡后面，穿过了一个防爆墙上挂着各种难以捉摸的标志的混凝土迷宫。就在我们试图在迷宫中找到方向时，墨西哥那边的一个身穿战斗背心的人走上前来，挥手让我们去检查站。他长着一张圆脸，脸颊上有白色防晒霜的痕迹。他拉开了驾驶座的门，然后开始翻看我们的包，用西班牙语问各种问题，他身边穿着防弹衣的同事则戴上了手套。

我们挤在一张金属检查台的边上，那个脸颊白白的男人把我们的行李拖了过来进行检查。他的大胡子同事则叫我们把后备箱和引擎盖打开。

"他想知道我们在干吗，以及我们为什么要从纳科去阿瓜普列塔，"里奇说，"然后他还问我们车里有没有什么不该有的东西。"

乔丹和克里斯交换了一个心知肚明的眼神。这个感觉就像我们在爱达荷州的路上被警察审讯的时候一样，唯一的区别是克里斯现在很镇定，他在努力模仿着乔丹在这种情况下的样子。

我们之间的对话一开始有点磕磕绊绊的，但等到互相自我介绍了之后就变得顺畅了许多。那个脸颊白白的男人叫伊万，另一个则叫诺埃尔。他们是墨西哥的海关人员。

"他们在说什么？"克里斯问道，但里奇没理睬他，而是继续跟伊万说着话，直到伊万嘟囔了一句什么，然后他俩一起大笑了起来。

"他说你长得像科特·柯本。"

大家一起看向克里斯。他蓬乱的亚麻色长发一缕一缕地披在肩上,身穿 T 恤和修身牛仔裤,脸上胡子拉碴的。这已经成为了他自驾游的固定装扮,看起来比摇滚歌星更加不修边幅。

"什么?"克里斯问道,低头看着自己。

伊万继续跟里奇说着话。

伊万用手指比画了一个手枪的样子。"哦,没有,没有。"里奇说道。

"军人老带着他们的枪,"伊万用英语说,"他们会忘了枪在车里。你之前是军人吗?"

"没有,"里奇说,"但他是。"一边说着一边指着乔丹。

伊万瞪了乔丹一小会儿,然后在耳边用手指画了一个圈。

"疯了,"他说,"都疯了。"

乔丹对着他笑了笑,但这个边境官员脸上完全没有笑容。克里斯紧张地干笑了一声。

过了一会儿,两个海关人员完成了检查。诺埃尔留下跟我们闲聊,而伊万则回到了他们阴凉的岗亭里,里面对讲机在发出一些噪音。

"美国人不喜欢移民,对吧?"诺埃尔问道,"他们挺种族歧视的?"

里奇解释并不是这样的。至少大多数美国人不是。

旁边站着的乔丹有些坐立难安。因为许多美国人——特别是共和党人——仅仅想要增加边境安全防御，这并不意味着他们是种族主义者。

诺埃尔承认他只和那些越过边境去墨西哥买便宜菜的住在亚利桑那州的美国人接触过。偶尔会有一群吵吵闹闹的年轻人或者军人经过这里。

我们问诺埃尔他们有没有和美国边境巡警或者美国海关人员接触过，后者的办公室就在离他们很近、扔石头都可以扔到的地方。

"没有，"诺埃尔说，"从来没有。"

"真奇怪，"乔丹心想，"他们工作的地方那么近，但他们是完全陌生的人。"

美国边境官员中有一些好人，诺埃尔说，但也有一些不三不四的人。所以他们并不主动去接触。

"但任何群体都是这样的。"乔丹反唇相讥。诺埃尔点了点头。

"我讨厌美国人，"伊万说着，踱步回到了我们这边，"我为什么会喜欢对我国人民那么坏的人？为什么？"

克里斯虚弱地笑了一下。

"你也讨厌我们吗？"

克里斯想要找到一个联结点，一个能够证明我们之间的差异可以被弥合的迹象，但伊万点了点头，然后在耳边再次做出了那个表示疯狂的手势，对着乔丹点了一下头。

"所有美国人。"

诺埃尔则没有伊万那么坚决。他不认为所有美国人都是坏人。他有家人住在洛杉矶和圣地亚哥附近。老一辈的美国人可能有点种族歧视,他解释道,那些人老觉得墨西哥海关人员想要抢劫或者伤害他们。但年轻一代的美国人会好很多。

伊万不情愿地点了点头表示同意。

"这边当地人怎么看待移民?"里奇问道。

"我们对移民没有意见,"诺埃尔说,"我们把他们当人对待。"

但墨西哥南部的情况不一样,诺埃尔承认:他们没那么宽容,不愿意让美洲中部国家的移民进入墨西哥。但在北边,大家都会帮助移民,给他们提供食物和住所,把他们当作人对待,诺埃尔说。

"你在边境口遇到过什么麻烦吗?你们会不让移民通过吗?"

"没有。"诺埃尔回答道。

"我们不会不让移民通过,"伊万插话道,"墨西哥不会这样评判一个人的好坏。他们是人,我们把他们当作人来对待。美国人则不是这样的。"

他们表达的观点中充满了"种族主义"这个词。

听到美国人在他们心中是这样的形象,克里斯感到很痛心,但乔丹却不以为然。诺埃尔刚刚承认了墨西哥在南方边境对移民在做着一模一样的事情。他们难道看不到这其中的虚伪吗?

在我们闲聊期间,许多墨西哥人从边境口通过,朝着我们的方向挥了挥手,边境墙美国的那一侧,一条缉毒犬在附近汪汪叫了起来。

"所以年轻一代是不是让你觉得美国还是有希望的?"

诺埃尔点了点头。

"是的,美国还是有点希望的。"里奇翻译道。

但伊万在摇头。

"我为什么会觉得有希望?"

他转开了视线。当他走开去检查一辆刚开过来的白色凯迪拉克时,他与乔丹之间意识的鸿沟似乎更远了。凯迪拉克轿车的司机穿着一件胸前印着"古巴"两个字的黑色T恤。他有些狐疑地看着我们。

"你们怎么决定检查哪些车?"克里斯问。

"随机的,"诺埃尔回答道,"但如果一个人看起来有点可疑,那我们就一定会叫停他检查。"

"比如说我们就有点可疑。"克里斯说。

"没错。"伊万在远处大声回答。诺埃尔微笑了一下,然后忍不住开始大笑。

在告别之前我们握了握手。诺埃尔脱下了手套,面带微笑。而伊万则继续保持着距离,脸上没有什么表情。

"所以说你喜欢摇滚乐?"克里斯问伊万,后者正在他旁边叫停了一辆车,"你刚刚提到了科特·柯本。"

伊万点了点头。

"你喜欢黑键乐团吗?"

他又点了点头。

"对,对。"

伊万和克里斯一起站在副驾驶车门边上。

"你觉得滑结乐团怎么样?"伊万问道。克里斯大笑了起来。

"所以你是真的很喜欢摇滚。"

伊万又点了点头。也许就跟在早餐厅里一样,真诚的交流能够弥合任何分歧——即便这种交流是有关滑结乐团的。

里奇和乔丹在和诺埃尔道别的时候,伊万把手放在了我们的"船"敞开的车门上。

"要不跟我们一起走?"克里斯问道。

伊万一下子恢复了官员的威严。他的脸上又出现了熟悉的严厉表情。

"你确定吗?"克里斯干巴巴地问道,"我们有足够的空间。"

"不,不,"伊万说,"他会杀了我的。"

他手指着乔丹,再一次做出了那个表示"疯狂"的手势,然后再用西班牙语嘟囔了一句"一路平安"之后,消失在了他们办公室的阴凉中。

我们经过纳科的时候,街道上空无一人,所以我们开上了高速公路,开始在索诺拉地区隆起的山脉间穿行。山脚下有马在吃草,每隔几英里路边就会出现一个简陋的小教堂,它们开裂的墙面上画满了涂鸦。每个教堂的屋顶上都立着一个角度奇异的十字架,如同风向标一样告诉人们草原历经的无数个季节的风向。

我们和诺埃尔还有伊万的交汇让我们对这次旅程多了一点信心。不论我们是否真的能够理解彼此,至少我们进行了礼貌文明的对话。

行驶在高速公路上,沙漠在我们的眼前展开。我们在一个景观台停了下来,凝视着山下宏伟的峡谷。山谷的那端伫立着边境墙,如同一根细细的赭色生纱线。绵延数千英里的广阔平原上,唯一的人造标记便是这一堵钢铁铸成的墙,将索诺拉的赤陶色山谷一分为二。

我们沿着平坦的山路,在一连串急转弯中下了山。在绵延不绝的平坦柏油路上行驶时,克里斯心想,"那人还说路会坑坑洼洼的"。

当我们转出索诺拉山脉时,眼前出现了一个我们三个人都未曾料想到的景象。克里斯猛地吸了一口气,乔丹呻吟了一声,里奇摇了摇头。

路肩上一堵褐色石墙下的浅沟里,躺着一辆大卡车拖车的残骸。它肯定是在最后的那个转弯里失去了控制,在飞速行驶的过程中发生了侧翻,可能是刹车坏了或者被锁死了,它滑出了路面躺在路边。它的发动机曾经燃起熊熊大火,使得卡车变成了病态而扭曲的灰黑色。

乔丹踩了一脚刹车,缓慢地驶过了卡车的残骸,像是在参加它的葬礼。它的外壳是伤痕累累的黑色。驾驶室整个被压扁了。玻璃碎片飞得到处都是,在驾驶室周围形成了一个狂野的圈。

"这个车倒下去的时候刚好压在驾驶室上。"乔丹说。

"而且是驾驶员的那一边。"克里斯补充道。

也许是因为泥坑中传来的钢铁燃烧后的焦味,当我们心情沉重地经过卡车遗骸时,我们俩都仿佛闻到了皮特抽的波迈香烟的味道。

当我们驶离索诺拉山脉的时候,高速公路边土黄色的山丘逐渐变成了绿色,我们身处的狭长山谷中遍布着一片片辣椒田。太阳在我们的身后渐渐西落。我们自信可以按时赶回美国,所以飞速驶过了阿瓜普列塔的边境口。墨西哥太诱人了,让人无法离开。向东车程两个小时的羚羊井还有一个边境口,而且日色还早。我们一路上都十分激动,仿佛开过的每一英里都是我们不应该在的禁区。我们了解到边境口下午4点关门,而现在才刚过一点。

我们在一个卡车休息站停下了车吃午餐。我们点了好几盘烤肉,还有玻璃瓶装的可乐。休息站桌子上盖着蓝白相间的塑料桌布,地面是水泥地。休息站里男人们的长相、说话方式和举止都很像我们之前和皮特一起时遇见过的那些人——热情洋溢又平易近人。

墨西哥的高速公路和美国的一样，也布满了产自美国、欧洲和日本的车。高速公路边上有许多陌生的、但画着同样商标和标识的广告。这条路并不是传说中法外之徒出没的巢穴。它就是一条高速公路而已，和那些穿过亚利桑那沙漠往北去的高速公路没有什么两样。

我们谈论了我们之前担心边境这一边的安全问题有多么傻，还讨论了对于一个遥远地方的不了解是如何孕育出强烈恐惧感的。我们嘲笑了自己之前有多么天真。等我们行驶回高速公路上的时候，我们甚至生出了一些豪迈之情。

直到乔丹突然抖了一下。

"糟了。"

"怎么了？"

"时区变了。"

"什么意思？"

"我们现在在山区时区了。"乔丹说。

"所以呢？"

"所以现在的时间实际上要晚一个小时了。"

"我的老天，"克里斯突然反应过来了，"等我们到那里的时候，羚羊井的边境口肯定已经关了。"

"船"里再一次出现了熟悉的、令人窒息的沉默。我们现在想要回美国唯一的选择就是开去华雷斯口岸了。

乔丹看了一下他的手机。我们差不多7点刚过可以到达华雷斯口岸，正是暮色昏沉的时候。

"我们确定要这么干？"里奇问。

"我们没有其他的选择了。"克里斯说。

在华雷斯城外渐渐下沉的夜幕中，乔丹开着车在高速公路上飞驰。我们三个都感到有些不安，但都强装镇定。这种感觉很像我们那次在南达科他州的高速公路上耗尽了冷却剂，每辆经过我们车边的卡车都让我们的车震动不已。每当我们陷入了意外的困境时，总觉得有什么凶恶的东西在追着我们跑。

天空逐渐从粉红色变成了紫色，当我们驶进华雷斯郊区的时候，埃尔帕索城市背面的山脉与天空融为了一体。街角处有青年在闲逛。红绿灯前停着的车里的司机们从开了一条缝的窗户里斜眼看着我们，而我们也透过脏乎乎的窗户瞪了回去。

当我们在狭窄的高速公路上行驶时，克里斯在手机上搜索有关华雷斯的信息。他点击进入了美国国务院的网站，读到了最近的一则旅行警告："领事馆接到报告，6月份登记在案的凶杀案共有79起，这意味着6月成为了迄今为止今年因为凶杀死亡人数最多的一个月。"

克里斯继续搜索着更多信息。

那个周末，持枪歹徒突袭了一个家庭聚会，并在华雷斯城内绿草如茵的埃及绿洲街上枪杀了八位男性和三位女性。据报道，这些歹徒是毒品贩子，行凶是为了解决贩卖冰毒和海洛因时产生的纷争。被发现时，尸体被捆绑着，而且生前受到了折磨。上一周的周五到周日就有35起凶杀案发生。《华雷斯日报》报道7月有200人被杀害，自1月以来更是有700多人被杀。

有些人说，最近的这些暴力事件让人想起2010年的那场毒品战争——一场导致了10000多人死亡的冲突。

克里斯放下手机，闭上了眼睛。边境线若隐若现，在逐渐变浓的黑暗中被边境站的灯光照亮。

我们把车开进了通往美洲大桥的车道。周围刺耳的刹车声和发动机的轰鸣声包围着我们。随着车慢慢往前移动着，我们的恐惧逐渐消退了。我们周围有不少老人在兜售小饰品、遮阳板和包装纸有些破损了的瓶装水。穿着绿色工作服的美国边境巡警在用西班牙语飞速地回答着各种问题，还拦下了那些看起来最为可疑的、想要穿越边境的人。在歪歪扭扭的队伍中耐心等待的有全家出游的人，一群群年轻人，还有带着牛仔帽的卡车司机们。所有人都沐浴在闪烁着汽车尾灯的病态胭脂红的光芒中。

当我们进入埃尔帕索的时候，乔丹正侧耳听着呼啸的风声，我们沿着山脊上的10号高速公路俯瞰着华雷斯城市的灯光。我们的"船"驶过了得克萨斯连绵起伏的山丘；沿着山丘往下，越过高耸的边境墙，便是墨西哥。

或许现在的情况跟乔丹当时在阿富汗执行任务一天之后躺在床上不能比，但他感到了一阵相似的放松感。通过训练、激励他参军的那些英雄故事，还有他对战友们的责任感，他学会了管理自己心中的恐惧和不确定感。但是，现在乔丹退伍的时间已经几乎和他是现役海军陆战队员的时间一样长了。他每天都觉得离自己在阿富汗、非洲角，还有匡提科军官学校经历的那些时光更加遥远了一些。只有当恐惧再次悄悄渗入骨髓时，他才意识到这一切已经是多么遥远的过去了。

午夜前后，我们在埃尔帕索的一家比萨店里吃喝了一顿，以舒缓我们因为紧张而疯狂工作的肾上腺。店里放着杰弗森飞船乐队的音乐，一位名叫林赛的烈酒推销员用小玻璃杯装着龙舌兰酒给我们喝。

当克里斯听到《回到我身边》这首歌开头朴素的几个音符时，他终于放松了一整天都紧绷着的神经。他放空了自己，意识到了他对于这样的旅行、这种同甘共苦的友谊，还有各种偶然的奇遇有多么热爱。坐在吧台边，他觉得自己之前的情绪似乎有些愚蠢。之前在高速公路上时，他的恐惧似乎是一件无比重要的事情，但不过因为那是一个他所不熟悉的地方。伊万用手指在耳边打圈的手势又一次划过他的脑海——也许乔丹并不是"船"里唯一的疯子。

我们三个人对于能够亲身体会华雷斯，而不只是听别人讲有关它的故事，都起了谦卑之感。我们可能永远都会害怕那些我们不能理解的人、地方和想法。但这种恐惧不应该阻碍一个人的好奇心。我们在了解任何事物之前都需要先看到它，而在这样做的过程中，我们就会让自己的视野再开阔一些。而之前，我们曾因为恐惧而产生过许多误解。

乔丹一口干了他的龙舌兰酒。里奇在考虑要不要喝。克里斯用嘴唇吸了一口青柠之后把它放进了酒里小口啜饮，一边继续欣赏着音乐。

天亮之后我们再次回到了华雷斯，想要在白天看看前一晚我们经过的地方。我们开车经过了《华雷斯日报》的总部，欣赏了华雷斯的地标 La Equis，一个红色钢制 X，巨大得可以在埃尔帕索看见。这个雕塑据说是代表了土著文化和西班牙文化在墨西哥的融合，也是欢迎旅行者的象征。我们在市中心热闹的中心广场走了一圈，并仰头欣赏了一个大教堂的圆顶。

华雷斯也不过是一个城市，和其他的城市没什么两样。

前一晚我们在比萨店里和一个名叫马克的调酒师，还有那个名叫林赛的烈酒推销员聊了好久。埃尔帕索和华雷斯是姐妹城市，他们解释道。这两个城市是融合在一起的。埃尔帕索的美国人会越过边境去找华雷斯便宜的牙医补牙和安装牙冠。美国的青少年还会走过桥去，在华雷斯度过一个疯狂的下午，不受父母的控制，甚至也不受他们国家法律的约束。而华雷斯的居民则会越过边境在埃尔帕索的商场里工作、在位于埃尔帕索的得克萨斯大学上课，或者去拜访已经移民到美国的亲戚。这两座城市在它们的交界处融合在一起。

这次旅程中，我们经常会惊叹两个地理位置上如此靠近的文化竟然在其他方面那么遥远。"它们之间不到100英尺的距离像是100英里那么遥远。"在纳科的边境口岸时，这个念头在乔丹脑中划过。但即便有遥远的距离，我们也能够看到并理解对方的本质。

离开美国之后，我们震撼于某种梦想给予人们的持久力量。不管伊万和诺埃尔对于美国有什么样的看法，它的某种特质依然在吸引着人们往北走。来自美洲大陆各个国家的移民仍在向着蒂华纳以及其他通往美国的口岸进发，因为美国依然代表着某种特殊意义。这种意义愈来愈不在于能够获取多少财富，更多是有关过上体面生活的可能性——但在尼尔森生活的语境中，体面生活本身便是一种财富的体现。这种梦想对许多人而言依然是个巨大的诱惑，它如同希望之泉，引诱着人们像树叶一般聚集在边境墙边的早餐厅这样的地方，只为了离美国近一些——只为了感觉自己与那些成功到达了洛杉矶、埃尔帕索，以及更遥远地方的人并无太大区别。

这个梦想是复杂的，但怀揣着此种梦想并为其神话增添色彩的人们也一样复杂。这个梦想在其最美好的时刻，是一种让所有人的生活都变得更美好的愿景。它是美国梦的原材料。不知何故，我们在墨西哥时看到了这种梦想存在的证据。我们并不确定它是否会长久存在，还是我们不过看到了过去辉煌的余晖。但在那个充满了漂白水和猪油味道的工业厨房中，一个对这个梦想深信不疑的人为我们讲述了有关它的全新的故事，在这个故事中，他对梦想的信念是如此坚定，以至于他愿意为其付出全部。

在回看了墨西哥最后一眼后,我们向着北方驶去。我们将穿过埃尔帕索,驶向新墨西哥州的圣菲市。克里斯眯着眼看了看太阳,不知蒂华纳的天气如何。那天早上是否依旧阳光灿烂,抑或城市正笼罩在反季节的浓雾中?克里斯回想着我们三人驶过的那些孤独的高速公路。雾气从山峦间降落到城市里了吗?尼尔森今早还在做志愿者吗?又或许,他正在那广阔的天地间向着北方进发,陪伴在他身侧的只有自己的梦想?

洛兰

黎明时分,我们在丹佛市停下了车。前一天晚上,我们沿着 I-25 号公路一路向北,驶过新墨西哥州的沙地和灌木丛,进入了科罗拉多州高山的常青森林。我们的一个朋友答应让我们在他家暂住几天,所以我们在把里奇送到机场后就前往了这个朋友的家。

在他家门口,乔丹停车熄了火,我们坐在车里没动。我们坐了很久,听着周围全新的一天特有的细微声响。这是一周以来我们俩第一次独处,而我们两个都有些筋疲力尽。去墨西哥的旅程让我们感到十分疲惫,但我们的累并不仅仅来源于此。在能够休息之前,我们还有些弥合关系的工作需要做。

"克里斯,"乔丹开口了,"我对于在卡尔斯巴德发生的事情感到很抱歉。"

一辆车从我们旁边驶过,轮胎在光滑的街道上发出了噪音。

"我也是,"克里斯说,"我以为我们现在已经能够处理好那样的情况了。"

几天前，在从洛杉矶前往蒂华纳的途中，我们在卡尔斯巴德短暂停留了一会儿。卡尔斯巴德在圣地亚哥往北35英里处，我们去那儿拜访一个老同学。我们四个人已经好几个月没有见到彼此了。我们在海边找了一个小酒吧，点了鸡翅和薯条，坐着闲聊有关司法考试的趣事，畅想着未来的生活。随着夜色渐浓，我们开始谈论起政治，气氛变得越来越紧张，直到有人——我们俩都记不清是谁了——说共和党人比民主党人更善于窃取选举成果。

克里斯瞟了乔丹一眼。

"这种说法太荒谬了，"乔丹气愤地说，"每个共和党人都对民主党人持同样的看法。"

"好吧，至少我觉得共和党人在窃取选举方面更有手段，"有人说道，"民主党人则太没有组织纪律了，没什么效果。"

乔丹注意到克里斯开始有些紧张，但还是继续说了下去。

"这种无区别概括很愚蠢，"乔丹说，"两边都想要赢，而且两边都很厉害。"

"没错，但只有共和党人在系统性地剥夺人们投票的权利。"

"比如说什么？"

"比如说通过操纵选区边界的划分来使得选举结果对某个政党更有利。"

"两党都会改变选区边界的划分来对自己党派有利。过去200年间两党都一直在这么干。"

"那些要求选民提供身份证明的法律你又怎么说?"

"要求人们提供身份证明并不是在剥夺人们投票的权利。保证选举诚信是完全正当的担忧。身份证明要求是完全合理的。"

"不止一个共和党官员被摄像头拍到说这些法律就是为了压制少数族裔的选票。"

"放屁。"

"我现在就可以把这些视频给你找出来。"

"我不关心某个地方的某个白痴说了什么东西。我也能找到民主党人说话的无数视频。我的观点是共和党人认为在投票前必须要有某种身份证明很重要是有合理理由的。"

桌上观点的交锋在明枪暗箭地进行着。

"大量的学术研究都表明不存在广泛的选举欺诈行为。"克里斯说。

"而要求选民提供身份证明的法律压制了低收入人群,特别是少数族裔的选票,则是有明确的证据的。"桌上的另一个人说。

"选举欺诈不需要广泛存在才成为问题,"乔丹回应道,"一两百张票就可以改变一个选举的结果。而且每次选举的时候都有已经死亡的人登记投票的报道。你又怎么解释?"

"即便假设这是真的,哪个危害更大?你描述的情况是个例,而每次选举的时候选民身份法都会防止几千张合法的选票被计入总数。哪个危害更大是一个成本效益的分析。"

"选举欺诈是犯罪，而拥有身份证件是一个社会的基本特征，"乔丹回击，"而且大多数州你都可以免费得到身份证件。再次重申，我的观点是共和党人支持要求选民提供身份证明的法律是有合理原因的，而不仅仅是出于马基雅维利主义的动机。"

"不，他们真的没有什么合理原因。"

"所以你认为在这个问题上共和党人纯粹就是心术不正，而民主党人则是一心为公？"

"没错。"

"你不认为民主党人，即便只是其中一小部分，在要求取消身份证明的时候是别有用心的吗？"

"民主党人希望越多合格的选民参与选举越好，这是一件好事。"

"而共和党人就纯粹是动机不良？"

"没错！"

克里斯看到乔丹的下颚肌肉收紧了。

"听着，我只是在试图理解你的观点，但你到目前为止还没有提出任何能够合理解释共和党立场的观点。"有人说道。

"没错，因为不管我说什么你都会戴着民主党的有色滤镜来看待。如果你真的觉得共和党人就是充满恶意的，那我说什么都没用。"

"你给我看数据——然后我就会相信你。"

"太棒了，我干吗不干脆给你写个他妈的报告？"

"我不需要你给我写个报告,你说就行了。"

"但是,"克里斯试着插话,"你们有没有考虑过——"

"——考虑过什么?"乔丹愤怒地打断了克里斯的话头。

"你干吗那么生气?"

"你想说什么就直说吧。"

克里斯瞪着他,没说话。

"我受够这个谈话了。"乔丹边说边站起来离开了。

一个小时之后,我们三个人重新出发,向着圣地亚哥的方向驶去。我们在墨西哥边境又重新开始交谈,那时天已经黑了。但接下来的整段旅程中,我们仨之间的气氛都有些紧张。几天之后的清晨,当我们俩在丹佛清冷的空气中行驶时,这种紧张苦涩之感依然笼罩着我们。

"我爱你,老兄,"克里斯说,"对于之前发生的事我很抱歉。"

"我也爱你,兄弟。"

旅行进行到此刻,对于我们俩来说,和好是一件相对容易的事情了。但争吵的内容,以及它所带来的伤痛却在我们的心头挥之不去。我们似乎无法在有外人加入时依然保持只有我俩时的那种文明对话,这意味着什么呢?对于我们来说,通过漫长而痛苦的争吵、辩论、坦白与和好,我们获得了信任对方的能力。这似乎让我们虽仍有许多分歧,却在用一种相同的语言进行对话。但是,我们的朋友似乎不理解这种语言,在他们面前,我们觉得既无法继续使用也无法将这种语言传递给他们。

"我觉得有时候我们在谈话时无法做自己,"克里斯在我们丹佛朋友家房子外面说道,"我感觉我们似乎成了我们所在党派的发言人——即便当我们不愿意这样做的时候。"

乔丹点了点头。他捏了一下克里斯的肩膀,下了车,走上台阶进入了房子。

克里斯又坐了一会儿,透过树枝的间隙抬头看着天空,感受着旭日照在他脸上的感觉。我们的对话再次让人觉得如履薄冰——就像两年前在莫诺湖边那次一样。

接下来的几天里,我们探索了丹佛这座城市。每天早晨,我们会在这座城市的西北角散步很久,偶尔停下来买杯咖啡,或是在当地的书店里闲逛。晚上我们则会在地陪科林的带领下享受当地美食和精酿啤酒。最让克里斯高兴的是我们甚至找到了"我的兄弟"酒吧,据说这是杰克·凯鲁亚克在丹佛最喜欢去的地方之一。

我们的谈话再次变得冗长而跳跃。我们再次开始谈论我们在墨西哥北部的见闻,以及我们希望在剩下的旅程中能够见到些什么。从我们离开洛杉矶才过去了一个星期,这意味着我们还有一个月可以旅行。克里斯很想去底特律看看,因为那是他的教父长大的地方,而乔丹则想在纳什维尔短暂停留一会儿,因为他的一位来自阿富汗的翻译刚刚成为了一名父亲。

"你觉得我们去集市看看怎么样?"我们在丹佛的街道上

踱步的时候乔丹问道。

"可以啊,"克里斯说,"我从来没去过。"

我们决定去参加在俄亥俄州举行的洛兰集市——这是一个每年都会举办的活动,是乔丹用谷歌搜索"最佳去处"时找到的。

我们离开丹佛前的一个晚上,科林告诉我们他有几张多余的票可以去红岩剧场看莱昂·布里奇斯的演唱会。

"我们必须得去。"克里斯跟乔丹说。

布里奇斯有一副深情的嗓子,他唱的音乐让克里斯想起小时候在伯克利时他妈妈放给他听的唱片,比如说布鲁斯·斯普林斯汀、韦伦·詹宁斯、布法罗·斯普林菲尔德。

"你肯定会爱上他的,"克里斯兴奋地说,"他有着游吟诗人的声线,而且他会放一些老唱片,比如黑键乐队的专辑。"

"我相信你说的,老兄。"乔丹微笑着说。

"这就像是去听山姆·库克的演唱会一样——像是在伍德斯托克音乐节听里奇·哈文斯唱歌一样。"

克里斯沉浸在自己狂热的兴奋当中,现在乔丹对这种克里斯独有的狂热兴奋已经很熟悉了。

那天晚上,我们和科林还有他的朋友们在丹佛山公园露天剧院外的一个小山丘上一起享用了腌肉、奶酪和啤酒,山丘下便是红岩剧场名字中出现的许多巨大红岩柱子。甲壳虫乐队、吉米·亨德里克斯和感恩而死乐队都曾经在这个从科罗拉多山丘凿出的空间里演出。当莱昂登台的时候,人群爆发出了一阵欢呼——那是一种充满了来自内心深处期待的声音——当第一段音符开始在山谷中回荡时,整个剧场都仿佛活了过来。

乔丹转头看着克里斯。在这样的聚会中,克里斯的身上总会流露出一种快乐而无忧无虑的感觉。而乔丹在人群中的感受则截然相反。曾经当他还是青少年时他去洛杉矶听音乐会,也和克里斯一样能够彻底地释放自己。但那种感觉已经很遥远了。他被训练得对多人聚集的地方保持警惕,而这种警惕性在他退伍之后依然保留了下来。当莱昂在台上高视阔步地放声歌唱时,乔丹深呼吸,试着让自己放松下来。

多年来,乔丹已经厌倦了听到共和党人被指责为丑恶的种族主义者之类的骂名。当他面对这类指控——特别是针对他熟知并深爱的一大群人时——乔丹总会为共和党辩护,即便他也并不完全同意共和党的所有观点。在卡尔斯巴德的时候,这些感觉一下子翻涌而出,而当莱昂开始唱起自己最新的歌曲时,这些感觉依然盘旋不去。

但是,随着莱昂一首又一首地唱着,克里斯的热情开始让乔丹的紧张逐渐融化。卡尔斯巴德的争吵遗留下的有毒情绪逐渐离开乔丹的身体。

克里斯则没想那么多。他扫了一眼我们身后的漫漫人海,大家都在摇摆着、哼着歌、把手臂搭在自己朋友或伴侣的身上。这样一个庞大而兴奋的人群对克里斯而言是一幅舒缓的图景,他为此深深着迷。自驾游路上的争吵和美国的各种麻烦都离他远去，至少在这一个时刻。

"他真是太棒了。"乔丹在克里斯转头回来时说道。

"是的。"

第二天早上天没亮我们就离开了丹佛。乔丹开车，而克里斯不断说着话让我们俩保持清醒。我们开车经过堪萨斯州的玉米田和草地之后进入了俄克拉荷马州和阿肯色州。在田纳西州的孟菲斯，我们在民权博物馆做了短暂的停留，我们站的地方是50年前马丁·路德·金在洛林汽车旅馆的阳台上被狙击手射杀的地方。

然后，在驶离孟菲斯之后，马尔科姆·X的声音从我们俩共享的耳机中传了出来。

"这必然是个要么是选票要么是子弹的选择。要么是选票，要么是子弹。要是你不敢使用这样的语言，那你应该离开这个国家。"这位伟大的演说家大声疾呼。

"我喜欢他'和解前必须先赋权'的观点。"乔丹的声音盖过录音说道。

"如果这是一个自由的国度，就让它自由；如果这不是一个自由的国度，改变它。"

乔丹发现马尔科姆·X让人着迷。他尖刻、直接而又充满力量。他号召人们行动起来。

"你认为谁的演讲更有力？"乔丹问。在听马尔科姆·X的演说前我们刚刚听了马丁·路德·金的《我有一个梦想》

的演讲。

"我认为根据我们更记得哪个演讲,这个答案必须是马丁·路德·金,"克里斯说,"而且他的演说是一堂有关如何演讲的大师课。"

和许多人一样,克里斯也常常被马丁·路德·金的语言吸引。它们蕴含着一些不会随着时光推移而消逝的东西。马丁·路德·金在面对不可逾越的危险时依然宣扬大爱,而且他的勇气在那么多年之后依然可以在一辆沃尔沃车里让我们俩觉得激动不已,他演讲中的诗意也同样让人感动。

"你知道他差点没有说那些话吗?"克里斯说。

"哪些话?"

"'我有一个梦想',因为金之前说过太多次了,他差点没在进行这个演讲时重复。还好有人鼓励他还是应该这样说。"

乔丹点了点头,消化着这些信息。和谐、理解、和解——这些词语从这位愿意付出一切来告诉这个国家他的梦想的领袖嘴里说出。

"我在想,放到今天,马尔科姆《选票或子弹》的演讲会不会受众更广一些。"乔丹说。

"也许吧,"克里斯回应道,"但如果他们俩都还活着,他们想要传递给大众的信息会更接近。"

"为什么?"

"马尔科姆在从麦加回来之后发生了一些改变。他的语气变得柔和了一些。直到——"

克里斯没说完。

我们的"船"往北向着克利夫兰市飘去，我们沉默了。

克里斯啃着自己的指甲。金和马尔科姆的语言不仅是优美的，还有一种笃定的力量。一个优秀的演讲应当有信念感、目的性，以及清晰的道德观。然而，克里斯在自己周围能看到的却只有复杂。自从上路以来，我们经历了许多对于我们自以为了解的情况的挑战。而我们能做的只有承认自己的谦卑，并努力去理解它们。我们可以与人交谈。我们可以从他们身上学习。而在这个过程中，也许我们可以越过一些本越不过的边界。

"关于在卡尔斯巴德的争论……"克里斯试探着说，"我理解你的观点。"

"哦，是吗？"乔丹说。

"你说的有关选举诚信的观点。"

随着沉默的继续，克里斯又回想起我们的争吵。他并不同意乔丹所有的观点，但谈话不应该走到那一步。互相攻击并不利于朋友倾听彼此或者从对方那里学习。

"你看俄罗斯在2016年就能够用脸书改变选票，"克里斯继续说，"而如果他们直接黑进投票站的话，情况还会更糟。"

乔丹能够听到克里斯声音里的谨慎。我们正在冒险回到也许存在动荡暗流的水域，而克里斯正在小心试水。

"而当你认真考虑这件事的话，这不一定是一个非此即彼的选择，"克里斯说，"一个人可以既支持选举安全，又支持扩大选举权。"

乔丹转头看着克里斯。

"我们也许永远也没法在南、北卡罗莱纳州或威斯康星州的选民身份法这类问题上达成一致,"克里斯继续说,"但我明白这个概念是有讨论价值的,至少当我们俩在谈论这个问题的时候是这样。"

自从离开了卡尔斯巴德,克里斯时常在想如果当时他承认乔丹看法中合理的地方,他是否可以让当时的氛围没有那么紧张。也许一两句话就能够扩大谈话的格局。承认别人观点中的可取之处是一种美德,但克里斯当时没能做到。

"是的,"乔丹说,"而且我对这些法律确实也会有些疑虑,特别是当政客们似乎有其他不良企图的时候。"

克里斯点了点头。

"不论如何,"乔丹继续说,"选民身份法的负面影响确实应该被减少,而且其实是存在两党都可以同意的做法的,比如说延长投票时间,或者给低收入居民提供免费身份证。"

我们坐着沉默了一会儿。

"我觉得我们总可以到达这儿,"克里斯说,"到达一个我们能够达成共识的地方。"

乔丹考虑了一下这个说法。

"我认为在大多数问题上,我们其实是在就反映了我们俩都同意的价值观的政策进行辩论。而我们之间的差异在于我们认为哪个价值更为重要。"

"有道理，"克里斯说，"但当政客或政策制定者们利用这些价值来当作某些看起来相似但其实是令人不齿的东西的挡箭牌时，问题就产生了。"

克里斯瞟了一眼乔丹。

"没错。"乔丹说。

我们再一次在重要的议题上开始和对方敞开心扉。

"困难在于，"乔丹继续说，"我们生活在一个充满了不确定性的世界中。我们并不能得到所有的信息。不仅有关问题尺度的相关信息不完美，比如到底有多少压制选民和选举欺诈的情况在发生，我们也无法完全了解当人们强调一种价值高于另一种的时候的动机到底是什么。"

乔丹停顿了一下。

"所以问题是，当我们不相信对方提供的数据，也不相信对方的目的时，我们到底该如何调和我们对于不同价值的不同优先级？"

"也许是保持谦逊吧。"克里斯回答道。

乔丹点了点头。

"我觉得能够意识到不同价值取向的存在就已经很有帮助了，"克里斯说，"即便政治领袖们永远无法在到底应该实施什么政策这个问题上达成统一，意识到存在不同的价值取向就是相互理解的基础。"

两年前，我们在内华达州差点绝交。那次争吵揭示了我们之间真正的分歧——而这种分歧并不会消失。我们友谊的小船需要以此为基础来航行，但这没关系；这并不是一个远离对方的理由。而现在，正在向着中西部腹地疾驰的我们意识到了另外一件事：在路上的时光让我们变得更谦卑了。

我们在路上遇见的人——以及他们的生活——是很复杂的。但当我们不那么强大的时候，我们有时会忽略这种复杂性。我们也许会以偏概全，或者仅依靠某些标签来理解彼此，即便我们清楚地知道这些东西常常会掩盖最为重要的东西。还有些时候我们会被自己的偏见和期待蒙蔽双眼——这是很容易发生的事情。但当我们冷静下来之后，其他的一些东西就会浮现，到那时，我们也许能够保持开放的心态，善良的信念与同理心得以生根发芽。

路边的玉米田逐渐被宽阔的河谷和绿色的草原取代，山丘旁的房屋如同哨兵一般耸立，其中一些荒废已久。

我们开进了一个收费站，一开窗，一股刺鼻的气味迎面扑来。

"哇。"一位戴着眼镜的收费站工作人员说，她的眼镜使得她的眼睛看起来很小且没有神采。

一辆装载着牛的大卡车从旁边的收费站开了出来。

"猪的味道最难闻了。"她说。

车窗升了起来，但这个陌生人的温和话语却显得严酷而陌生。当车里再次只剩下我们和自己的思绪时，之前的担忧再次袭来：在和他人交流时我们能否也像彼此沟通得那么顺畅？还是只要我们离开"船"，我们之间的分裂就会发生？

下午晚些时候，我们到达了洛兰，在一个被铁道分隔开来、尘土飞扬的停车场尽头找到了我们要去的集市。集市里有着一排又一排的农用设备摊位。穿着绿松石色 T 恤的退休老人们在跳广场舞，一些眼圈发青的精瘦男人向我们推销用气枪打纸靶的游戏。

我们在迷宫般的摊位中闲逛。

长途驾驶之后我们经常会这样漫步。不论是之前在孟菲斯、黄石，还是现在在洛兰，散步会让在路上奔波的劳累逐渐消失。我们经过了青少年谷仓，在那里许多青少年在骄傲地展示着他们养的牛、羊和猪。身穿披进深色牛仔裤白衬衫的男孩和女孩们在向家长和围观者们展示躁动不已的鸡，后者对每只鸡都拍了照并热烈地赞扬它们的质量。

洛兰县集市展现了一幅俄亥俄州单纯、无忧无虑的生活图景。我们脚下的土地感觉坚实而宁静。所有事都在缓慢地发生着，十分适合我们这样在路上劳累奔波的人——直到我们听到了一阵喧闹。

在一顶大帐篷外面，身穿红色服装的男男女女在愉快地聊着天，分发着美国国旗。帐篷里挤满了中年人，而墙上的选举标语牌清晰地表明这是一个共和党的帐篷。

洛兰县拥有大量白人工人阶级人口，因此历史上一直坚定地属于民主党地区。但在 2016 年的选举夜，唐纳德·特朗普以 388 票的微弱优势拿下了洛兰，这是自罗纳德·里根以来共和党第一次在洛兰获得胜利。之后经过修正，希拉里·克林顿以121票极其微弱的优势将该县收入囊中,但在洛兰,政治风向已经发生了根本性的变化是显而易见的。四年前,巴拉克·奥巴马总统在这儿获得了57.8%的选票,以16%的优势打败了米特·罗姆尼。而在特朗普当选的两年后,帐篷中的这些共和党人看起来充满了优越感。

我们路过这个帐篷之后钻进了另一个帐篷,距离入口一两步的地方有一位电视记者和一位摄影师在徘徊。他们注视着我们掀起挡布,钻进了帐篷。

帐篷里看起来像是波旁街或是时代广场上的一个临时店面。帽子、T恤、旗帜和各种各样的饰品挂满了防水布的墙面。克里斯突然停下脚步,拍了一下乔丹的肩膀,往上扬了扬头。

乔丹顺着克里斯的视线往上看去,发现墙上各种旗帜的边上挂着一面巨大的邦联旗。

"嘿,伙计们,"一个下巴上长满了痘痘的壮汉说,"看中什么了?"

"我们就随便看看。"

"这儿有很多好东西。"他说。

"确实。"

这下我们理解了帐篷外面的记者和摄影师为什么会在这儿。我们似乎一脚踏进了激烈的政治辩论,而实在令人意想不到的是这发生在集市上。在手机上简单搜索了一下之后我们了解到这个集市已经差不多连续八年都在售卖邦联旗帜。但俄亥俄州的其他地方——包括规模更大的俄亥俄州集市——已经禁止售卖这种旗帜，而要求洛兰也禁止的压力越来越大。郊区的三块广告牌要求禁止"星星与横条纹"的邦联旗，但就在我们到达的时候，有人在其中一块广告牌上挂了一张邦联旗。

我们从帐篷的另一边走了出去，发现外面还有一排摊位。当我们到达集市的时候，政治议题并不是我们正在思考的问题。我们最近刚刚逃离了政治，但发现自己在毫无防备的情况下又重新被扔回了政治的旋涡中。

没过一会儿，我们路过了一个全是民主党人的摊位，他们挂着淡青色的选举标志。摊位上四位头发花白的女士手上都拿着迷你美国国旗，其中一位女士拿了一整把。

"这些国旗真不错。"我们经过的时候乔丹说。

"你们是哪儿人？"其中一位女士问道。

"加州——但之前在康涅狄格州。"

"你俩离家很远啊。"

"你们这边安静不少，"克里斯说，"那边有个共和党的帐篷，你知道吧。"

"民主党人已经基本撤出洛兰了，"其中一位女士说，"我们在这儿是志愿者——大概是为了抗议吧。但我们主要是想代表我们的社区。洛兰和惠灵顿的很多人都和我们有一样的想法，所以我们希望确保他们的声音能够被听到。"

其他几位女士都在点头表示赞同。

"拿着这个。"其中一位戴着眼镜的女士说着,把一面小小的美国国旗塞到了乔丹的手里。

国旗周围的布料已经有些磨损,有些裂开的连接处有胶水的痕迹。这是一个多么小而脆弱的东西啊,但乔丹却在这面国旗下参与过战争——他的一些战友还为此献出了生命。

乔丹抓紧了旗子,看着那位女士。

"谢谢你。"他说。我们继续沿着摊位漫步。

随着太阳渐渐西落,洛兰集市上的人慢慢走光了。那些留下的人也都在农用设备和大树的阴影底下乘凉。我们吃了一对来自佛罗里达的夫妻摊位上的鳄鱼肉,他们俩每年都沿着东海岸参加各种集市。

"你们最喜欢哪个集市?"乔丹问。

"一段时间之后它们其实都差不多。"戴着破旧棒球帽的男人边说边转身离开了滋滋冒着鳄鱼油的炸锅。

我们在一个由德国移民后代开的摊位上啃着配着德国酸菜和颗粒状芥末酱的香肠,摊位主在附近的克利夫兰市开了一家家庭餐馆。我们甚至去看了几辆待售的房车,踢了踢连接处的车钩,低声嘀咕着如果买下它每个月需要付的款。

"这太令人震撼了,"当我们路过另一排摊位的时候克里斯说,"好像没人在乎那面邦联旗。"

"看起来好像是的。"

对于我们来说,邦联旗在集市上的存在可能是值得上新闻的事情,但比起挂在路边帐篷里的一面旗帜,洛兰似乎更关心一头山羊的质量,舞步跳得如何,以及一个拖拉机发动机的功率。

我们和其他几十个围观者一起站在一个畜栏边上,看着拿着棍子、网球衫塞在裤腰里的驯马师追逐着尾巴被编成辫子、长满鬃毛的欢腾的马匹。一个系着紫色领带、穿着短袖、官员模样的男人用手势给出了各种命令,并检查了每一匹马。每一匹接受检查的种马都在他严厉的触碰下踏着蹄子,甩动着马尾。

当我们走向停车场的时候,天色已经渐渐暗了下来。乔丹不断低头看着自己手里的那面美国国旗。当他在手里把国旗的布料翻来翻去,用手指搓揉的时候,他的心中有些异样的感觉在涌动。

前一天晚上,我们和乔丹在阿富汗时的翻译扎比乌拉·马扎里一起在他纳什维尔城外的家里吃了顿饭——乔丹叫他扎伊。2013年的时候,乔丹和扎伊曾一起度过了许多个夜晚,他们经常闲聊到夜深。扎伊梦想到美国生活,所以乔丹在离开阿富汗之前,为扎伊申请特殊移民签证提供了担保。时隔五年之后,扎伊把我们俩迎进了他的公寓,乔丹得以亲眼目睹自己与扎伊曾经的谈话内容变成了现实的样子。扎伊的妻子把他们刚出生的儿子抱了出来,放进了乔丹的怀里。我们喝着茶,一边吃着阿富汗与索马里的美食一边聊着天。

不久之前,扎伊和乔丹一样在自己的制服上佩戴着美国国旗。但在那个时候，移民美国不过是他的一个念头——而且几乎是场豪赌：向别人展示这个想法可能会让他和他的家人丧命。

但现在这面国旗也属于他了。

在洛兰，乔丹的心中充满了复杂的情绪。美国是慷慨的。美国是美好的，而且它的价值并不能被邦联旗所蕴含的偏见代表。这种逻辑塑造了乔丹的世界观。这是为什么他对于能够在海外佩戴美国国旗感到骄傲，也是为什么不论他到哪儿，他都会自豪地为美国人民进行辩护。

乔丹手上握着那面小小的美国国旗，但之前看到的邦联旗依然停留在他的脑海中，乔丹转头看向克里斯。

对于克里斯来说，这些问题可能更加复杂一些。美国国旗对于克里斯而言的意义是不同的，而乔丹一直以来都很抵触这个事实。但在路上经历了那么多复杂的事情之后，乔丹慢慢接受了国旗对他来说可能是一个意义，对克里斯来说意味着另一种含义，对扎伊来说含义又是不同的。

在洛兰，有些志愿者穿着红色的服装，有些志愿者穿着蓝色的服装——他们之间间隔不过100米——他们都在向过路的人分发美国国旗。星条旗平等地属于这两个阵营的人们，即便对于那些不愿接受它的人也一样。我们也许不总能在国旗代表了什么这个问题上达成一致，而且即便我们达成了统一，我们也可能会不同意哪个价值更为重要。但国旗，以及它身上所承载的重要思想，属于所有人。也许这就够了。

在即将到达集市的出口时乔丹突然停下了脚步。

他转向两个手拉着手经过的小女孩，她们看起来最多12岁。

"嘿，"乔丹说，"这个给你们。"

他把那面小小的国旗递给了离他更近的那个女孩。她双手接过了旗帜，向前跑去，消失在了人群中。

底特律

我们到达底特律的那个下午,市里正下着倾盆大雨。克里斯家的世交同意让我们在她位于格罗斯波因特的家里住上一周。屋子的装修让人想起20世纪50年代——那是底特律的黄金时代,而格罗斯波因特,作为底特律东北部的郊区留下了许多那个年代的痕迹。

"像是在《了不起的盖茨比》里一样。"第二天早上,当我们沿着宽阔的湖滨大道驶入城市中心时乔丹说道。路边深绿色的草坪被修剪得整整齐齐。暖色的灯光照亮着鹅卵石铺就的车道和前廊。人行道上的每一块砖都像是新的一样。沿着环线位置排开的房子宏伟而美丽,却让人觉得有些不合时宜——这似乎是属于上个世纪的某种宏伟。

那天,我们游览了这座城市。我们站在嘉德大厦的门厅里,它充满艺术感的天花板如同孔雀羽毛一样色彩斑斓。我们在一座名叫"底特律精神"的辉煌青铜雕塑前驻足观看,它上面的铭文来自《哥林多前书》中的一段话:"主的精神在哪里,哪里就有自由。"乔丹想起了皮特,他想知道皮特对这段话会怎么理解。我们站在文艺复兴中心的阴影下，惊叹于乔·路易斯纪念馆的黑色金属拳头。这一切都是一个已逝去的光辉时代的纪念，但市中心这条为盛大游行建造的大道上却只有我们俩。当我们在街区间行驶时，"船"里充满了不祥的感觉。沉重的空气笼罩着废弃的空地和摇摇欲坠的砖块楼房。

在底特律的第一个下午，我们离开了市中区，前往市郊八英里路往北的一个名叫拉瑟-鲁普的小镇上的一家咖啡厅。我们和萨托莉·沙库尔约好了在那里见面，萨托莉是一位表演艺术家和故事讲述者，她答应和我们见面跟我们讲述底特律的故事。乔丹在网上看到她演讲的视频之后联系了她。

萨托莉是位很优雅的女士。她扎着头发，身穿彩色连衣裙，说话的声音沙哑而富有诗意。我们认真地听着她讲社区农场是如何从空地上被建立起来，自来水为什么会被污染，以及在最后一次人口大规模搬离市中心之后，城市的街区是如何被有钱人肆意改造的。

"对于有钱人来说，底特律是他们的游乐场。"她说。

但这依然是属于她的城市。最近刚刚重新开张的东部市场里充满了新鲜蔬果和本土艺术家的作品。杰克·怀特创建的第三人唱片公司用黑胶唱片来制作底特律艺术家的新专辑。底特律艺术学院里收藏着迭戈·里维拉描绘劳动人民的著名画作。萨托莉向我们介绍了市中心的一间酒吧，地区检察官、刑辩律师，还有穿着昂贵西装的法官们会在那里聚会喝马提尼酒。她还告诉我们第36区法院是密歇根州最大的地区法院，也是全国最繁忙的法院之一。

"在那个法院里闲逛你能学到很多有关底特律刑事司法系统的知识。"萨托莉说。

我们对于跟法律相关的地点特别感兴趣,因为我们是抱着一个明确的目标来到底特律的:我们想要更好地理解在今天的美国,"赎罪"意味着什么。这是一个我们俩经常讨论的话题,而且在这个话题上我们俩几乎没有分歧。我们两个人都认为每个人都应该被给予第二次机会。对于劳改系统和个人救赎到底哪个发挥的作用更大,我们持有不同观点,但总的来说,我们俩都认为那些已经付出了代价、为自己的错误行为赎了罪,并且努力变得更好的人理应拥有第二次甚至第三次机会。我们同意这是美国最为基本的价值观之一。

萨托莉对于给予人们"第二次机会"多有感触。她的母亲死于卵巢癌,不久之后她的儿子又因车祸去世。用她的话来说,从那之后,她的人生变成了"毫无乐趣的苦差事"。

"伤痛是可以被继承的,"萨托莉在咖啡厅空调的嗡嗡声中说道,"你也许没有直接感受过被奴役或者失去亲人的感觉,但它们是存在的。它们存在于你的骨髓中。孩子可以感受到他们父母的伤痛,父母能够感受到他们自己父母的伤痛。"

然后她得到了一个登台与和她有相似经历的人们分享她的故事的机会。在那个时刻,她有所感悟:讲述能够治愈伤痛;而这就是萨托莉想要回馈底特律的东西。

"故事,"当我们收拾好东西,准备重新进入咖啡厅外的酷暑中的时候,萨托莉说道,"是缓解伤痛的方式之一。"

伤痛对于底特律居民来说并不陌生。这座城市见证了汽车的诞生,它改变了20世纪,并创造了几乎不可估量的财富。用大理石建造的博物馆、绵延一英里的工厂建筑,以及多层豪宅的兴建都是底特律黄金时代的见证。然后这一切顷刻间灰飞烟灭。随着汽车巨头的后代们搬往迪尔伯恩和格罗斯波因特,底特律的人口骤减,家庭收入中位数骤降。很快,将近40%的底特律人口生活在贫困中,包括超过一半以上的儿童。几乎一半的成年人是文盲;超过四分之一的人口没有工作。底特律是美国谋杀率最高的城市之一,仅次于巴尔的摩和圣路易斯。而随着贫困和就业机会贫乏一代又一代地传递下去,城市继续着下滑的趋势,它所承受的负担越来越重。2013年,底特律市正式申请破产,并进入了被接管的状态。

但是最近,底特律发生了一些新的变化。体育馆和音乐会所如雨后春笋般在市中心出现。曾经被遗弃的高楼大厦重新进行了修整。一个新的轻轨网络开始环绕着商业区运行。在中城,艺术装置和时髦的餐厅像野花一样涌现。年轻人在廉价房租的吸引下开始重新搬进城市里。市中心的文艺复兴发生了,人们开始修缮这座城市。

克里斯的教父丹在很多方面对克里斯来说都是父亲一样的存在,他从小在底特律长大,给克里斯讲过无数有关他在这座汽车城中的童年故事。多年来,在共进午餐时和下午在伯克利后面的山上散步时,丹向克里斯讲述了他少年时代周末偷跑去听摩城演唱会、沿着半岛去往利兰，以及周五晚上观看橄榄球赛。克里斯经常会去位于特拉弗斯城北部的家庭小屋里看丹。而丹的父亲正在底特律的汽车公司努力工作。底特律这座在圣克莱尔湖与底特律湖中被雕刻出来的城市，是一座充满着机会、历史和伟大的艺术运动的城市。克里斯知道丹年轻时的底特律已经不复存在或正在消亡，但它曾经的复兴依然存在于城市的角落中。也许现在底特律已经到达了谷底，唯一的方向便是向上走了。

但当我们从拉瑟鲁普村开车回城里的时候——我们经过了八英里路和高地公园——我们很难想象这座城市的重生。回到底特律，我们驶下高速公路之后发现自己在一片废弃的田野中。肥厚、毛茸茸的藤蔓长满了铁丝网。大多数街区都被废弃了，除了偶尔有一栋窗户破碎、画满了难以辨认的涂鸦的房子。远处孤独地矗立着一座哥特式的摩天大厦。

"这简直像是看着罗马走向灭亡。"当我们经过一个又一个荒废的空地和空旷地基的时候，克里斯看着窗外的衰败景象感叹道。

两天之后，我们摁响了八英里路附近一个购物中心角落里两层砖房的门铃。当时是一个闷热的上午。我们将在那里见到来自休伦谷女子监狱的前囚犯，是三位在一家名为"蝴蝶之包"的非营利组织里以制作手袋为生的妇女。这个组织的负责人米歇尔领着我们上了楼。

"欢迎，欢迎，"米歇尔说，"快请进。大家都对要和你们见面感到很激动。"

米歇尔打开门，走进了一个工作室。工作室里三个穿着围裙的妇女围坐在一张小桌边，摆弄着染成各种颜色的木板。沿着墙壁，制作完成了的木质钱包摆放在热胶枪、亮晶晶的金属扣以及其他工艺设备的边上。米歇尔向我们介绍了这几位妇女，在她们每个人的名字前面都加上了"女士"。夏琳女士是一位充满了野性活力的小个子女人，她率先介绍了自己。布伦达女士坐在桌子边上，带着温和的微笑跟我们握了握手，并十分得宜地问候我们"你们好吗？"。最后，冬妮娅女士坐在一张和桌子不相称的椅子上，比我们高出了不少。她是个很安静、矜持的人。

我们在桌边的椅子上坐了下来，看着她们工作。一开始大家都很沉默。毕竟这是一个工作室，而我们打扰了她们的午餐时间。有那么一会儿，我们意识到自己在这里有多么格格不入：两个白人男性在一屋子曾在监狱服刑多年的黑人女性中。

"你不记得怎么做了吗？"米歇尔问布伦达。布伦达正在筹划着怎么画一只半成品包的侧面。

"她们还没学过这个技巧，"米歇尔说，"我自己其实也正在学习，所以我现在可以展示给她们看。"

在福特公司从事了25年的企业宣传工作之后，米歇尔创立了这个项目来帮助那些刚刚出狱的女性——她们被称为重返社会的公民。在通过面试之后，如果一位女性接受加入工作室的邀约,那在这里手工制作手袋就会成为她重新融入社会的机会。她们的每个手袋都是在办公室二楼的桌边制作的。这是她们养活自己的开端。比如说,夏琳已经制作了六七个手袋,并成功地在网上卖掉了其中两个。这些女性同时也在慢慢重新融入社会。米歇尔会帮助她们买公交车票、租房以及提供职业咨询。每当这些前女囚找到米歇尔,她都会问她们在人生的下一个阶段里想做什么。夏琳想唱歌,所以大家帮她找到了一个声乐教练。布伦达想回馈自己的教堂。而冬妮娅想学会开车,所以米歇尔带她去了车管所。

"当然,教练有时候会跟我说,'你现在得跟上——你得加速',"冬妮亚说,"但我不想一下子就开得太快太远,你知道吧。"

"你学得开心吗?"克里斯问。

"噢,是的,"冬妮娅说,"他说我在停车方面做得很好。老人们,当他们走到一个停止标志或者红灯的时候,他们,好吧,人们常常会吓一跳,但我开得很平稳。我对此感到很自豪。"

"看来你天生就适合开车。"乔丹说。

"噢,没错。"

"我认为让她们能够决定自己的未来是很重要的,"米歇尔说,"我不想指使她们做任何事。她们自己知道自己想要的是什么,所以如果她们分享了梦想,那我们就可以帮她们联系上那些能够帮助她们实现的人。"

"我入狱前是个歌手,"夏琳声音有些颤抖地说,"我出狱的时候依然是个歌手。"

她的情绪有些激动。

"你唱什么?"乔丹问。

"任何音乐,"她说,其他女人哼着歌,咯咯笑了起来。"艾瑞莎·富兰克林是我的偶像,所以我会唱她的大部分歌曲。《尊重》是我最喜欢的歌之一。所以她去世的时候,我想的全是她对我的激励。她让我想要成为我想成为的人。我真希望能去参加她的葬礼。"

夏琳沉默了一小会儿。富兰克林就在几天前的8月16日去世了,底特律的查尔斯·怀特非裔美国人历史博物馆举行了公开瞻仰仪式。

"如果我可以和她一样——"夏琳说,沉浸在自己的思绪中,"不,我要做我自己,我要让我自己的名字为人所知。我会出人头地的——等我出名了,你们都可以坐在第一排看我演出!"

"你看看她。"米歇尔笑着说,一边帮布伦达的包上系上了肩带。

"布伦达,"乔丹问,"你想做什么?"

"哦,闲着就好了。"布伦达说,其他女人对她的回答不置可否。

布伦达只坐了三年牢——比起冬妮娅和夏琳近半个世纪的刑期相比十分短暂。她是位虔诚的女性,总是会提起自己的牧师。

"我喜欢和人打交道，"她说，"而且我知道每个人来到这个世界上都是有原因的。我有帮助别人的天赋，所以我很享受做事情和帮助他人。"

布伦达告诉我们她之前在麦当劳叔叔之家慈善基金会工作过，还曾是她所在教堂的受托人。

"我听到上帝的声音，于是我侧耳倾听，"布伦达在谈到她服刑的经历时说，"我在院子里散步时说，'上帝，我知道你给了我一项任务，我会顺服的，但你不必让我到这里来证明，我相信你'。所以当我在监狱里的时候，我做了很多帮那里的妇女争取权益的事情，因为我们在那里的生活条件非常恶劣。"

她们三个人之前都在位于皮茨菲尔德镇的休伦谷女子监狱服刑，在那里，储藏间被改造成了牢房。疥疮的爆发既得不到诊断，也无法得到治疗。漏水和霉菌是家常便饭，厨房人口不足，医疗服务匮乏。我们拜访底特律的前后，密歇根监狱中的囚犯们正以25年来最快的速率死去。

布伦达对这种腐败和忽视感到震惊，给有色人种协进会以及美国公益服务委员会写了信。

"那些女人，"布伦达说，"我总是跟她们说，'等我回家了我一定会做些什么的'，而她们跟我说，'不要忘记我们，不要忘记我们'。"

但布伦达甚至很难把自己的生活安排妥当。出狱之后，大多数美国人都会面临一系列环环相扣的障碍,这些障碍通常会让他们很快再次入狱。许多重返社会的公民没有身份证或者驾照,这使得他们无法获得许多基本的服务。"前科犯"常常会在就业和住房等方面受到歧视。这种情况让人绝望,而在缓刑期间的任何一点小错误——甚至包括因为车坏了而错过一次和假释官的会面——都可能会让已经出狱的前科犯回到监狱。每三个服完刑出狱的人中就差不多有一个会在几个月内重新回到监狱。

当找不到可以居住的公寓时,对布伦达的考验又开始了。房东们一次又一次地拒绝租房给她。她的牧师告诉她:"上帝对你有更好的安排。"据布伦达说,"在他说完这个话之后的一个小时内,我就接到了一个电话,'你可以租这个房子'。我开始狂奔。我开始大叫。猫都以为我疯了。但是我能够与这些女士分享这些事情,因为只要我们有希望,一切皆有可能"。

在我们谈话期间,这些女士对那些还在狱中的人表现出了极大的关心。但是,根据假释条例,假释人员不允许与那些仍在服刑的人联系。所以对于冬妮娅和夏琳来说,由于国家的法律规定,她们和许多认识了几十年的朋友失去了联系。

"在牢里的时候,我从未放弃过,"夏琳说,呼应着布伦达刚刚说的话,"我一直告诉自己,'我不能死在这里。我不会死在这里。上帝对我另有安排。我会出去的'。每年我都告诉自己,'今年是属于我的年份——今年是属于我的年份'。

然后2017年就真的是属于我的年份了。"

克里斯不记得多少他在刑法课上学到的东西了，但他记得实施惩罚的理由——比如说类似报复、威慑、犯罪预防、改造、恢复原状和回归社会等概念。如果一个社会把这些女性送进监狱，然后在她们出狱后用隐形烙铁给她们打上贱民的烙印——一个让她们无法找到住所或工作的烙印——这是不公正的。这么做有什么好处呢？

几天前我们被告知不应该询问一个重返社会的公民她之前犯了什么罪，所以我们没有问。但我们很容易就在《密歇根纪事》上找到了几篇文章，阐述了冬妮娅如何被判谋杀罪成立以及夏琳如何被判预谋谋杀罪成立。

尽管如此，夏琳提出了她自己的想法。

"没有一种罪过比另一种罪过更严重，"夏琳以一种实事求是的口吻说道，"如果你什么都没做，只是从单位偷了一支墨水笔，你也是犯了一种罪过。只不过你没进监狱而已。"

悔罪是假释的一个前提条件。这意味着一个人承担了自己应负的责任——至少我们的司法系统是这么说的。夏琳得以回家，并且继续唱歌。她为自己的自由承担起了责任，但我们不确定她是否真的为自己曾经犯的罪而悔过。她需要坐多少年的牢才能够从那些罪过中获得自由？她这辈子还能够获得真正的自由吗？

"我入狱的时候20岁，我现在已经62岁了，"夏琳说，"所以我现在还在学习。我有时候迷路了会很害怕，因为我不知道哪儿是哪儿了。"

她的话让乔丹感到震撼——40年的监禁。这对我们来说几乎不可想象——这是一个人的大半辈子。"她被关押了那么长时间。"乔丹在心里说,光是这个念头就让他感到心痛。这三位女性,夏琳、布伦达和冬妮娅,加起来在监狱中服刑超过85年。

"对你来说这座城市肯定看起来非常不一样了。"克里斯说。

"哦,是的,这简直摧毁了我,"冬妮娅说,"我什么地方都找不到了。我之前住过的所有地方——"她陷入了沉思,"我差不多走丢四五次了。我不认识这个地方了。"

冬妮娅告诉我们她有两个孩子——一个男孩和一个女孩。她还有五个兄弟和两个姐妹,但她的两个兄弟去年去世了,相隔仅仅一个月。夏琳也有两个孩子,但她的故事却让人有些压抑。她45岁的儿子和43岁的女儿都不愿意接受她。夏琳入狱的时候他们还是蹒跚学步的婴儿,而现在夏琳已经有了五个孙辈和三个曾孙辈。

"他们说我欠了他们41年,"夏琳说,"他们现在不愿意接受我,但我没有精力为他们感到担忧。我得先照顾好我自己。我需要找到我自己。"

"但他们会回心转意的,"夏琳说,面对这些令人心碎的故事,我们俩沉默了,"等到他们看到我在台上演出的时候,他们会说,'那是我的妈妈',然后他们就会回心转意的。"

坐在这个房间里,这些女性总是需要重温她们曾经犯下的罪,这让人觉得有些残酷。从那时起,我们俩开始仔细思考残酷这个词语的意义,它是否是对这种情况恰当的描述。但在那个瞬间,我们觉得这个词语是合理的。我们当时并没有考虑到受害者或者正义的伸张。相反,我们看到了这些女人所经历的痛苦,以及她们因此而处处受限的人生。

夏琳、布伦达和冬妮娅都在努力让自己的生活变得更好,专注于重返社会。她们或多或少为自己的行为付出了代价,然后被送回了一个看似陌生的、她们可以重新成为公民的地方。还有什么比这更重要的事情呢?

"这就是我现在想做的事情。我想熟练地制作这些包包,"布伦达边说边拽了一下一根带子以测试它的牢固程度,"因为我只希望我能够继续我的人生,做有意义的事,而这正是我要做的事情。我会化茧为蝶的。"

接下来的几天里,我们探访了正在复兴中的底特律。我们在格罗斯波因特度过了几个午后,在名叫科尼岛的餐厅里吃了早餐,并沿着河滨跑了步。我们开车穿过墨西哥城,并在一个建在废弃街区、名叫"海德堡项目"的艺术展里短暂地逛了逛,之后品尝了各式玉米饼。

但见证了多面的底特律之后,我们有些不知道到底哪一面才是真实的它。当我们穿过阿尔特路离开市中心时,我们感受到了底特律分裂的人格。我们见识了新的底特律,那是一个充满了翻新的哥特式大厦、公共艺术和豪华餐厅的地方。然而，就在几个街区之外，当我们经过一个又一个空荡荡的街区时，我们又会重新体会到这座城市的困境。而在格罗斯波因特，曾经的底特律没有任何变化。街边排列着砖瓦别墅，宽敞的前廊上闪烁着暖色灯光，它们在夏夜里从宽阔、绿树成荫的草坪后面轻柔地发着光。

底特律的复兴在每个街区看起来似乎都不一样。这种叙述方式是不完美的，因为它既过于概括，又不够包容。但话又说回来，任何叙述恐怕都是这样。我们为了理解环境而讲述这些故事，而这常常意味着把世界简化成我们能够理解的语言。我们对于未来的预想源于曾经的故事——它是一种让我们猜测命运会让我们身在何处、所向何方、曾经历过何时的一种方式。底特律和传说中的它似乎并无二致。底特律的复兴是一个故事，而且是一个好故事，因为它是合理的。

但故事并不总是千篇一律。21世纪的底特律是复杂的，它身上所具有的故事是不完美的。底特律复兴的故事总与它的悲剧一起被讲述，也许想要知道哪个故事的版本更加能够诠释这座城市——哪个版本更"对"——本身便是徒劳无功的努力。

即将离开底特律前的某个下午，我们绕着老旧的帕尔德汽车厂散了个步，它是底特律黄金时代留下的遗迹。汽车厂绵延近半英里，我们走了其中的一小段。成千上万的流水线工人曾经在这里装配铸铁的帕尔德汽车（以及在战时装配P-51野马战斗机的发动机），而现在一位投资者打算对这个厂房进行修复。

当我们到达厂房的时候，周围只有夏日的蝉鸣声。水泥外墙上布满了涂鸦。厂房的屋顶上长出了一棵树。树木那八英尺高的脆弱树皮和树茎如同红木的年轮，讲述了它几十年来的情况。厂房的侧面裸露在外，透过窗户可以看到里面荒凉腐坏的情况。我们走了一会儿才意识到这个杂草丛生空地上的厂房有多么巨大。于是我们没有走完全程，而是在一个摇摇欲坠的遮阳篷下停下了脚步乘凉。

这是一个墓穴——一个底特律已死部分的陵墓。帕尔德汽车厂也许正在被重建——这或许是一个进步的隐喻——但它的某些部分似乎已经无可挽回地死去了。乔丹无法在窥视腐烂的内核之后不去思考在这种程度的腐坏之后到底什么东西还有可能可以再生。

混乱总会让人感到不安。那天晚上我们无法思考其他任何事情。我们在一家名叫"悬崖铃声"的爵士酒吧里喝了一杯，这个酒吧是萨托莉·沙库尔推荐的。酒吧外面不远处的棒球场灯光下，大批底特律老虎队的球迷聚集在街上。我们坐在硬质红色天鹅绒椅子上听着音乐，克里斯陷入了深思。

"41年的监狱生活——你能想象吗？"克里斯对乔丹说，我们看着一个人在舞台上吹着萨克斯风，另外一个人弹奏着巴斯，第三个人在后面敲着架子鼓。

"完全无法想象。"乔丹说。

第二天早上，我们安排了访问位于底特律以西80英里、密歇根州杰克逊市的帕纳尔监狱。乔丹之前找到了一个名叫弗兰妮的女人，她在那个监狱管理一个项目。一般来说，想要探访一个最低安全级别的监狱需要花几周时间，但我们草草提交的访问申请却通过了。我们要在密歇根大道上开车穿越迪尔伯恩——这条大道连接了底特律和芝加哥——然后在帕纳尔接受安检穿过监狱铁丝网。我们在那儿将会看到一群表演莎士比亚戏剧的因犯。

加布里埃尔——一个眼睛炯炯有神、留着八字胡、脸上和脖子上盖满了文身的年轻西班牙裔男人——站起身来开始大声朗读手上拿着的《李尔王》。

"然而，这样更好，"他认真地朗读着莎士比亚的词句，"知道被蔑视，总比当面受奉承、私下被憎恶要好。"

加布里埃尔扮演的是爱德伽，那个被剥夺了继承权的葛罗斯特伯爵的儿子。在这一场戏中他正赤身裸体地躲在灌木丛中，而他那瞎了眼、悲痛欲绝的父亲正在一位老人的带领下，思考要不要从悬崖上跳下去。

在这个清冷的监狱课堂中，另外两个名叫雷吉和多米尼克的男人手上也拿着剧本。

"但谁会来这里？"加布里埃尔说，"只有穷苦的老人带领着的我的父亲吗？世界，世界，啊，世界！倘不是你的变幻无常使我们对你心存怨恨，哪一个人甘愿老去？"

三个男人围成一圈走着。

"啊，我的好老爷。"雷吉，一个粗壮的美国黑人读道。他扮演的角色是那个贫苦的老人。"在过去的80年里，我都是您父亲和您的佃户。"

"走吧。好朋友，快走吧。"多米尼克磕磕绊绊地读着。加布里埃尔和雷吉在他耳边低声说了几句话，多米尼克停顿了一下，思考着剧本隐含的意义。"你的安慰对我一点用处也没有，他们也许反而会伤害你。"

我们俩坐在塑料椅子上看着这出戏，旁边坐着几十个戴着黑色腕带、穿着蓝色和橙色连体服以及白色网球鞋的囚犯。我们所在的教室里铺了红地毯，头顶上是荧光灯，还有一个空调在轰轰作响。帕纳尔监狱的那个房间里差不多有30个人，但只有我们四个——克里斯、乔丹、弗兰妮和弗兰妮的助手凯瑟琳——可以在那天下午自由地离开这座监狱。

这些囚犯是一个名叫"监狱中的莎士比亚"的项目的成员，这个项目旨在把莎士比亚这位16世纪英国剧作家的作品介绍给囚犯们。弗兰妮是一位年轻的母亲，也是一位专业的戏剧人，她留着卷发、戴着厚厚的眼镜。她正帮助囚犯们排练下一场演出。

"也许更不幸的命运还在未来等着我，"加布里埃尔说着，从另外两个演员身边走开，他的角色爱德伽在沉思，"当我们还能说'这是最不幸的事情'时，那还不是最不幸的。"

"他的理智还没有完全丧失，否则他不会向人乞讨，"多米尼克演绎着这些奇怪的拼写和神秘的词语,"在昨晚的暴风雨里,我也看到了这样一个家伙,他让我想起人不过就是一条虫。那时我儿子的影像闪进了我的心里,但我当时正在恨他,不愿想起他。后来我才听到一些其他的话。天神们掌握着我们的命运,就如同顽童们捉到飞虫一样。只为玩乐便把我们杀害。"

几分钟之前,加布里埃尔带着我们做了一个热身运动。我们围成一圈,快速地把手臂从地板抬起指向天花板,就像举起一个沉重的包袱那样。我们感觉好像应该大家牵着手做这个动作,但弗兰妮告诉我们,除了握手和击掌以外,我们不允许与囚犯们有任何身体接触。为了确保这条规则的执行,每隔10分钟就会有一个管教人员从我们围成的圈中走过。

多米尼克皱起眉毛,看着加布里埃尔。

"你知道去多佛的路吗?"

"关口城门、马行路、人行道,我全认识。可怜的汤姆被他们吓迷了心窍。"加布里埃尔读着,他扮演角色的计谋得逞了。伯爵现在正在不知情的情况下与自己的儿子对话。

这三个犯人勇敢地完成了场景和对话。当这一幕结束的时候,他们三个抬起头来,房间里爆发出了热烈的掌声。

"那么,"当掌声减弱后弗兰妮问道,"这出戏在讲什么?"

"是一出很悲伤的戏。"加布里埃尔提出。

"很艰难,"另一个人补充道,"他正在和自己的儿子讲话,但他却不知道。"

"爱德伽对他父亲的病痛感到非常痛苦，"加布里埃尔继续说，"我只能想象如果是我的话我会有多难过。"

"很好，很好。"弗兰妮说。

"这出戏与抛弃幻想相关，"加布里埃尔继续顺着自己的想法往下说，"他觉得被了解真实的样子比虚无的地位要好。"加布里埃尔再次念出了这一幕开头的第一句话："然而，这样更好。知道被蔑视，总比当面受奉承、私下里被憎恶要好。"

"知道真相总比不知道好。"雷吉补充道。房间里有好几个声音喃喃表示同意。

"但是为什么这家伙光着身子藏在灌木丛里？"一个坐在轮椅上、壮得像熊的男人问道。房间里爆发出了一阵大笑，然后大家提出了各种各样的理论。

"橙色！橙色！"弗兰妮大声叫道，其中几个男人也加入了她。这一群犯人之前一直想找到一个比较礼貌的词语来代替"你他妈的闭嘴"，其中一个囚犯向我们解释。大家就此提出了各种建议。

"'苹果'怎么样？"边上的一个人说。大家七嘴八舌地讨论起来，弗兰妮咂了咂嘴让大家安静。

"不好听。'苹果'这个词说的时候没法喊出来。"

"'红色'怎么样？"

"哦，这个主意好！"

"但我们已经有个人叫作'瑞德'*了。"

---

* 瑞德（Red）与红色为同一单词。

一个坐在后面留着红色长胡子的男人羞涩地举起了手。

"我们会想出办法的,大伙儿。"弗兰妮说,试图让大家重新回到讨论的正轨上。"你们对这句话有什么看法?"她翻开了自己手上《李尔王》的剧本,大声地朗读了起来,"天神们掌握着我们的命运,就如同顽童们捉到飞虫一样。只为玩乐便把我们杀害。"

"我同意这句话。"一个坐在乔丹边上,名叫范的瘦弱男人说。

"我们在他们眼中一文不值,"一个眼睛很小的男人干脆地说道,"这句话就是这个意思。"

"虽然这确实是对的,"范说,"但《圣经》上说,'没有人能够知道上帝的心意'。"

"那个伯爵,他在谈论他自己的儿子,"加布里埃尔大声说道,"这很重要。他对于自己失去儿子感到很伤心。他很懊悔。"

人们陷入了沉思,安静了下来。克里斯发现加布里埃尔的眼睛下面有两个文身,一滴泪珠和一个十字架。

"他在阐述他父亲的想法,"加布里埃尔继续说,"所以我们讨论其实是当人们不符合我们的期望时,我们有多么容易把他们扔到一边。就像顽童对待飞虫一样。我感觉他瞎了之后,嗯,反而想要睁开眼看看了。"

加布里埃尔随意的话中隐含着深意,就像之前一样,整个房间安静了下来,仿佛被他话语中的深刻感到震撼。加布里埃尔有关《李尔王》不加掩饰的话语似乎对于其中一些人发生了很深的触动。爱德伽的困境、伯爵的痛苦——似乎触动了他们人生的某些角落,而之前他们用时间、假装不感兴趣、愤怒、厌恶或愤慨来掩藏着这些角落——只要能够忘却它们所带来的痛苦就好。但是沉默并不仅仅来自这些内心柔软的伤痕。在那个时刻,他们似乎在回忆着曾经拥有过却失去了的机会,曾经触碰过却丢失了的故人,以及,不知何故却依然存在着的救赎的可能性。这种沉默似乎便是认识到生命中永恒的变化,以及一颗改变了的心会是多么美丽、宏伟而又令人恐惧的存在。这些人在这儿是为了想要找到答案,不论他们找到的答案会让他们多么痛苦。

"是这样的吗?"范说着,转头看向弗兰妮。

"并没有什么是正确的或者错误的答案。"弗兰妮说。

那个坐在轮椅上的人开口了。"但是不仅仅是这样的,对吗?"伯爵是在说他在人生的最后时刻想到了他的儿子,而且他并不恨他,轮椅上的男人解释道。他之前像是顽童丢弃飞虫一样地丢弃了他的儿子,但是他也很懊悔。"他回看自己的人生,"他说,"他在思考自己犯过的错误,对吗?就像人死前都会做的那样。"

"难道不是很奇怪吗?"那个被称作瑞德的人说,"大家在谈论自杀的时候都好像在说它会让一切变好。"

"确实会让事情变好。"范反驳道。

他的话让瑞德很惊讶。

"不,不会。"

"会的,"范说,"它可以让人摆脱痛苦。"

"不会,因为它同时也切断了让事情再变得好起来的可能性。"

"有时候当人们背负着重担时,"一个扎着马尾辫的男人说,"他们会想把它放下来。"

"这很自私。"瑞德几乎尖叫着说出了这句话。

整个房间一下子热闹了起来,大家都在七嘴八舌地提出自己的看法。

"并不是只有你经历过,"范大声说,"我是说我也曾经经历过。我在人生的谷底时在这儿割了一刀。"他做了个手势,仿佛拿着一把剃刀,从手腕一直拉到了小臂。

"我想过自杀。我当时一次又一次地犯错,我想到了我的家人。我当时想,'好吧,他们不必再继续这样过日子了'。我不是为了我自己——我是为了他们。但幸好我的自杀技巧糟透了。但当你处在那个时刻,你并不是在考虑自己的利益。"

"我知道,"瑞德说,"我从来没有真的尝试过,但我家的储物柜里放满了写着自杀计划的笔记本。但你这样做就是在抛弃生命的潜力。"

一个狱警的对讲机的噼啪声从外面传来。

马特,一个脑袋侧边文了一个大脑图案的人,开口了。"也许他在寻找,我也不知道,救赎。"他指的是《李尔王》

里的伯爵,"还是赎罪?那个词怎么说来着"?

"我喜欢这个见解,马特。"加布里埃尔说,在房间的另一边点了点头,看了过来。

"在那种时刻,这是人很常见的反应,"另外一个男人说,"他们想要对人生做个了结。"

随着这次课程即将结束,弗兰妮给了我们一个发言的机会。"准备一些问题。"弗兰妮两天前跟我们说。那些囚犯想跟我们分享他们的故事。

"我们很好奇,"克里斯开始说,"这个项目对你们来说意味着什么?"

"在这里,我们不是一个群体,"那个坐在轮椅上的人说,"我们不是一个被刻板定义的人群。我们不会把人分门别类。"

"这是一个我们可以安全做自己的空间,"瑞德说,"我们接受一切。这就是我们为什么在这儿。这里的能量是在外面很难找到的。"他指了一下监狱的院子。

但是,表演带来的并不仅仅是这种同志情谊。这个项目是有关"冒险""挑战""勇气"的,他们说。因为加入剧团,他们受到了许多"谩骂"和"非难"。但那些愿意承受狱友们冷嘲热讽的人得到了成长的机会,并因此发生了改变。

"它帮助我变得更有人情味,"一个名叫约翰的人说,"我更能够接受他人了。"

这个房间里的情感基调则是另外一个吸引人的地方。

"这是一个寻找共同点的地方,"加布里埃尔说,"我们都能理解悲痛。我们都能理解愤怒。"

然后詹姆士开口了。他是一个坐在后面,看起来很严厉的人,在之前的讨论中他除了冷笑和大笑之外没有给出过任何反应。"我在学习变得友善,去理解他人——而不是很容易被人冒犯。等出去之后我不想做个粗鲁的人。我必须要学习,而这个课程帮助到了我。它教我怎样变得有耐心——怎样倾听。"

这是一个大家都感同身受的观点:在"真实"的世界中,没有地方可以让他们学习到这些技能。没有人愿意让他们练习。但在弗兰妮这里,他们可以安心练习。不止一次,人们把这个房间称为"安全区域",一个探索自我的地方。

"莎士比亚是让我们了解自己的催化剂,而这是我们在外面没法得到的东西,"那个扎着马尾辫的男人说,"我们之前探索世界的方式正是让我们一开始来到这地方的原因。"

莎士比亚戏剧中的某些东西让情感显得没有那么越界,也没有那么粗鲁。大家在一起袒露自己的脆弱,而戏剧让自我反思成为了可能。

然后,克里斯看着乔丹,乔丹问出了那个我们来底特律想要问的问题。

"我们想知道,"乔丹说,"对你们来说,'第二次机会'意味着什么?"

"我需要重建我的人生,"埃里克说,他是一个高大、棱角分明的人,"如果我不理解爱,那我就没法表现出爱。如果我不理解同理心,那我也表现不出同理心。"

"这有关自我价值,"另外一个人附和道,"如果我不懂爱,那我就不会去爱。"

"对我来说,"有人说,"救赎是有关继续下去。它并不是要撤销我曾经做过的事情——而是要超越它。不是要埋葬它,而是要继续前进,并且让我能够说,'这是我曾经做过的事,但我之后再也不会这样做了'。"

他思考了一下自己刚刚所说的话。

"这不是一蹴而就的事情,而是一个需要循序渐进的过程。"

他们的话语中有对自己之前犯的错的认知,而这意味着改变。"你必须忘掉自己。"埃里克说,这与他的许多狱友所表达的观点是一致的。有些人冒着毁掉自己的风险来重建自己。就像那些在"蝴蝶之包"的女士一样。她们收拾残局,并创造出新的东西。

"我把这个叫作'啊哈因素',"加布里埃尔最后说道,"那是你意识到你必须对你的生活做出一些改变的时刻。"

对一些人来说,加布里埃尔解释道,这个时刻发生在当他们被要求以他们犯罪的受害者的角度来给自己写一封信时。对另一些人来说,这个时刻发生在一个完全不同的情况下,但结果是一样的:他们明白自己必须做出改变。弗兰妮告诉我们这些人中有许多很快就会出狱了。他们几乎已经服完了自己的刑期,而且因为表现良好所以能够在即将重获自由的时候来到这个防卫安全级别最低的监狱。这促使他们对于即将到来的自由进行思考。

加布里埃尔的脸上掠过了一丝阴影——和他读剧本时一样的表情。他再次成为了爱德伽，那个被抛弃的儿子、坠落的男人。

"想要得到救赎，我必须要以和我平时做事方式完全相反的方式来生活，"加布里埃尔说，"我必须走出我自己。我之前的人生出了大问题，所以我必须尝试一些新的方法。"

"我冰毒上瘾，"他继续说，"我已经入狱很多次了。而把我养大的继父就在外面的院子里。"

"真的吗？"有人大声问道。

"是的，就在外面。他48岁。他总是和我一起吸毒。他把我养大，而且希望我和他一样。但我需要做一些不一样的事情。我需要挣脱原来的人生。我不想我48岁的时候和他一样。那不是我想成为的样子。"

加布里埃尔身体往前倾斜了一点，环视房间里坐在他身边的人们。而乔丹对他有了全新的审视——他的一个文身写着"向着光明"，他绿宝石色的明亮眼睛，他带着些沙哑的声音。他的语言十分明晰。他的人生到现在为止都是一场悲剧，而他知道这一点。他有机会纠正这个悲剧。他有改变的决心，而且他知道如果他不行动起来自己会变成什么样。实际上，他每天都在见证他不改变的后果。但只有上帝知道他能否超越这一切。

"一个人身上必须要有许多'想要'的东西。驱动力，你知道吗？"加布里埃尔说，"你必须到达一个节点，那时你不再接受痛苦的现状。"

我们开车离开了帕纳尔，向着东北方向行驶。我们原计划在前往纽约州北部的路上沿着安大略湖穿过加拿大。底特律很快会被我们抛在身后，但我们有种感觉，它恐怕会在未来很长一段时间里都会在我们心头萦绕。

我们向东行驶，在蜿蜒的高速公路上向着休伦港前进，之后我们会在蓝水桥港口越过加拿大边境。克里斯转头看向乔丹。

"我感觉有些什么不对。"

"什么？"

"呃，我们可以就这样开车离开，而他们还在那里。"

我们很难知道该怎么讲述底特律的故事。各种事件相互作用。但是，我们所目睹的似乎让我们去考量已发生了的，并期待未来可能会发生的。萨托莉的恳求——通过讲述来治愈伤痕——似乎无处不在，而讲述的故事正在帮助帕纳尔监狱中以及那个八英里路边手工作坊中的人们纠正自己的人生轨迹。

当我们快要到达安娜堡的时候，乔丹突然一下警觉了起来。

"你闻到了吗？"他说着，看向后视镜。

正把脚架在仪表盘上的克里斯闻了闻。

"没有——什么东西啊?"

"该死,"乔丹说,盯着镜子里的某个东西,"我们的车着火了。"

不一会儿,整辆车都被刺鼻的烟雾吞没了。乔丹把车开到了一个长长的出口车道上,缓缓地在路肩上停了下来。我们跳出了车,发现左后轮正在冒烟,在密歇根的夕阳中冒着恶心的橡胶烟雾。我们俩之前都陷在自己的沉思中,所以都没发现。轮子的银色边缘——在高温下显得完美而光亮——已经从轮胎里露了出来。

我们在路边坐了下来,等了三个小时拖车才来。我们看着拖车司机拧下了某个生锈的螺帽,然后把坏了的轮胎换成了备用胎。当太阳西沉,夜色把整个世界染成了模糊的紫色时,我们小心翼翼地把"船"开到了米兰一条被常青藤缠绕的铁轨边的修车师傅那里,他可以帮我们把轮胎换好。

"嗯,我想你是对的。"乔丹说。

"嗯?"

"我们就这样开车离开,确实有些不公平。"

波特兰

港务长的船在驶离码头,进入缅因州波特兰海岸的卡斯科湾的时候,船体在水面上划出了一道细长的尾流。就在刚才,我们俩和68岁的副港务长查理一起登上了船。我们穿上了救生衣,在引擎的轰鸣声中出发去巡逻海湾。

在水面上,我们经过了一个又一个码头。不久前,这些码头上还停满了渔船。而现在它们基本上都是空的——除了一艘有几个城市街区那么大的皇家加勒比邮轮,它像一艘帝国战艇一样耸立在水面上。当我们驶入开放水域时,老码头的商业街上游人如织、熙熙攘攘。

查理懒洋洋地驾驶着船。乔丹站在查理边上,而克里斯站在后面,一只手顶着驾驶室的顶棚以保持平衡。今天的天气有些死气沉沉,岸上的燥热使得大家都有些萎靡不振。但是在水面上,大西洋的微风传来,吹过了索具和船头。我们的船在渔场、龙虾浮标、游船、出售的帆船,还有码头之间穿行,这些码头点缀着缅因州南部日历岛附近数百英里的陡峭海岸线。

当我们离开港湾口时,一艘侧面木质的摩托艇从我们身边快速驶过。戴着深色墨镜的查理挥了挥手臂。"减速。"他的手势说，港务长船体上特殊的油漆颜色促使那艘超速的摩托艇稍微放慢了一点速度。

"我们不是执法部门，"查理说，"如果他们不愿听我的指令，那我就叫海岸警卫队。"

一些船会接受查理的指令，但另一些直接忽略我们。

"海上警察？"港务长，凯文·巴特尔船长，在我们登上查理的船之前跟我们说。"我们恐怕更像是商场的保安。"他半开玩笑似地说道。

我们来到港务局是希望能够探访缅因州传奇的龙虾业。克里斯刚刚上了一门有关财产法的课，并在一本名叫《缅因州的龙虾团伙》的书中读到了这个行业。这本由詹姆斯·阿奇森撰写的书很出名。捕龙虾是一门古老的手艺。几个世纪以来，美国原住民都在使用龙虾做诱饵和肥料。早在1607年，波普汉姆殖民地的英国人就开始从浅滩上捕捞甲壳类动物了。等到19世纪40年代龙虾可以被罐装之后，龙虾进入了比波士顿和纽约更远的市场。但这也导致人们开始大量捕获并出售还在生长的小个龙虾，于是龙虾的数量急剧下降。政府迅速出台了相关法律，禁止人们捕杀怀孕的母龙虾，龙虾的数量这才稳定了下来。

为了应对这种变化，随着时间的推移，"龙虾渔夫"——这一词语也用于指代女性渔民——逐渐形成了一个社会团体，并制定了一些规则来约束自己。他们在港口上形成了各种帮派,并且发展出了自己内部划定区域和解决纷争的方式。古老的私刑被施用在那些违反了这些规则的人身上,虽然有着相互竞争的利益关系,但龙虾渔夫们找到了一个和气生财的方式。

不过,这种平衡时常会受到挑战。

就在我们到达波特兰之前不久,龙虾业刚刚因为新关税政策遭受直接打击。那年夏天,特朗普总统发动了对中国的贸易战。7月,美国对价值超过340亿美元的中国商品征收了一系列的关税,包括从核反应堆到鸡蛋孵化器在内的6000种商品。中国对此做出的回应是对美国制造的产品,包括缅因州龙虾,征收同等力度的关税。随着蓬勃发展的中国市场转向加拿大和其他供应商以满足其需求,缅因龙虾的价钱急剧下跌。

我们却找不到一位龙虾渔夫愿意跟我们聊聊这一切。

"祝你好运,"巴特尔船长从他的书桌后面说,"他们不会跟你们聊的。他们不信任你们。"

所以我们说服了他让我们和查理一起出海。我们在一个码头上和查理碰了面,码头的地面上散落着被海鸥啄成粗糙小块的灰白牡蛎壳。查理是个安静的人——一位新英格兰的新教徒。当我们跳上船舷之后,他和我们握了握手,礼貌地介绍了一下自己。

"这位大副叫什么名字?"乔丹问道。

一条穿着救生衣、哈着气的小狗在甲板上的各种设备里钻来钻去。

"我叫它狗,"查理干巴巴地说,"它能听得懂。"

当我们向着日历岛驶去的时候,狗在小船上窜来窜去——越过各种浮标和盘绕的绳索——还经常在船头它最喜欢的瞭望台上踱步。

"嘿!"查理对着一艘向着我们冲来的温德米尔帆船大声喊道。狗从船头跳了下来,然后沿着船舷窜到了驾驶室里查理的泡沫座椅上。

"龙虾船都会减速,"查理说,朝着已经回到了船头平静地趴下了的狗打了个手势,"他们可不想淹死狗。"

查理似乎和巴特尔船长一样,对我们此行的目的表示怀疑。"你们有没有看过《66号公路》?"当我们告诉他我们在找龙虾渔夫后他问道。查理说,在这个20世纪60年代的电视剧里,两个男人坐着一艘龙虾船出海,回来的时候只剩下一个流着血、四仰八叉躺在船舷上的人——在海上的时候两人发生了一些争吵。

在外人看来,龙虾业似乎与盗版业以及其他落后的行当有相似之处。为了争夺渔场、许可证,以及为了真实或是想象中的轻慢,龙虾渔夫之间有时会爆发可媲美哈特菲尔德家族和麦考伊家族之间血仇的冲突。

但在卡斯科湾的那个午后,暴力离我们很远。帆船在海浪的白色波峰上摇荡,连绵的金绿色山丘紧紧环绕着海湾。

"坚持住,狗。"当我们又越过一个海浪时,查理说道——我们的船头朝向了港口。

在到达缅因州的前几天，我们俩从纽约州北部开车到了佛蒙特州，克里斯的一个朋友同意让我们暂住他家。房子在秘鲁市郊区一片茂密森林中开出的土路的尽头。房子后面有一个宽阔的池塘。一两百码之外道路的上方可以看到雾蒙蒙的绿山山脉的曲线绵延数英里。

但刚到达时，我们并没有注意到这些。克里斯简单指了一下乔丹的卧室，然后我们俩各自回屋关上了门，直到日落之后很久才出来。

直到一两个月后克里斯才意识到当时自己身上的重压从何而来：底特律的经历让他感到很悲伤。他早晨醒来时便觉得筋疲力尽。他对于人生的看法变得很消极。还有一些日子，他早晨醒来时神清气爽，但随着一天的推进，他的精力很快就被耗尽了。我们所经历的事情成了一种责任。我们被信任而得到了许多人的人生故事——大部分是悲剧，但也有一些微小而不完整的救赎时刻——这一切让克里斯感到十分沉重。

乔丹也感到筋疲力尽。对于他来说，这些旅程是一个观察美国最美好之处的机会。底特律却揭示了美国令人沮丧的一面。他一直知道这一面的存在，却从未亲身经历过。在我们遇到的人讲述的故事中，他看到了美国生活中理想和现实之间的差距，而接受这种差距的存在对他来说是一种挑战。他一直觉得美国是建立在给予人们第二次机会这一原则之上的。但是我们在底特律遇见的太多人并没能得到第二次机会。

我们离开底特律后的几天，弗兰妮发给我们一首加布里埃尔想和我们分享的诗。诗的题目是《我的狱中感伤》。在诗的边上他潦草地写道："致弗兰妮，希望这首诗可以让你记得那些你给予了希望的人。"

"我在遥远的遐想中失去了思想，"加布里埃尔写道，"它现在住在一个野物生长的地方……被墓碑固定在现实之中，一排又一排……"

这首诗很押韵。

"专注于那个难以琢磨的叫作'家'的地方，我曾经以为自己熟知……在我狱中的感伤里。我无视常识，事实……是什么送我们回来？是疯狂，一次又一次做同样的事，却期望现实会改变。"

"抛下家庭和朋友出走，却只是被关进笼子，一次又一次。"

我们带着这种压力到了波特兰。这种压力使克里斯有些暴躁，乔丹的心头也阴云笼罩。我们俩开始只用几个字进行对话，但偶尔会强打精神告诉对方自己沉默并不是对方的原因。我们正在与一些强大、令人恐惧、却又无名的东西作斗争，它们在我们的每个想法中出现，使得我们不知所措，只能任由这些想法在脑海中翻腾。

巴特尔船长展现出来的悲观情绪让事情变得更为糟糕。我们感到很疲惫，而且一想到我们可能永远也找不到一个愿意跟我们沟通的龙虾渔夫就觉得愈发泄气。乔丹还在向各种人发邮件——甚至开始在领英网上搜索"龙虾"和"波特兰，缅因"。我们在查理逊游艇上的那个下午，以及回到闷热中的波特兰岸边之后，乔丹也一直在电脑上打着字。

我们对于搜索的结果感到很挫败，而且被太阳晒得皮肤上红一块粉一块的。我们在商业街旁的一家当地银行的停车场里消磨时间。空调的嗡嗡声中飘荡着老港的杂音，但这些声音都无法掩盖我们心里的声音。我们在一家水边的当地小铺里吃着午餐——龙虾卷和薯条。

"我不确定我喜不喜欢吃龙虾。"克里斯说。

"确实不是每个人都会喜欢的。"乔丹回复道。

第二天早上，我们发现商业街的码头上装饰着很久以前被钩住的干鱼尾。这些鱼干被太阳晒成了灰色。巷道湿漉漉的，满是鱼的内脏和漏水的水管喷出来的水。穿着涉水服的男人们拖着大桶的冰块在隔板门里进进出出。这是我们在波特兰的第二天，我们对龙虾渔夫的搜索还在继续。不过那天，我们在找一位名叫威利斯·斯皮尔的龙虾渔夫。

前一天晚上，乔丹终于收到了他之前联系的一位龙虾渔夫的回复。

"我给几个一辈子都是龙虾渔夫的朋友打了电话，"那人写道，"其中一个说他愿意和你们谈谈。"

乔丹拨打了那个提供的电话，电话那头的声音告诉我们上午10点左右在码头和他碰面。

威利斯是附近雅茅斯市的居民，在码头上小有名气。他可以算是一个活动家。据当地新闻报道，当市议会提出放宽分区法律，允许休闲游艇停放在捕龙虾船几十年来一直停泊的地方时，他开船在海上用自己的 VHF 广播号召其他的船只，并在自己 35 英尺长的船侧挂了一个请愿书，还收集到了近 70 个签名来阻止市议会的这一决议，因为这个新的分区条例会导致龙虾船的停泊费用过于昂贵。在威利斯看来，这威胁到了以捕龙虾为生的人们的生活方式。

这一事件似乎打响了有关海滨未来发展战役中的第一炮。在波特兰的海关屋码头，每天有价值超过 1.5 亿美元的海产品被拖上岸，而这个区域正在被重新开发。房地产商想在这里建造公寓、酒店和停车场。龙虾渔夫们担心这意味着他们会无处停放自己的渔船——而这种担忧不无道理。他们已经因为游客阻碍他们易腐坏的货物进入市场而失去了一些收入。最糟糕的是，没有人在乎他们的呼声。

乔丹给克里斯看了一张新闻报道中威利斯的照片。照片上，他站在一个写着确保渔民可以沿码头停放的标语旁边。他肩膀很宽阔，头上的白发乱糟糟的，戴着薄薄的眼镜，穿着长而不太合身的牛仔裤。这就是我们要找的人——如果我们能够找得到他的话。

我们先去了码头边一家名叫"舷窗"的当地酒吧，找到了一位扎着马尾辫的金发服务员。

"威利斯刚刚还在这儿。"她说。但是他现在已经出海了。我们来得太晚了。

服务员给我们指了指前往码头工作区的方向,然后我们就又出发了。餐馆那边每晚都有现场音乐表演,空气里充满了清洁剂的味道;而工作区这一侧则充满了鱼内脏的腥臭味。变了形的金属部件因为盐分、阳光和时间的腐蚀而充满了锈斑。一个穿着围裙的女人正在把鱼头扔给咕咕叫着的海鸥。捕龙虾的装置和细绳索缠绕在一起,在码头上堆放着。这就是大名鼎鼎的海滨工作区,龙虾渔民们的小世界。

我们在码头上走来走去,搜寻威利斯的船——"普罗维登斯"号——并在靠近海峡口的码头上一处比较平静的地方找到了它。

"他好像还没有出海。"乔丹说,但威利斯却不见踪影。

我们俩有些不知所措。乔丹转向两个穿着过膝长筒靴的男人——他们一老一少正在讨论一些乔丹听不懂的东西。之前我们站在码头破败的塔架边上,迷茫地指着普罗维登斯号时,他俩就在偷偷看着我们。当乔丹向他们走过去的时候,年轻一点的那位正在卷着一根烟。

"威利斯?"年老的那位说,"我听说他进医院了。"

"但我们今天早上才刚刚跟他说过话。"

"噢,"老人说,看着年轻的小伙子捏着香烟,顺着烟身舔了舔,"好吧,这是个好消息。那你可以去'舷窗'看看他在不在那儿喝酒。"

情况再次变得糟糕。

"这才早上10点半,"克里斯对乔丹说,我们在港口海鲜市场里研究着粉红色的三文鱼片、灰色的大虾和紫红色的金枪鱼,"而我们要找的人似乎要么在医院里快死了要么在酒吧里酗酒。"

我们回到舷窗酒吧,坐在了铜质的吧台边上。音箱里播放着莱昂·布里奇斯的音乐。海鸥在屋顶上疯狂地鸣叫着。老港看起来像是殖民时期的遗迹,充满了狭窄的小巷和密密麻麻排在一起的建筑。事实上,波特兰在其400年的历史中一次又一次地被烧毁,又一次又一次地被重建。而每次重建都会给港口边蜿蜒的鹅卵石小路增添一层历史感。

在酒吧里闲逛了几分钟之后,我们又去普罗维登斯号看了看,发现斯皮尔船长已经站在那儿了。

"上来吧。"威利斯说道,我们俩顺着一个黄色的梯子来到了下层的甲板上。67岁的威利斯看起来很有气势,长着突出的下巴和宽厚的肩膀。他的脸上满是皱纹,嘴唇有些干裂,头上戴着一顶破旧的帽子。威利斯是个干体力活的人,而他为此感到很骄傲。

在简单的自我介绍之后,威利斯告诉我们今天对他而言是个工作日——他不能为我们停下休息。他需要去取回一些龙虾饵,还需要修缮一些东西。但他同意带着我们出海一个来小时。

威利斯掌着舵,普罗维登斯号沿着码头驶向一位正在油轮上等待的老者。油轮上放着许多装着腐烂的黑线鳕鱼、鲟鱼、灰鲷鱼，以及其他一些底层鱼类的黑色塑料箱。

"我不希望你们摸这些东西，"威利斯带着父亲般的慈爱对我们说，"你一旦摸过这些东西了，它们的味道就很难去除了。"那个在油轮上的老人点了点头。

威利斯用力地把一箱又一箱的鱼饵搬上了船。当他在重负下弯着腰时，黏稠的液体在箱子里荡来荡去。和查理一样，威利斯是个轻声细语、十分谦逊的人。他试着拒绝买饵料的人给他的支票，只有在那个人坚决而又激烈的坚持下才接受了。

我们把船开回了码头，将普罗维登斯号系在一个泊位上。然后开始在掌舵室旁聊着天。威利斯打算在船的一侧安装一个夹板。当他在检查船体、计划着如何安装修缮的时候，船随着风拍打着。我们恳求他让我们搭把手，但他拒绝了。不到几分钟，威利斯全身都被汗水浸湿了。由于长年累月的劳作，他的关节变得有些弯曲。

慢慢地，威利斯开始允许我们帮一些小忙。我们可以帮他搬一箱鱼，或者是帮他把一个箱子放到另一个箱子的上面。没过多久，我们就开始弯着腰帮着威利斯测量，并标记他该在哪儿钻头。这一天剩下的时间里我们都在为这艘船做准备。龙虾箱需要被拉上船叠起来，饵料需要被搬到上层甲板去。我们辛苦地做着一个又一个的小任务，为了普罗维登斯号能够顺利出海。

"这是我好长时间以来第一次出海。"威利斯边说边直起身来，脸上全是汗水。休息的时候他会拍打着自己的胸口。他两周之前心脏病发了,威利斯解释道。

"这是老天对我的警告。我很庆幸我听到了这个警告。"

在胸腔里装了一个支架之后,他过去的四天一直在卡斯科湾长岛的家庭小屋里休息。

"那你现在就开始工作,没事吗?"克里斯问道。

"哦,没问题——我很好。"

威利斯边说着话,憋足了劲儿一口气把夹板固定在了普罗维登斯号的船体上。他痛苦地站起身来,系上了帆。

"你们是哪里人?"他问我们。他把绳子往上一拧,套在夹板的钉子上,费劲地龇牙咧嘴。

"洛杉矶。"乔丹说。

"我是湾区人,"克里斯说道,"伯克利。"

"伯克利啊?"威利斯说,"我老爹出生在斯托克顿。爷爷奶奶大萧条时期在更南边一点的德尔蒙特食品公司工作。"

"哦,我们离得不远。"

"你知道那个作家吗——他名字叫什么来着——斯坦贝克?"

"约翰·斯坦贝克。"

"对,就是他。我很喜欢他写的《罐头厂街》。你知道这本书吗?那个海湾叫什么名字来着?"

"蒙特利。"

"蒙特利,没错。"

威利斯放松了下来,站直了身体。

波特兰　249

"在《罐头厂街》里,你知道我最喜欢的一句话是什么吗?"

他把眼镜往上推了推,擦了一下眼睛,思考了一会儿。

"一杯被误解的美德,"他说,"我喜欢这句话。它正是在描述我的生活。"

他完成了工作,太阳也落到了子午线以下,威利斯转头看着我们。"那么,"他说,之前他对我们的不信任都早已在港口的热浪中被蒸发了,"你们想知道什么?"

威利斯是个渔民,渔民生活在码头上。他们把船系在码头上、修补捕鱼网、喝着烈酒和兑了水的啤酒,尽量躲开自己的配偶,并对于自己这种辛苦劳作生活中的小悲剧耿耿于怀。码头是他们的地盘。对领航员、船长以及甲板工人而言都是这样。虽然现在的波特兰经常还有另外一群人的存在:游客。

"他们特别迫切想要看到真正的美国,"威利斯说,"我是说我们正在失去可以看到真正美国的地方。而这正是他们在寻找的东西。"

他向我们讲述了他眼中波特兰码头正在发生的悲剧。游客们每年都会涌进这个城市来感受一个濒临灭绝的正在运行的码头的活力。"我是说我并不是讨厌游客,"威利斯解释道,"我不介意和他们一起生活在这里,但是有的时候我没法去到我的船上。整个码头上全是车——停了四五排——而且他们根本不管你。他们可能在舷窗餐厅里吃着汉堡喝着红酒。我会走到餐厅里说，'听着，我得出海。你们得把车移开'。就完全跟对牛弹琴一样，你知道吗？所以我就会说，'我要叫拖车了'。这样才能引起他们的注意。"

"所有人都想到这儿来，"他继续说，"因为这里是仅存的西部荒野了。你们来这里是为了看什么最后的牛仔。"

威利斯之前就让我们觉得他和皮特·迈伦有些相似，就是那个带着我们从拉斯维加斯开到路易斯安那的卡车司机。他们都拥有在一份艰苦的职业中辛勤劳作几十年而得到的坚定与智慧。而且他们使用了同样的表述——最后的牛仔——几乎是一字不差。通过皮特和威利斯，我们可以看到为现实奠定了基础的人的世界的样子，不论这个世界是好是坏。他们提醒着我们的过去，也许也预示着我们的未来。

"你会觉得自己像是被关在笼子里的猴子一样，"威利斯断断续续地说，"而那些游客，他们只会盯着你看，而且他们会把建筑上的木板给揭下来，就为了看上一眼。"

威利斯摇了摇头。一股罪恶感涌上了我们的心头。我们与这些秃鹫一般的游客有什么不同吗？我们也是想体验一下龙虾业。为了达成这一目的，我们给一大堆人打了电话，缠着他们介绍龙虾渔夫给我们认识，直到我们找到了威利斯。

"水滨的这块区域在出售吗？"

"反正已经被盯上了。就像美国所有的水滨区域一样，"威利斯说，"这个地方，就是我们正在说话的这个地方，是美国最抢手的地段之一。"

水滨正在成为各种竞争力量的战场：一方面是传统的产业和生活方式，另一方面则是发展和旅游业的需求。随着时间的推移，这两者之间的冲突对于码头上这些不那么挣钱的渔民来说感受得越来越明显了。

"这座城市就像是在扔掉皇冠上的宝石一样，"威利斯说，"城市的历史，以及它对于下一代和人们有多么重要……"他的声音越来越小。"文化遗产，"威利斯说，"正在被夺走的是这里的文化遗产。"

"你们能留下来帮把手真好。"这一天早一些的时候威利斯说，那时我们早就已经完成了对普罗维登斯号的维修。"大多数时候人们会过来跟我们闲聊，然后——"

他用手臂比画了海浪消失在遥远地平线上的样子。

"我认为你们赢得了一次环湾旅行，"他说，"来吧，我带你们去长岛。"

我们可能没能出海捕龙虾，但至少我们得到了一个和龙虾渔夫一起航行海湾的机会。我们帮威利斯收好了他的工具，一切准备就绪之后，我们解开了固定普罗维登斯号的缆绳，向着港湾出发。威利斯站在船舵边，而我们俩靠在他边上的木质龙虾桶上。

一路上，威利斯指给我们看海岸线上的各种地标。他指着一座可以俯瞰海湾的大山上的炮位，那是一门来自著名的美国"缅因号"的大炮。这艘船因在1898年被击沉从而引发了美西战争。

"那边是威拉德海滩，"威利斯指向远处，"那是我和我老婆第一次约会的地方。"

那也是威利斯的父亲教他修补渔线和设捕龙虾网的地方。他在卡斯克湾长大，小的时候他就知道这个海湾中的所有海岸。威拉德海滩是渔民过夜和晒鱼干的地方。而现在海滩上到处都是价值百万美元的房子，威利斯说。

"当我还是个小男孩的时候，我就开始从长岛上的这些人那里学习，"威利斯说，"我妻子住的这个岛上还有一座小房子。他们教会了我捕鱼。当我十二三岁的时候，我会划着一艘小木船设下渔网。我简直入了迷。然后我长大一点之后就买了一艘带发动机的船。我白天跟伙计们一起出海捕龙虾。晚饭前后回来。我不会回家吃饭。我会再开着我的小船出海，再拉上二十五六个捕龙虾网。我就是特别爱捕鱼。"

那个时候，缅因州的渔业资源非常丰富。"如果你读历史，你就会知道人们在这个地方定居就是因为这儿有鱼。所有早期的探险家，从17世纪初开始，就说他们从没有见过像这里这样产量大又质量高的鱼。我得以见证了那个黄金年代最后的一段时光。我从1976年开始捕鱼，到了1986年它们就都消失了。10年时间，所有的鱼都消失了。"

威利斯和他的渔夫同伴从海里捕捞了太多的鱼。他们靠着古老的渔业资源发家致富，却没有想过之后会发生什么。威利斯预见了现在的结果，并且警告了大家。他试图告诉人们如果大家继续捕捞小鱼和怀孕的鱼，或者没有节制地捕捞成年鱼，会有什么后果。但没有人听他的。他加入了各种各样的理事会和委员会，甚至成为了渔民合作社的主席，但没有人理会他的警告。

"我还是继续在捕鱼，因为其他所有人都在这么干，"威利斯说，"但我会去各种会议上说，'嘿，我们应该停止这么干'。然后我会在嘲笑声中被轰出房间。"

在20世纪80年代初，新英格兰的渔民每年能从海里捕捞一亿磅的鱼。到了2016年，这个数字变成了微不足道的320万磅。随着鳕鱼渔业资源的崩溃，威利斯忍气吞声开始在冬天捕虾，并在天气发生变化时捕龙虾。他挣得不如从前，但他很喜爱这份工作。与此同时，他的孩子们渐渐长大了，也成为了成年人。他们中的一些也和自己的父亲一样被这份职业所吸引。

威利斯试着说服政府和捕渔业暂时关闭某些区域，以便鱼产卵，或者尝试一种除了撒网以外其他的捕鱼方式。

"我想为下一代做点什么，"他说，"不是为了我自己，而是为了下一代。"

联邦政府最终实行了配额捕鱼制度，渔民随之学了些生态平衡的概念，但这个时刻可能来得太晚了。2018年美国东北区域鳕鱼的捕捞是近半个世纪以来价值最低的。一些专家预测，在未来的30年间，龙虾的数量也将暴跌40%到60%。

但是威利斯不相信这种可怕的预测。古老的渔场自有它生命的律动。2018年的配额略有增加,而且威利斯听说出现了大量带有成熟鱼卵的鱼群。

"那个场景太美妙了,"威利斯说,"我以为我这辈子再也见不到这种景象了。"

日落时分,我们驶入了长岛一个安静的港口,那里有几艘船正随着潮水的节奏在泊位上轻轻摇晃。生锈的龙虾陷阱在岸边排列着,当我们上岸的时候,码头上的白色木板在我们的脚下吱呀作响。

"来吧,"威利斯说,"我带你们参观一下这个小岛。"

走到威利斯在岛另一岸边的房子只需要15分钟。我们穿过了一个堆满了废旧海事设备的垃圾场,走上了一条蜿蜒向上、远离海湾的道路。

威利斯的家是一个温暖的、木质结构的房子,屋子中间立着一根烟囱。他的妻子克里斯蒂娜生硬地跟我们打了一个招呼。她的语气中充满了怀疑,而且立马开始给我们派活,让我们把几块二乘四的木板搬到他们的地下室去。

过了一会儿,威利斯和克里斯蒂娜邀请我们与他们一起吃晚餐。我们吃了比萨、带有橄榄的沙拉和烤鸡肉,喝了几瓶啤酒和一瓶乔丹带去的黑比诺葡萄酒。

克里斯蒂娜和威利斯愉快地谈论着他们刚在一起的那些年——克里斯蒂娜作为渔夫的女儿,现在作为渔夫的妻子的生活,以及大海让他们发家致富的那些日子。但他们的生活也并非风平浪静。威利斯拥有一艘船和一个泊船位，他的儿子们也和他一样。但他们曾经拥有整个码头的大量股份，并能把鱼和龙虾售往整个东海岸的各个城市。斯皮尔家族在多年间有过许多起落。海洋是多变无常的，人的命运也是如此。14年前的平安夜，威利斯和克里斯蒂娜的一个儿子因为癌症过世了。

"我曾经有四个儿子，"威利斯在我们开车去他家的时候说，"而现在……"他的声音低了下去，举起了三根手指。

晚饭后，威利斯带我们参观了这个小岛，跟我们讲了许多有关金钱、背叛和婚姻的故事，不知怎么的，这些故事似乎在这片海边不断发生着。威利斯的身上有几代人的故事，而当他在讲述这些故事的时候，历史仿佛是他身体的一部分，永恒地存在着。这些故事是他的身份和他在这个世界上存在坐标的一部分。那天早上早一些的时候，威利斯跟我讲了一个有关他祖先的故事，他是缅因州最早的定居者之一，在17世纪在手指湖附近的一次探险中差点丧生。缅因州的历史上充满了斯皮尔家族的人。威利斯的身上带着他们的记忆，这些记忆联结着他的过去，并将通过斯皮尔家族的后代将他推向未来。就像罗盘上的指针一样，这些故事凝聚在一起，给他指引了北方的方向——那里的海岸线布满了被变幻莫测的海水年复一年冲刷的礁石。

威利斯开车把我们送回港口，等待晚上7点的渡轮把我们带回波特兰。他把卡车停好之后，我们一起看了夕阳落下海平面。天空被染成了粉色、红色和橙色，一阵清凉的风透过威利斯皮卡的窗户吹了进来。遥远的地平线上有一座山峰在闪闪发亮，如同一颗黄色的宝石。

在回程的渡轮上，我们俩开始再次敞开心扉。底特律的经历给我们带来的紧张感逐渐消失。这个夜晚也让我们对威利斯生活中的不确定性有了更多的了解。他和克里斯蒂娜的生活还算过得去，但他们的经济状况很不稳定。为了支付家庭账单，克里斯蒂娜重新做起了护士的工作。威利斯能挣多少钱和他每天能拉上多少龙虾网息息相关，而这似乎正在逐年减少，现在他的收入又因为他的心脏病而雪上加霜。这一切对于一个家庭来说是很大的负担。

然而，威利斯的身上却散发着一种舒适，甚至是安全的感觉——一种脚踏实地的感觉。也许这来自于他的历史感以及他在历史中的位置。他所讲述的故事是一种特殊的遗产，这种遗产代代相传，刻在他的记忆和身份之中。所以即便在生活困顿之时，这些故事也使得他能够与世界和解。

卡斯科湾早晨的天空是紫色的，码头上灰蒙蒙一片。这些码头让我们想起了旧金山附近的码头，成千上万的螃蟹会在那里被捕捞上来，海狮向着路人不满地大声叫唤。当我们到达的时候，普罗维登斯号的发动机已经在嗡嗡作响了，远处低矮的白云上因为日出而产生的海市蜃楼在扩散。海鸥在我们头顶上鸣叫着——这是一曲新英格兰码头上的海洋交响乐。

"在我们布好诱饵之前不要上船,好吗?"当涂了一层厚厚防晒霜、手上拿着咖啡的我们靠近渔船时威利斯说。他和他的船工蒂姆已经开始了辛勤的工作。

前一天晚上,当我们在等渡轮的时候,克里斯含蓄地问了一下第二天我们能不能跟着威利斯一起去捕龙虾。

"唔。"威利斯含糊其词。

"我们会给你带咖啡。"克里斯说。

"而且我们不会妨碍你的工作。"乔丹补充道。

"你们得非常早就来。"

"几点?"

"五点半。"

"我们五点就到。"克里斯说。

威利斯看着海浪,渡轮向着码头驶来,甲板上的灯亮了起来。

"我的咖啡加两块糖,"威利斯心软了,"蒂姆要三倍浓缩。"

于是,我们今早在太阳升起之前又回到了码头上,在晨光下握着几杯咖啡等待着上船。

"饵料有时候会不小心被打翻,"威利斯继续说,"如果把它弄到伤口里,鱼毒可能会引发败血症。"蒂姆把一根粗大的水管放在鱼肉上,然后开始挑拣鱼饵。他将手指塞进鱼鳃里,又把它们一个一个扔回去。脏兮兮的水在船板上流了下去。

"我以为还会更臭呢,船长。"蒂姆说,威利斯戴上了白手套，开始和蒂姆一起挑拣大桶里的腐肉。一箱又一箱的鱼被扔进了大塑料桶里，那个塑料桶像一个血淋淋的祭坛一样立在甲板的正中间。他们清洗挑选着一箱又一箱的鱼，查看它们腐烂的情况，并为海里的龙虾找寻腐烂透的肉。

"我们要去的地方的龙虾不喜欢鳕鱼，"威利斯说，"这里剩下的是鲱鱼。"我们学到了原来龙虾喜欢鲱鱼。

挑拣完毕之后需要冲洗甲板。蒂姆是长岛的志愿消防员，他灵活地挥动着水管。

"上来吧，"威利斯终于说，"你们现在安全了。"

蒂姆开始准备鱼饵，把鱼剁碎，放进网袋中去，而威利斯则坐到了方向盘后面。

当我们开始向岛屿驶去的时候，威利斯跟我们俩讲述了许多有关海洋的故事。比如说英国人是如何在小岛的沙滩上用一小撮盐晒干鱼之后把它们拉到波士顿去贩卖，比如说当加拿大终于和纽约城贯通之后，加拿大沙丁鱼是如何使得那里的渔民成为百万富翁的，还有英国人和法国人是如何在一场又一场战争中为了鲱鱼而相互残杀。

蒂姆一边工作一边抽烟。他和威利斯在两周之前设下了鱼饵，那是在威利斯心脏病发作之前。鱼饵一般在三五天之内就要被拉起来，如果时间太长的话，龙虾可能会溜走。也不知道他们设下的网中还剩下多少龙虾。威利斯的房贷、执照、鱼饵和维修费用，还有蒂姆的工资，全都取决于龙虾是不是还困在渔网中。当太阳升起，我们驶进海湾的时候，蒂姆安静地抽着烟。

第一个浮标——预示着下面有八个渔网——被大力地拉了上来。威利斯向它驶过去，把船钩的绳索绕在了绞盘上。发动机在轰鸣声中开始收紧绳索，威利斯用戴着手套的手帮着绳索移动。海水翻腾着，第一个笼子从深海中被拉了上来。蒂姆连续拉上了十几个箱子。箱子中装满了龙虾。

蒂姆和威利斯在每个箱子中挑挑拣拣，检查龙虾的尺寸和产卵的情况。小一些的龙虾被随意扔回了海里，而尺寸合适的龙虾被放在甲板上的一个箱子里。箱子里的龙虾偶尔跳动一下，时而像乌贼一样灵活地转动，或是在陷入昏迷状态之前啃咬着自己的钳子。那些蒂姆来不及称重的龙虾被扔进了一个桶里。桶偶尔会倒翻，掉出来的龙虾四处逃窜想要躲起来。它们在白色甲板上爬行的时候，盔甲上的红色在阳光下闪闪发亮。

威利斯捡起一只龙虾，把它翻了过来。他摸了摸它的尾巴，又摁了摁它的肚子。"有卵。"他嘟囔道，然后掏出了一把看起来像是钳子的东西，在龙虾的尾部剪出了一个 V 字。"这是一只合乎法律大小的母龙虾。"威利斯边说边把龙虾拿给坐在他身后驾驶室里的克里斯看。它身上被剪了一个 V 字，但很小，只有仔细看才能发现。

"它之后还会再繁殖，"威利斯摸着缺失的那块甲壳说道，"这个 V 字记号代表大家不可以抓它。"

任何被发现抓了它的龙虾船都会被罚款，或者受到更严厉的惩罚。威利斯把它扔下了船,它落进海里的时候溅起了一些水花。

"这有助于物种的延续。"威利斯说。

这是存在于捕猎人职业内核的矛盾。威利斯和像他一样的龙虾渔民依靠大海中的生命谋生。他们的财富取决于打捞上来渔产的大小和质量,能者多得。但渔民群体的未来建立在所有人都努力确保鱼群延续的基础上。龙虾渔夫依赖在他们的文化中建立一种韧性来维持生计。法律规定的限额和政府检查的作用是有限的。威利斯很多年都没有被抽查过了。所以像他这样的人只能依靠这个圈子中文化的力量——榜样的力量,以及每艘船上的先辈的骄傲和耻辱。这些力量使得他们自觉地把怀孕的母龙虾放回深海之中。

乔丹站在蒂姆边上,看着他在刚刚拉上来的渔网中重新放下鱼饵,把它们系在船后,准备再一次放入海中。

"今天的收获如何?"乔丹问,指着放着龙虾的缸,"这算是好的吗?"

"还可以。"蒂姆嘀咕着。他点燃了一支烟。在储物箱中大约12只龙虾交错叠在一起。

我们一整个上午都在把捕笼拉上来。每当一个笼子升上来的时候,威利斯和蒂姆都会对里面捕到的东西进行分类,把螃蟹、不够大的龙虾,以及粘土状的泥巴扔回海里。在完成例行工作之后,蒂姆给每个笼子都补充了腥臭的鱼饵。在最后一个笼子被拉上之后,蒂姆再次给笼子里放进了鱼饵。威利斯做了个手势，蒂姆把第一个笼子给推下了船，捕笼像是从飞机中扔出去的货物一样掉落在海里。随着每个箱子的掉落，它们之间的绳索如同活物一样扭动着。

当绳索拂过船面时，蒂姆和威利斯站得远远的。这些绳索舞动起来时仿佛被深海的某种力量控制着，常常会导致龙虾渔夫死亡。许多龙虾渔夫都曾经被这些绳索打掉过衣服，被它的扭结头砸到过，甚至会有船员被绳索卷到海里丧生。所以当绳索舞动的时候，我俩把它们当作致命的陷阱一般，紧贴着驾驶室离它远远的。

随着时间的推移，威利斯逐个检查着桶里不断往彼此身上爬的龙虾。"龙虾跟响尾蛇一样，"威利斯说，"它们是一种冷酷的动物。它们没有感情，对人类和对彼此都很糟糕。它们还喜欢吃同伴的脑子和钳子。它们相当原始。"

克里斯不知道该不该相信威利斯。但当他盯着水中越来越多的龙虾时，它们似乎没有任何思想，或者说，它们看起来似乎是被完全打败了，完全不确定囚禁自己的高墙和边界。

这是漫长的一天。有些虾笼被捞上来时就是空的，有些里面只有几只龙虾。"我还是很感激我们至少捞上来了一些。"威利斯坦言。

当我们离陆地越来越远时，威利斯指向了蓝色的广袤水域。"那里就像是阿巴拉契亚山脉一样，有山峰和山谷。你永远都不知道龙虾会在哪儿，或者它们为什么移动了。"威利斯掏出了一个防水笔记本。他划掉了本子上一个箱子的编码，用铅笔指了指本子上的一长串数字——那是一个坐标。很快，我们就向着另外一串数字所代表的坐标出发了。

正午时分，蒂姆和乔丹在甲板上闲聊。而克里斯却有些难受，鱼的气味让他胃里的液体不断翻腾。

"我们还要捞多少个？"克里斯问。

"我们放下了800个，"蒂姆说，"但我不知道威利斯想要捞上来多少。他心脏的情况其实只允许他捞100个。"

"好可怕。"

"特别是在海里的时候，"蒂姆指着广阔的大海说，"人们会来帮你，但是如果是特别紧急的情况？那可能就来不及了。"

"再放四串鱼箱，"威利斯大声喊道，"多放点饵料。"

"明白，船长。"蒂姆说。

我们转过身去，威利斯皱着眉头，船产生的尾流让船体大力摇晃着，绞盘拉起了第一个虾笼。"这里的海浪很猛。"

当威利斯拉起捕虾笼的时候，脸上带着一丝若有若无的笑意。他和蒂姆娴熟地操作着绳索，打开虾笼，处理里面捕获的龙虾，重新放入饵料，然后把它们推回海里。克里斯为了避开鱼饵的气味，已经躲到驾驶室中去了。他从驾驶室中观察着威利斯。威利斯一只手放在船舵上，咬紧着牙关，下颚线呈现出一个刀刻般的角度，另一只手则伸出去拉紧了绳索。然后他拍打了一下扳手，绞盘立马被激活，重新把虾笼扔入了海水之中。威利斯工作的样子令人印象深刻。他的每个动作都精确而及时，完美地契合着手头上的任务，而这些任务已经以各种方式进行了近五个世纪了。这不仅仅是一门生意，更是一种艺术。蒂姆打开了另一个虾笼，嘴里叼着一支烟，添加了饵料之后以非凡的灵巧把笼子拖到了船舷边上。

"这跟读一个月前的报纸一样，"威利斯说，快速浏览着他的笔记本，"我们放下这些虾笼之后过了太长时间了。很难知道是不是还能再捞起来任何东西。"

"**我**觉得收成还行，"威利斯一边说一边检查着水箱，里面的水漫了出来。透过水箱中的涟漪，可以看到水箱底部有着深色外壳的龙虾堆成了一团棕色的东西，上面有许多横七竖八的蛛网状腿。那天我们总共拉了22条绳索上来，上面有差不多180个虾笼，然后又把这些虾笼重新装上了新鲜的饵料放回了海中。威利斯和蒂姆会在大约四天之后把它们拉起来，查看水底山峰与山谷的近况，找寻着它们给予的下一次丰收。

当我们靠近陆地时，我们心中感到了一阵轻松。我们没法想象蒂姆和威利斯该有多累。但他们看起来好像没有任何变化——甚至还有些失望。

"我们今天没干多长时间的活，"威利斯说，"我心脏病发作之后得慢慢地回到原来的工作强度。"

回到码头上后，威利斯和蒂姆站在一大盆龙虾边，把它们分开打包，并在它们的大螯上绑上了绳索以免它们逃跑或是夹住人的手指。他们熟练地抓住龙虾的尾巴把它们从盆里拎出来，手指都在龙虾钳够不到的地方。每只龙虾在被扔回阴凉处的箱子里之前都会以一种令人厌恶的姿势扭动。它们不断扭动、向乌贼一样向后退的天性早已消失。

威利斯和蒂姆工作时一言不发，默默地计算并标记着他们的收获。在码头上，贩鱼的商人随时准备着把一箱箱新鲜的鱼拉到他们身后大冰柜的冷空气中去。他们一边等待威利斯准备好他打捞上来的龙虾，一边自娱自乐地把鱼头扔给海鸥，看着它们像鬣狗一样争抢食物。

四箱龙虾——我们一整天的收获——被推进了鱼贩子身后的一个黑暗的房间。我们在大太阳下等待着最后的清点。威利斯站在甲板上，胸口上下起伏着，帽子戴得很低，遮住了他的眉毛。他的小臂上布满了汗水。当蒂姆在他身后冲洗着甲板时，威利斯的身影随着港口温柔的浪潮上下晃动。

这一幕让人想起艾奇逊《龙虾帮》中的桥段。这些人是自学成才的水手，但他们依赖着彼此。像任何社团一样，每当他们中的一个人驶向渔场、布下一个渔网或陷阱的时候，整个社团都会受到影响。"他们给人这种印象是有些道理的。"有关龙虾渔夫和西部牛仔一样独步天下的传说，艾奇逊这样写道。"一个不能在海上单独操作船只和处理渔具的人没法在这个行业中持久。但总的来说，这种印象具有误导性，"艾奇逊继续写道，"它们掩盖了这样一个事实，龙虾渔夫其实身处一个复杂而厚重的社会关系网中。想要在这个行业中生存，他们既需要技术，也同样需要操纵社会关系的能力。"

我们觉得还不止如此。龙虾渔夫不仅仅需要"操纵社会关系的能力"——这种术语大概只有法学教授会喜欢——而且需要能够在社会这块大布料上缝合与修补的能力。威利斯关心他的社区。他并不是孤身一人的牛仔。他是一位长辈,一位以讲述故事来传承历史和传统的人。他是渔业的守望者,是北大西洋上这个渔民体系中的重要组成部分。他没有在操纵社会关系,而是在定义、培养、维持社会关系。

"嘿,"一个穿着网球鞋、反戴棒球帽子的鱼贩子对我们说,"你们找到了整个码头上最勤劳的人。"

接下来的两个晚上我们在马萨诸塞州的罗克伯特度过,那里是格罗斯特向北几英里的地方。格罗斯特和波特兰一样,因其渔业闻名,并被写进了塞巴斯蒂安·荣格尔的《完美风暴》中。但是罗克伯特虽然离格罗斯特只有五分钟的车程,却让人感觉像是肯尼迪家族、温思罗普家族,或其他美国贵族家庭的度假胜地,那里的海岸比我们在缅因州看到的任何一处海岸都更加高雅美丽。

我们为期五周的自驾游接近尾声,上岸后从鱼饵的恶臭中解脱出来的温暖感觉让我们轻松了不少。驶过波特兰后湾之后,我们在迪林路口找到了一家名叫"苏珊的店"的鱼棚,我们在那里恢复了一些活力。我们满身都是鱼腥味和汗水地走进了这个四面通风的餐厅。克里斯的手臂上挂着一个装着两只活龙虾的塑料袋,我们问服务员能不能帮我们煮一下这两只龙虾。接待我们的女服务员说可以，于是我们坐到了一张塑料桌边上，耐心地等待着我们的食物。克里斯感觉胃在翻腾，但他死也不愿意放弃吃自己的战利品的机会。

龙虾端上桌的时候变成了橙色，壳上包裹着一层油脂。我们用手指敲打着蒸熟了的龙虾外壳，大快朵颐，直到我们的上衣和手上都沾满了龙虾汁和内脏。我们俩吸食着龙虾钳里的肉，并把溅出来的汁水舔干净。沾满了黄油的龙虾肉味道很鲜美——这个深海中的果实在被打捞上来几个小时后就成了我们盘中的美食。在卡斯科湾里被海浪颠得反胃的克里斯曾一度发誓再也不吃海鲜了。但这两只龙虾改变了他的想法。

那天晚上，当我们开车穿过格罗斯特的时候，我们在海岸边绕了一圈。沿着木板栈道，有小朋友在草地上蹒跚学步，手上抓着美国国旗。穿着亚麻布衣的大人们则从帐篷里点烧烤吃，扔飞盘玩，在夕阳的粉色余晖中的水边散步。周末的烟花秀让好多人走出了家门。

我们左转驶离了海岸线。

"你看。"乔丹说着，眼睛盯着后视镜。克里斯转头，看到了乔丹在看的东西。沿着木板栈道，朝着海浪最温柔的海湾的方向，立着一座铜铸的面朝着大海的雕像。

他矗立在格罗斯特的西南角，整个城市都可以看到他。雕塑的男人因为年代久远和海水蒸气腐蚀而通体发绿。他俯身握着船舵，身披油布，头戴着防水帽。他的眼睛盯着远处的地平线，仿佛正在准备迎接即将到来的波涛汹涌的海浪，或是一些比海水涨落更为可怕的东西。

格罗斯特镇在20世纪20年代竖立了这座雕塑,为的是纪念三个世纪以来在海上丧生的水手和渔民们。雕塑的底座上刻着几百个名字,以纪念在乔治滩、拉哈夫滩、萨布尔角附近,以及芬迪湾水域中丧生的人们。"那些在船上逝于深海的人们,"雕塑基座上的铭文写着,"他们向上去了天堂,他们向下去了深渊,他们的灵魂因为困难而融化。"

这座雕塑是为了纪念那些带来了今天生活的勇士们,他们来自格洛斯特、波特兰和雅茅斯等城市以及东海沿岸无数的海滨城镇。在新英格兰海岸的历史中,年复一年地面对这反复无常的大海是需要勇气的。

但在这个名叫《掌舵人》的雕塑身上,恐怕还有一些更邪恶的东西。那坚定不移、凝视海洋的目光中充满了对财富的盲目渴望,这种渴望导致了毁灭。正是这种目光使得渔民们忽视甲板上的一排排鳕鱼卵,也正是这种目光使得开发商们不断拉长侵占了波特兰海湾的脚手架和高楼的阴影。

历史上充满了这样的人为失误,但是失误本身并不是羞耻的理由。威利斯每天都在努力摆脱人性中天生的贪婪与短视,并去珍惜那些让他和其他渔民变得伟大而载入史册的东西。历史可以不仅仅是一系列的伤痕和教训。它可以帮助我们承受苦难、找到智慧,并为我们的后代创造一个更为光明的未来。

乔丹之前就听说过这个雕塑,所以在我们开车的时候一直在留神找它。这个渔夫的形象永恒地站在那里,随时准备着与愤怒的大海作战。而新的格罗斯特镇倚靠着他,穿着船鞋、戴着雷朋眼镜,在他的脚下玩耍。

在那一瞬间,我们和他,还有我们的思想,在一起。然后我们离开了海岸边,《掌舵人》从我们的视线中消失,留存在记忆中。

第三部分

奥古斯塔

车身一阵颤抖之后，仪表盘上的黄色警告灯开始闪烁。这对于老旧破败的"船"来说再正常不过了。克里斯独自一人开着车，在4月的高温中驶过乔治亚州奥古斯塔市。那是2019年的春天，克里斯从纽约向南进发，准备在亚特兰大与乔丹会面。在那里我们将开始我们最后一次公路旅行。我们俩计划从亚特兰大出发，开车经过亚拉巴马州和密西西比州，向西穿过海湾进入新奥尔良，穿过塔尔萨之后继续向西到达爱达荷州，最后回到旧金山。

克里斯出发的时候美国的东部和南部充满了龙卷风、暴风雪和雷暴等极端天气。克里斯离开三州地区的前一天，纽约天气阴沉，下了一场大雨。尽管天气状况不佳，但我们对于重新上路还是感到很兴奋。这次旅行对我们来说不仅让人振奋，甚至还有些欢欣鼓舞的感觉。我们将出发寻觅我们之前的足迹，讲述那些曾给予我们激励的人的故事，比如加布里埃尔、皮特、萨托莉，还有弗兰妮。

但克里斯心中仍有一些疑虑。他还有一个未完成的目标：

他不知在经历了旅途中的一切之后该如何看待他一贯对事物持有的怀疑态度。在报纸和杂志所描绘的美国里，滥用鸦片类药物的危机正在恶化，暴力事件越来越多，中产阶级的收入停滞不前。但我们一次又一次地遇见对未来充满希望的人们。他们往往对发生在自己周围的事情有着清醒的认识。他们中的一些人在最令人沮丧绝望的地方——监狱、空旷的高速公路、没有前途的工作——表达了对于未来的乐观。但即便身处这样的地方，他们依然拥有无数继续坚持的理由。

对于乔丹来说，他最初的对于美国的乐观在旅行中得到了证实，但克里斯的这种"先等等看再说"的态度也潜移默化地影响了他。乔丹对于美国在哪些方面让自己的人民感到失望有了更深厚的理解。有些东西并不仅仅是政治上的不满。我们在底特律、波特兰、纳科，甚至佩吉都看到了这些问题。乔丹希望能够将我们所遇见的人身上的乐观转化为解决充斥在这个国家中结构性挑战的答案。

尽管我们的目标不同，但一起旅行无疑让我们更深刻地理解了我们之间存在的差异，以及这些差异如何反映了我们持有的最基本的价值观。我们能够在彼此身上看到这些价值观的体现。我们在莫诺湖之旅中学到的教训已经深深刻在了我们的心里——寻找共同点并不总是为了达成统一意见，而是找到一个分歧不再那么重要的中间点。

我们现在已经是公路旅行的老手了。我们知道对方的脾气、饮食和睡眠习惯。我们之间几乎不存在任何无法克服的障碍。当"船"在乔治亚州中部的公路爬坡、开始一阵阵震动时，克里斯并未多想，特别考虑到我们最近刚刚给它做了保养。

就在一周前，长岛市皇后大道附近的一个汽修师刚刚把我们这辆心爱的沃尔沃轿车修整了一番——全新的火花塞、刹车片，轮换了轮胎，做了个全套整修。当克里斯去取车的时候，他发现那家店里停满了轿车，到处都是油渍，那里的几位汽修师都坚持说我们花的几千美元已经让我们得到了最物有所值的服务。但整修完不久，我们就发现左后轮开始铮铮作响，而且每次踩刹车的时候都会引来一连串有节奏的哐当声。所以我们又把车开到了康涅狄格州米亚努斯河畔的另一家修车行，那里一位大眼睛的汽修师用手电筒在轮胎之间照了照。

"你介意我开一下吗？"他说着，做了一个打方向盘的手势。当他把车开回停车场的时候，我们得到了答案。

"刹车盘，"他说，"是刹车盘的问题。"

我们仨一起盯着车的后轮看了一小会儿。

"我们需要更换一个刹车盘吗？"乔丹问。

"现在不用——但最终肯定需要。"

"我们要开车去加利福尼亚州。"

"噢，"那个人说，"噢，那需要。"

乔丹走进店里去商量维修的具体细节。

"加利福尼亚州，开过去多久？"那人问克里斯。

"差不多10天，"克里斯回答说，"很远。"

"哦，太远了。"他说。

他戳了戳轮轴里的东西。

"我从北卡罗莱纳州开车过来，一路往北走。花了17个小时。实在太远了。"他继续说。

"哎，是啊。"

克里斯把手背在背后，做了个龇牙咧嘴的表情。

"是啊，是啊。"那人说着，做了个同样的手势。

"这是我们第七次开车去加利福尼亚。"克里斯说。那人摇了摇头。

那天我们就从修车行里提回了车，然后克里斯很快就开始了向南的旅行，没有任何问题。他在前往查尔斯顿的路上经过了风和日丽的华盛顿特区。他途经南卡罗莱纳州的丛林时看到了描绘着几何图形旋风的蓝色标志——飓风疏散路线。他一直沿着高速开到了乔治亚州的一个山顶上，这时车的颤抖突然变成了一阵摇晃，发出了一阵格格的声音，整个车陷入了无法控制的晃动。

克里斯出发前，我们在乔丹位于曼哈顿下城区的公寓待了三天。我们当时都已经开始工作了。乔丹在纽约一家风投公司工作，那家公司主要投资科技行业和助力中产阶级发展的相关产业，而克里斯则安家在伯克利，平时写作和旅行。所以当乔丹每天早上去上班的时候，克里斯就在第六大道的二十街附近游荡，在那个区域，城市病态的雾气中隐约可见到自由塔的轮廓。

周末，我们俩驱车向北前往康涅狄格州参加逾越节宴会。路上我们讨论了企业资本对于政治的影响，谈到它不仅会影响媒体，甚至对气候都有可能产生影响。

"我们大家都同意现在存在问题，但我认为绿色运动采取的策略是错误的，"乔丹说，"我们知道某个程度的气候变化正在发生，但是即便我们不知道长期的影响是什么，最坏的情况也就是我们需要做一些改变。但是这不能以牺牲经济增长为代价。我们需要经济增长来消除贫困和提高世界各地的生活水平。我认为我们的重点应该放在科学发展和创造新技术上。"

旧话重提让克里斯有些紧张。但在认识乔丹这么久之后，他已经很了解该怎么处理这类话题了。

"没错，"克里斯说，"比较谨慎的做法是承认我们并不知道到底会有多糟糕的后果，所以为了保险起见，我们现在就应该采取行动。但问题是现在仍然有人否认气候变化的存在。"

"实际上，我并不认为现在还有很多人完全否认气候变化。大部分我认识的共和党人只是不赞同在这一议题的辩论上对手所采取的危言耸听的策略——类似'在气候变化不可逆转之前我们只有 10 年了'之类的论调——特别是当他们提出的解决方案在政治上有利于民主党的同时削弱了美国的竞争力。"

"唔，我们确实可能只有 10 年了。但是不论哪种情况，我们都需要一种紧迫感来让人们行动起来。否则石油和天然气这些盘根错节的产业会阻止任何有意义的改变的发生。"

"我理解需要一些紧迫感,但是每次被夸大的主张被发现是错误的,就会降低这个运动整体的可信度。它给了反对者们为何不该听信那些危言耸听言论的理由。"

"这正是为什么我们需要更多的资金来进行基础研究,"克里斯说,"这样我们才能让气候模型尽可能准确。我们必须对问题本身达成某种共识,这样才能专注于提出解决方案。继续建立对科学的信任是迈向其他一切的第一步,而这应当是一件不分党派的事。"

"我还认为,短期内我们可以做一些让所有人都支持的简单的事。我们可以投资那些既有助于经济增长又能促进气候健康的项目——比如核电。"乔丹说。

"老实说,"克里斯说,"最大的问题可能是围绕气候议题的政治。我们要么过于强硬以至于失去了可能存在的联盟中的重要盟友,要么我们在回应时存在的既得利益使得我们疏远了潜在的盟友。"

乔丹点了点头。

第二天我们俩去图书馆的资料室工作了一会儿。克里斯的电脑没电了,所以他在书架间闲逛,拿起了一本《民间传说神话标准辞典》。

"世界之火。"克里斯轻声读道。

"过去的世界被火摧毁,"这一词条这样写道,"也许是无意，抑或是由于文化英雄或捣乱者的行径……一场世界之火也是在预言今日世界的末日；这种想法在北美东部特别盛行。"

克里斯又翻了几页，发现了"轮子"这一词条。

"轮子也许总被认为是车船的一部分，"他读到，"但车船的大小也可能具有宇宙或魔法般的比例。"

在过去的旅程中，我们开始理解美国人为何似乎一边对政治感到沮丧，一边又对生活中的其他部分充满着希望。我们沿途听说的各种故事足以证明这种观点中蕴藏的智慧，但当克里斯阅读时，他清楚地知道即使我们第一次拜访这些地方时看到了许多让人充满希望和乐观的理由，这并不能保证再次探访同样的地方时我们依然可以找到相同的东西。

"旋转，"克里斯读到，"象征着宇宙的循环或命运的转折。"

克里斯感到"船"在突然减速的同时发动机发出了巨大的轰鸣声。他踩下油门。没有反应。"这肯定是造成了之前车突然向前冲的原因。"克里斯心想。车子向着乔治亚山吱吱呀呀地开去。克里斯更加用力地踩下了油门，仪表盘上显示的转速猛地蹿了上去。"检查发动机"的指示灯开始一闪一闪，让人惊恐。克里斯哄骗着这辆已经快要不行的车开过了山顶，然后沿着山坡滑下，驶离了高速公路，进入了一片空地。

"我们有麻烦了，"克里斯给乔丹发了短信，"我感觉发动机好像坏了。"

"它怎么了?!"乔丹回复道。

"踩油门没反应,"克里斯写道,"车一直在嘎吱作响……而且我可以听到发动机很大的声音……我现在把车停在了一个废弃的停车场里。"

"老天。"乔丹回复。

车里的空气开始变得浑浊,于是克里斯打开门透气。炎热的空气笼罩着他——但并不是那种紧闭的汽车中的令人窒息的燥热。他可以顺畅地呼吸,但全身都被汗浸透了。克里斯突然有了一个想法:说不定这车在乔治亚州的高温下休息片刻可以变好呢?他深吸了一口气,把钥匙插了回去,然后用力地转动点火。整个仪表盘立马亮起了警告灯,发动机剧烈地震动起来。

克里斯再次熄了火,然后瘫坐在座椅上。

"该死。"

"好吧,把坏消息告诉我吧。"乔丹在电话里说着。他正坐在150英里以外的亚特兰大机场里等待克里斯。而克里斯则在一家华夫饼屋和加油站之间的隔离带上一株看起来像是橄榄树的树荫下避晒。

"我很抱歉,哥们儿。"克里斯说。

乔丹爆发出了一阵大笑,"这可真是给我们旅程开始时的乐观重重一击,对吧"?

克里斯叫了一辆拖车,然后走进了华夫饼屋等待拖车的到来。克里斯再次把视线从他的三明治移动到窗外时，他发现一个司机已经正在把"船"连到他拖车的后面。克里斯跑出去跟他打招呼。他的名字叫特里，司机在卡车空转的引擎声中大声说道。他的头发理得很短，头上戴着一个很紧的棒球帽。

"你来自加利福尼亚州？"特里大声问道。

"是的——你怎么知道的？"

他指了指"船"上全新的加利福尼亚州车牌，乔丹在爱达荷州换上了这块牌照。

"啊，没错。"

"从来没去过。"

"从来没有？"

"我感觉那里的人估计不怎么喜欢我。"

"哦？"

"那边的人不喜欢枪。"

"有些人喜欢的。"

"我是个收藏家，"特里说道，一边拉紧了卡车上的绑带，检查着自己的工作成果，"我并不是个疯子，只是会去森林里打打枪之类的。"

"那是自然。"

特里带着克里斯去了几英里外的一家修理厂，他在那儿忙前忙后地把车从拖车上卸下来。

"情况如何？"乔丹在电话上问道。

"修理师正在检查，"克里斯在等待区里报告道，"但看起来情况不妙。"

"听着,哥们儿,这也没什么。"

"我就是有点难以置信——我们的'船'。"

"还是有可能修好的。"

过了一会儿,马蒂,一个高高大大、手上像是抹了指甲油一样的修理师拿着一张照片和一个看起来像是喇叭线末端的小工具走了进来。

"坏消息。"他说。

马蒂解释说有个气门爆了,它散开之后又"把这个火花塞打坏了"。

他给克里斯看了看手上的照片——那是一张黑白照片,像是超声波一样。

"你需要更换一个新的发动机。"

"那需要多少钱?"

"几千块。"

我们可没有几千块。

"给我一分钟。"

克里斯走出去发短信和乔丹商量。当他回来的时候,房间里的所有人都看着他。

"我们应该就不要它了。"

"好主意。"马蒂说,开始为克里斯准备相应的文件。

"我能把火花塞带走吗?"克里斯问,注意到它被放在钥匙和各种表格中间。

坐在柜台后面的女人疑惑地看了他一眼。

"当然，"她说，"我猜他们把车开出去也用不着这个。"

"应该不用，"克里斯说，"然后，我可以再去看一眼车吗？"

"当然，"坐在柜台后面的女人说，"我带你过去。"

"我们用这辆车走过差不多42个州。"当他们俩靠近修理区的时候克里斯说道，我们的沃尔沃轿车引擎盖被掀开了，正在冒着热气。

"哦，是吗？这是你们的工作吗？开车到处跑来跑去？"

"是的，好像确实是这样。"

"那你们怎么挣钱啊？"

"基本不挣钱——我们基本挣不了什么钱。"

克里斯叹了一口气，打开了他的背包，开始在车里翻找起来。在后备厢里有一本乔丹折了许多页角的《与查理同行》。后排座位下方有一个来自"蝴蝶之包"的木质口袋。仪表盘的缝隙中还有一张尼桑枪手峡谷店的黑红相间的名片。

"希望之旅以灾难开始，"克里斯心想，"这谁能想到。"

克里斯停下了手上的忙碌，再次看着即将被他放弃的车子。它身上被插满了各种管子。奥古斯塔郊区的天空沉浸在炎热四月的橙色光线中。闷热的风吹动着车库入口处的东西，旁边有一个火炬在燃烧着。

"要是你也能在这儿跟它告别就好了。"克里斯在电话里对乔丹说。

"是啊。"乔丹说。

克里斯在修车店等候区的一张高桌边坐了下来。他的包半开着,从"船"里翻找出来的各种各样的杂物露在外面。当他等待租车公司过来接他的时候,之前在"船"上经历过的所有惊险的经历都涌上了心头。半夜穿过南达科他州时的引擎过热、在密歇根州安娜堡附近冒烟的车轮和剥落的轮胎、各种各样缺失的部件、车体上的划痕,以及莫名其妙失踪的物品,还有每次向左转时"船"总会发出的嘎吱声,以及那老化的、总需要踩好几下才能发挥作用的踏板。

开车离开修车店的时候,陌生的新车中呼呼的风声让克里斯想起了自己在"船"的前座打盹的情形,乔丹在驾驶位中开着车变换着车道。他想起了车上那惊人的闷热、有时正常工作的收音机,以及用同一副老耳机一起听播客的时光。还有那些漫长车程中我们安静下来听风声时的长久沉默。

克里斯在黄昏时分开着一辆锃亮的蓝色现代伊兰特轿车到达了亚特兰大机场附近的红狮宾馆。乔丹给了他一个拥抱,欢迎他的到来。

"听起来你度过了地狱般的一天。"乔丹皮笑肉不笑地说。

克里斯无力地微笑了一下。他觉得很沮丧。这一天的经历让他感到筋疲力尽。我们对路上的各种困难已习以为常,但这次克里斯好像没有那么容易恢复。

乔丹感到了一丝愧疚。处理发生的坏事并不容易,而那天克里斯一个人把"船"相关的全部事务都处理好了。乔丹决定先绝口不提他对车报废了的悲伤情绪。

但是即便在这样的低谷中,我们也能明显感觉到我们的进步。我们俩现在都不再觉得我们之间有着不可跨越的鸿沟。我们对于政治的不同看法也不再像之前对我们而言那么重要了。我们之间关系中最重要的本质是一同经历过的事情、两个人之间建立起来的仪式感,以及对于彼此越来越深的了解——包括了解对方是什么样的人,还有他行为的动机——而不再是对我们之间不寻常友情的好奇。虽然我们失去了"船",但我们对于一个提供辩论和寻找真理的避难所的需求也消失了,我们不再需要它了。

"我会让他们把车牌寄给我,"乔丹在路边的一家小酒吧里说,"然后我们可以做点什么来纪念它。"

有时候,很小的事情可能会改变一个人的人生轨迹。刚离开海军陆战队时,为了省钱上法学院,乔丹把他的车卖了。两个月后,乔丹的祖父把自己那辆老爷沃尔沃车送给了他,因为87岁高龄的他已经不能继续安全地驾驶了。当时乔丹其实有些不情愿——这台老爷车增加了他的开支。但它改变了乔丹的人生。如果没有它,我们肯定不会踏上我们的这些自驾旅程。"船"也不会和我们旅行直到它的最后一刻。作为一个没有生命的物品,它对我们的生活有着巨大的影响。

夜幕低垂,我们开始讨论第二天的计划。

"我想去伯明翰看看。"克里斯说。

"我还想去亨茨维尔的美国太空与火箭中心看看。这两个地方很近。"

"好,那我们先去李县,然后在伯明翰住一晚。参观佩特斯桥——"

"——和博物馆?"

"对,和博物馆。"

"然后我们第二天晚上可以出发去新奥尔良?"

"没错。"

克里斯在自己的包里翻找了一会儿。他拿出了那个火花塞,举到了灯光下。

"你看。"

他把火花塞扔给了乔丹。乔丹仔细翻看了一会儿,摇了摇头,把它还给了克里斯。

新奥尔良

第二天我们离开亚特兰大,途经亚拉巴马州和密西西比海岸的弧形海岸线前往新奥尔良。这将会是我们俩第三次一起去这座城市。一路上一直在下雨,65号公路上的倾盆大雨把整个世界的范围缩小到了我们前方车辆的尾灯。雨后,路边森林和墨西哥湾沿岸的桥梁与堤道被一种奇异而温暖的雾气笼罩着。

"我们之前和皮特一起开车时有经过这里吗?"克里斯问道。

"没有,那是路易斯安那州。"

"这里看起来挺熟悉的。"

我们上回来新奥尔良是 2017 年 12 月。那时我们刚刚结束了坐着皮特·迈伦的卡车在美国西南地区疯狂赶路的旅程。那次,在新奥尔良的第一个晚上,我们去了法国人街上的一个酒吧放松。

"我今天去了邮局，"一个戴着墨镜、穿着粉色西装外套的乐队主唱在那晚的舞台上说，"有个女人对我发火。"

他乐队里的五个人斜靠在一堵砖块暴露的墙上。

"对你发火？"喇叭手说。

"是啊，哥们儿，"主唱说，"我不过就是告诉她我没有从圣诞老人那里拿到给我孩子的圣诞礼物，她就骂我是个守财奴。"

"真的假的？"

"真的！守财奴——以及骂我会把我的孩子也变成守财奴。我的孩子可不是什么守财奴——这也太夸张了。"

房间里的其他人纷纷附和。

"所以，这首歌跟圣诞节一点关系也没有，"他继续说，"这首歌叫《跳起来吧，杰克》。"

那时皮特已经驶离新奥尔良很远了，但他卡车的柴油发动机的轰鸣声依然在我们的耳边回响，就像你离开轮船之后的好几天都依然会感觉到海面的摇晃一样。皮特抽的波迈香烟的味道依然停留在克里斯的头发、我们背包的布料，还有我们的指甲缝里。我们现在又一次回到了新奥尔良，这让我们充满了新鲜的活力。这座城市的某种气质——即便在 12 月也充满了潮湿的热气——已经在我们的潜意识中沉淀了下来，总可以带着我们回到法国区那狭窄的、点着闪烁的油灯的鹅卵石街道上。

2017 年那天晚些时候，克里斯躺在一张小床上翻看着琼·蒂蒂安的最新著作《南方与西方》。这本书讲的是她与她的丈夫约翰·格雷戈里·邓恩1970年从新奥尔良至密西西比州牛津的一次驾车旅行。

"我只有一些朦胧而不成型的感觉，"克里斯大声朗读，"这些年来，南方，特别是墨西哥湾沿岸对于美国来说像是人们说的加利福尼亚州那样，而在我看来，加利福尼亚州却并非那样——未来、善与恶的能量的秘密来源、精神中心。"

乔丹躺在酒店房间的另一张床上，他疲惫地从手机屏幕上抬起了头。

"这是她写的？"乔丹问道。

"是的。"

"再读点儿。"

克里斯翻了几页。

"6月的新奥尔良，空气中盛满了性与死亡。不是暴力的死亡，而是苍老、过熟、腐烂的死亡，是由于溺水、窒息和不明病因发烧的死亡。"

克里斯抬起头。看到乔丹正全神贯注地听着，他继续读了下去。

"地面上的墓穴主宰着一些东西。在这种催眠般流动的气氛之中，所有的运动都慢了下来，街道上的所有人都仿佛在一种黏稠的液体中悬浮着移动，活物与死亡之间的区别似乎仅仅是个细枝末节的技术性问题。"

"哇。"乔丹说。

克里斯合上书，听着楼下街道传来的长号声。

一年半之后的现在，我们从亚特兰大再次来到了新奥尔良。在酒店办理了入住之后，克里斯洗了个澡，大声播放着手机里的音乐。滚石乐队的硬核吉他声盖过了哗啦啦的水声，克里斯跟着唱了起来。乔丹离开房间想去法国区买一个"穷小子"三明治吃。他穿过了运河街，在狂欢的居民以及来参加爵士音乐节的游客之间穿行。法国区的各个小巷和街角都飘扬着音乐的节拍，乔丹加快了脚步。

我们之前回到新月城，想要找到萦绕了我们一段时间的感觉。在墨西哥，那个名叫伊万的海关官员只有在听到《涅槃》这首歌，以及早餐厅的音响里在播放着清水乐团音乐的时候才会放松下来。诗歌是加布里埃尔理解他在帕纳尔监狱内外生活的方式，而在夏琳服刑几十年回到底特律之后，唯一想做的事情便是歌唱。当然，每次我们因为政见不同而发生争吵之后，广播里的乡村音乐似乎都有一种让我们俩保持冷静的魔力。在丹佛一切好像突然一下变得清晰。在那里，在红岩露天剧场的莱昂·布里奇斯音乐会上，各种人在闪烁着红宝石光泽的地面上，在亮着红色灯光的树下扭动着歌唱。

就像50年前的琼·蒂蒂安一样，我们也希望新奥尔良可以帮助我们更好地理解这一切。这座城市曾经位于南方邦联的中心，无数奴隶曾在这里被贩卖，但也正因为这样，它之后成为了大量自由黑人的家园，孕育了爵士乐，并且在卡特里娜飓风中存活了下来。对于我们来说,这是一座似乎一切皆有可能的城市,而且可以肯定的是,不论接下来会发生什么,它一定会在歌曲中被记录下来。

而且特别幸运的是,莱昂·布里奇斯刚好就要在这儿的爵士音乐节上演出。从丹佛开始,莱昂的音乐就在我们穿越美国的漫长旅途中播放着。于是我们开车去听他的演奏,并和那些在夜店、舞厅、街头巷尾、葬礼还有其他各种各样地方演奏的音乐家共度时光。对于我们而言,他们是掌握着蒂蒂安笔下那种朦胧而无法言说的城市韵律感的关键。

乔丹回到房间,听见克里斯正在浴室里唱歌。

"女人从不真的晕倒,恶棍总是眨着眼睛,"克里斯唱道,"但有心人谁也不愿转头打破它。"

从浴室走出来的克里斯还在继续哼着卢·里德的歌。

"准备好了吗?"乔丹问。

"走吧。"克里斯说。

"这个周末肯定超棒。"在我们步入温暖的夜晚中时乔丹说道。

我们穿过运河街的有轨电车轨道进入了法国区。在皇家大街上,一个编着脏辫、打着领带的男人大声地唱着歌,三个小女孩坐在他脚边的毯子上吃着即食午餐。一个打着伞的女人带领着一支铜管乐队在波旁街上行进。我们只在新奥尔良呆了几个小时,但我们的感官已经被其丰富的色彩和旋律所淹没。

那天早上，我们去参观了彭萨科拉艺术博物馆，在那里，在一面监狱改建的建筑的墙上，我们发现了一个关于奥伯利·比亚兹莱的展览。

"他曾为《爱丽丝镜中奇遇记》绘制过插画，"克里斯说，读着展览的解说，"然后在25岁时就去世了。"

"但他在死前画了这么多画？"乔丹说。我们站在几百张黑白图片之中，涵盖了从恐怖到色情的各种主题。其中有一些奇怪的、有珠宝装饰的梨形人物的场景，有对歌剧演员的沉闷而无声的描述——女人的头发由果实累累的葡萄藤制成，手指虬结而锋利——全部都用黑色的墨水绘制而成。

"当然，我有一个目标——怪诞，"克里斯读道，"如果我不怪诞，那我就什么都不是。"

克里斯盯着它看了一会儿。

"可不是吗。"

这个夜晚的法国区还有一种更为生活化的艺术在人行道上澎湃涌现。宁静街道上的房屋里回荡着刺耳的唱片音乐。在波旁街上，铜管乐器的音符从铁质的阳台上响起，与被啤酒洗过的舞厅中传出的摇滚乐交相辉映。

我们走进了皇家大街801号，这是一家法国区的酒吧。在这里，高音喇叭里播放着流行音乐，喧闹的酒客在这里进出爵士音乐节。我们在寻找斯托里·贡苏林，一位调酒师兼音乐家。约翰-迈克尔告诉我们他今晚会工作。多年前一次搭飞机时，克里斯与新奥尔良的摇滚乐手约翰-迈克尔·厄尔利进行了交谈，之后他们两人一直保持着联系。克里斯在我们这次旅行前联系了他，于是约翰-迈克尔给我们介绍了一个又一个音乐家，都是他的朋友和合作者，他们都愿意和我们聊聊。

在吧台后面，一个大约40岁、长发盘成一个发髻的男人看了我们一眼。

"克里斯？"

"斯托里？"

"请坐。"他说。

话音未落，斯托里·贡苏林就转身去迎接另一群刚从街上走过来的人。于是我们坐到了两个高凳子上，旁边坐着来自费城的兄弟三人。

"你们是来参加爵士音乐节的？"其中一人问乔丹。

"我们其实是为斯托里来的。"

"你们找斯托里做什么？"

"他是个音乐家。"

"退休了的音乐家。"斯托里出现了，打断了我们的谈话。

"什么？"

"我两年前就退休了，现在不再专职演奏了。"他说。

"为什么啊？"乔丹问道。

"我在酒吧做调酒师比我演出多挣四倍的钱。"

斯托里在路易斯安那州西南部长大——"一个从沼泽里来的卡津克里奥尔人"，他给自己这样一个亲昵的称呼。他的童年记忆是由柴迪科（Zydeco，一种结合了小提琴和敲击板的独特音乐）的音符拼接起来的，这种音乐来自河口和沼泽——和斯托里本人一样。在他很小的时候，斯托里在保罗·小巴克·西尼戈尔那里学习吉他，对于斯托里来说，西尼戈尔就像是父亲一样。吉他很快从斯托里的爱好变成了他的职业。斯托里走上了与乐队和其他表演者一起演出的道路。他会演奏吉他和鼓，后来又演奏敲击板，所有时间都在旅行和演出。一度，他一年会演出超过200场。

直到这一切对斯托里来说变成了太大的压力。

"到1月15日，"斯托里凝视着天花板试图回忆，手上还在擦着玻璃杯，"我就已经退休两年了。"

艺术家的生活很艰难。据统计，新奥尔良普通音乐家的收入只有普通美国家庭收入的一半左右。夜店级别的乐队需要演出40场以上才能赚到差不多16000美元。斯托里在巡回演出和制作专辑时把自己搞得筋疲力尽，而且他还在参与政治。

"我受够了在乐队里演奏，"他说，"我没法和四个跟我个性差不多的人打交道。"

于是斯托里留在了这个酒吧，并为由路易斯安那州出生的艺术家剪辑实验性的嘻哈音乐专辑。

"所有的美国音乐都来自爵士乐和蓝调，而它们是在这里起源的，"斯托里说，"唯一一个可以溯源到路易斯安那州以外地方的音乐是嘻哈音乐，它源自纽约的布朗克斯。但人们没有意识到的是，那些嘻哈的节拍取自节拍乐队（the Meters），而这正是一只新奥尔良的乐队。"

斯托里对这座城市充满了自豪。他不再是一个全职的音乐家，但创造了柴迪科的克里奥尔文化让他停留在了这个他称之为家的城市里。

"上周有一对来自纽约的夫妇坐在这儿，他们问我'你喜欢纽约吗'？"斯托里告诉我们，"我说，'没错，纽约是很酷，但它不是新奥尔良'。"

在发奥尔良这个词的时候，第一个音节似乎来自斯托里咽喉深处的某个地方。

"她说，'这里哪里酷啊'？然后我说，'你看，在纽约，你有多样性。在这里我们也有多样性。在纽约，你有爱尔兰人的社区、委内瑞拉人的社区、波多黎各人的社区，你还有犹太人的社区之类的。但它从来没有混合和融合成为一种文化。但在这里，非洲人、法国人、西班牙人、加勒比人各种各样的文化和人种都混合在了一起。这个大熔炉里出现了食物、语言、音乐、一切的文化——这和美国其他任何地方都不同'。"

这当然是我们迷恋这座城市的原因之一。这是一个由难以计数的文化、传统和种族编织在一起的社区。在它的精神和音乐中，新奥尔良有一种开放包容的气质。它的开放对于像斯托里这样的人来说特别具有吸引力。在这里，所有人都被允许大声发出自己的声音，哪怕他和其他所有人的节拍完全不一样。

我们看着斯托里手舞足蹈地用洪亮的声音对每个顾客滔

滔不绝地讲着话。他活力四射，充满魅力。他最后来到了我们坐着的角落，靠了过来，只有我们可以听到他说话。

"嘿，你们好，"他说，"我得出去一趟。"

没一会儿，斯托里就走进了皇家大街，消失在了夜色之中。

当天午夜前后，在离法国人街四五百米的滨海大道上的布法酒吧里，三位音乐家一路小跑登上了舞台。我们俩坐在舞台前方第二排的桌子旁。舞台上刚刚结束了演出的家庭乐队正在收拾他们的小提琴。

"快点，"一个身穿黑色T恤的大个子男人从酒吧后面叫道，"你要迟到了。"

舞台上一个丰满的女人回过头盯着他。

"你不用带上餐具吗？"她冷笑着说。

"不，我在整理材料，"他说，"我们不是还要喝酒吗？"

没过多久，39岁的凯斯·伯恩斯坦在钢琴前坐下来，开始演奏。他头戴棒球帽，身穿金色的运动夹克，看得出来身材十分精壮。克利斯，一个将袖子卷起来的高大男人，梳着侧分的大油背头，在舞台上设置了一个架子鼓。查尔斯，一个有着浓密头发和弯曲胡须的年轻人，为凯斯和克利斯送来了放了青柠水的塑料杯，并给自己拿了一杯啤酒，开始调试他的贝斯。当查尔斯开始弹奏凯斯作曲的歌时，酒吧里的人已所剩无几，大部分桌子都是空的。但三位音乐家仿佛自己是在卡耐基演奏厅的幕布后面为自己的演出做准备一般。

一个小时之后,我们在酒吧外面路灯下的长椅上见到了凯斯,他的身边有几个醉鬼和懒汉在向路过的人讨要香烟、零钱或者打火机。当我们问他有关音乐的问题时,斯托里频频点头,但他说的话听起来就和他本人一样神秘。他说如果我们想要了解更多关于音乐的信息,也许凯斯可以帮到我们。

凯斯在费城出生,在新泽西长大。他在和之前的乐队孟伯斯乐队巡演时发现了新奥尔良,然后很快就搬到了这里。对于一个钢琴家来说,新奥尔良是一个很好的城市。凯斯最近刚刚用他演出、卖专辑和巡回演出赚来的钱买了一套房子。

"如果你弹琴弹得好,人们不在乎你的个人想法,"凯斯告诉我们,"如果你工作做得好,大多数人都会对你不错。"

音乐是一个伟大的均衡器,凯斯说,你可以感受到它对整座城市所产生的影响。

"我有时候和另外一个人一起搞副业,"凯斯说,"我们运送管风琴,就是教堂里的那种管风琴。他年纪挺大,有一整架格伦·贝克的书。我们会遇到很多人,他有时候会说一些让人难受的话,然后我就会说,'哥们儿,你说话前得过脑子'。"

"但我告诉你,有一天我们在教堂里,不知道为什么所有人都对他很狐疑。那是一个老旧而狭长的教堂,在城市里一个比较破败的区域。所以当我们把管风琴送去的时候,教堂里的工作人员都特别有压力,出于一些原因,他们需要在其他什么地方进行礼拜。所以当时整个教堂的气氛特别奇怪,然后当我哥们儿打开了管风琴,给教堂里的工作人员展示怎么使用的时候,他开始演奏《奇异恩典》,演奏得美妙极了,你懂吗?"

"所有人都停下了手头的事情。当时除了我以外还有六七个人,所有人都停下了手头的事情,围到了管风琴的边上。然后他们说,'这听起来太棒了'。当我们回到车上的时候,我说,'嘿,哥们儿,刚才你太帅了'。他说,'有些时候你得采取一些行动让大家知道你是个正常人。而音乐可以打破人与人之间的所有障碍,无关肤色和社会地位。不知为什么,音乐可以让人们对你产生信任'。他还说,'如果你经常像我这样在送管风琴的时候弹奏一下,95%的时候效果都会很好'。"

克里斯的母亲在他小时候给他唱过《奇异恩典》,所以他对这首歌舒缓的旋律非常熟悉。也许正是因为一首歌可以这么原始又脆弱,才会有如此强大的力量。我们会被不加掩饰的表达所吸引,快乐也好,悲伤也罢——这些表达中蕴藏着生离、死别、接受,有时还有欣喜。《奇异恩典》的旋律在空荡荡的教堂的走廊和殿堂中回响,没有任何伪装或掩饰。一段旋律能够让人们感到的慰藉与任何做作的姿态或高喊的口号都有所不同。

当凯斯快要讲完他的故事的时候,查尔斯出现了,他的肩膀上挂着一把贝斯。

"你们不是在准备演出吗?"克里斯问道。

"我已经准备好了。"查尔斯说。

"查尔斯每天早上醒来的时候就已经准备好了。"凯斯说着,咧嘴笑了。

我们走进酒吧去看演出。酒吧里有一些年轻人进进出出,他们会点"银子弹"和其他三块钱的啤酒。准备就绪,凯斯介绍了乐队之后,他们就开始演奏了。凯斯主唱,乐队的其他成员配合着他的节奏。某种程度上,这是爵士音乐节的热身演出——凯斯和查尔斯第二天要在巨大的舞台上为许多艺术家伴奏,所以他们想感受一下手指演奏和弦的熟悉感觉。空荡寂静的酒吧好像没有对他们产生任何负面影响。"现场音乐如同一场对话。"凯斯在酒吧外面的时候跟我们说过,而现在他们三个人之间正在进行着一场对话。他们的演出一直持续到凌晨两点以后,只获得了零零星星的掌声,还时常伴随着大门外街上偶尔传来的大笑声。但这一切都不重要。即便没多少人看到了他们的演出,更少有人会记得,但他们的创作对他们自己来说很重要。

"查尔斯,你想要什么?"凯斯说着,站起来看着钢琴。查尔斯看着凯斯,没有说话,而是身子往后仰着,咧着嘴开始演奏起了立式贝斯。

圣路易斯第二公墓的墙壁是由长满青苔和斑驳水泥的砖块砌成的。墓室的石膏板外墙已经破损,看起来如同画布上破碎的干漆斑点。走访新奥尔良的墓地已经成为了我俩旅行的传统。

我们从石墙中间的大门进入了墓园,然后开始分头在墓园里走动。乔丹顺着墙根走着，而克里斯从中间穿过了墓园。乔丹停下脚步观察刻在高耸砖墙上的悼文。在阳光的照射下，花束和康乃馨在高温下枯萎成了棕黄色。克里斯摸了摸墓碑，它的触感如同砂纸。某位名叫约翰·富兰克林的逝者的墓碑上刻着"已逝去但未被遗忘"的字样。他的名字用黑色颜料写在了绿白相间的石碑上。乔丹蹲下身子细细查看着一个家族墓群，那里埋葬着从美国建国以来的许多代人。

我们在墓园大门的阴凉处会合。

"这个地方可以追溯到200多年前，"乔丹说，"我看到有个1804年出生的人被埋在这里，他的旁边埋着一个2009年才去世的人。"

乔丹指着他面前的日期。

"这中间发生了多少事情啊。"

"我只在一个墓地呆过比较长的时间，就是弗吉尼亚州温泉镇附近的那个墓地。我的祖父母埋在那里，"克里斯说，"那是唯一一个让我感到亲切的墓地。虽然我也只认识其中的几个墓碑，其他的对我而言都只是人名而已。"

我们头上有几只飞鸟掠过。

"你在想你的祖父吗？"克里斯问道。

两周前，乔丹的祖父小阿瑟·奥夫塞斯博士去世了，乔丹的家人将他安葬在纽约西巴比伦的新蒙特菲奥里公墓。在近一个世纪之前，乔丹的曾曾祖父塞缪尔·惠特曼在那里购买了一块墓地。

"我是在想我曾曾祖父买的那块墓地，"乔丹说，"看到三代人都被葬在同一个地方是一种很奇妙的感觉。不知为什么，这让我觉得自己仿佛扎了根、有了归宿。"

"你想被埋葬在那里吗？"

"我不知道，"乔丹低着头思索着，"有时候我也会想从我开始一个新的墓群。"

祖父阿瑟给过乔丹许多人生的引导。乔丹希望自己能够成为祖父这样的人：一位受人尊敬的专业人士，一个温柔而坚定的人，一个70年来都对自己的妻子与孩子充满爱意的男人。但是乔丹有意识地选择不追随他的脚步。乔丹经常开玩笑说，在他选择加入海军陆战队而放弃医学院的那一天，他伤透了母亲的心。他经常会意识到自己在这方面的矛盾之处。传统给予他生活的方向，给他提供了信仰和道德感，让他得以想象美好生活的可能性，但是他仍然有自己的想法，希望能够成就自己的人生。

但阿瑟从不认为传统和自我实现是相互矛盾的。无论乔丹的人生选择是什么，他从未对乔丹的决定表现出一丝失望。毕竟，是他在四年前将"船"送给了乔丹，而且他经常诗意地讲述自己年轻时穿越德国的公路旅行——朝鲜战争期间他曾作为外科医生驻扎在那里。

克里斯看着他的朋友难过的表情。距离乔丹在俄勒冈州的公路上讲述他姐姐对他初中时期霸凌者的愤慨发言已经过去三年了。从那时开始，我们俩对彼此分享了很多生活中的故事。公路成为我们之间的一种仪式,一个让我们漫无边际闲聊的神圣空间。新奥尔良对我们来说也是如此。在过去的三年里,我们建立起了一种节奏,我们差不多每六个月就会回到这个城市,虽然在一年中的大部分时间里,我们两人相隔3000英里。我们最珍视的时刻似乎都发生在这里。这座城市隐藏的气质让我们袒露出最脆弱的自我。

"你想谈谈他吗?"

乔丹摇了摇头,低着眼垂,情绪把语言扼杀在了喉头。克里斯知道乔丹再一次把情绪留给了自己。

"我记得我们上次来的时候,我们去了花园区的那个墓地,"克里斯说,"我们在其中一个墓碑前停下来,那个人出生于19世纪,经历了两次世界大战。我记得我当时在想象他见证了法西斯主义的崛起、纳粹主义、大萧条。他看到了这一切——也见证了在这些大动荡和大胜利时期的美国——我好想知道在经历了这些事情之后他对这个国家的看法会发生怎么样的改变。"

乔丹转头看着克里斯。

"而且有时候我会想,未来的人们在回顾我们这一生时会不会想,他们经历了'9·11'事件,他们经历了伊拉克战争,他们经历了'反恐战争',他们经历了全球金融危机,他们经历了唐纳德·特朗普。他们是如何看待这一切的?"克里斯说,"过去的20年是不是其实也像之前那段历史一样充满了戏剧性的动荡,以至于震撼并改变了我们的内核?"

就在我们说话的时候，一个穿着白色T恤和牛仔裤的男人走进了墓地。

"要锁门了，"他对着下面的小径喊着，"我们要锁门了。"

"但也许未来的麻烦会让我们之前的20年看起来是一个平静的时期？"克里斯说。

"我想这取决于我们选择如何去解读这段历史。"乔丹说。

"怎么说？"

"历史是事后写的，书写历史的方式会影响我们看待现在的态度。"

克里斯犹疑地点了点头。

"以美国建国为例。如果你认为美国历史从根本上扎根于奴隶制、种族灭绝和种族主义，那么你对我们今天是谁的认知就会由这种观点决定。但如果你相信美国的历史是由一场有进步有倒退，但总体而言在不断扩大的民权斗争所定义的，那么你对自己美国人的身份会有截然不同的感受。历史会成为我们描述自己的词语，以及我们所讲述的故事。我们这一代也将如此。"

可是人们怎样才能在这两种述说历史的方式中找到平衡呢？善与恶的问题总让克里斯感到困扰。他在努力捕捉某个事件为何能够在看起来如此人性化的同时也让人感到恐惧。

但在那片墓地之中，围绕着我们的死亡——正如蒂蒂安所说的那样，在这个"活物与死亡之间的区别"融合的城市中——似乎存在着某种和谐。身披长袍的圣母雕像，雕刻着诗意的文字，以及严肃的十字架，似乎都蕴含着死亡的含义。这座城市充满了对于来世的想象，蒂蒂安写道，但它也拥有对生命的缅怀。矛盾的思想在这里融为一体。当我们在考虑我们是谁，又将成为谁的时候，这一切都会给我们一些启示。也许这种不可知又无法言说的知识正是我们在旅行中感到困扰的原因。也许只有当我们去直面这些没有被说出来的东西时，我们才能与它们和平共处；它们虽未被言语表达，却在这里被雕刻、被弹奏、被绘画或被哼唱。

我们都相信艺术、文化和音乐是表达我们是谁、我们的过去和未来、我们可能的方向的复杂性的最佳方式。也许这也是我们逐渐远离政治的原因。在2019年，政治丧失了真正重要的东西——诚实、交流、细微差别。

"所以说，我们要么是生来就带有原罪的，"乔丹总结道，"要么是其他的什么。也许我们是全新的。"

"也有可能两者皆有。"克里斯说。

就这样，我们在工作人员的身后溜出了墓园。

游乐场附近的街区震荡着音乐。这是星期六，新奥尔良又开始了一个爵士音乐节，第六区的每个人手上似乎都拿着一个塑料杯子，正在前往派对的路上。我们在约翰-迈克尔·厄尔利的家里，他和我们一起坐在他家门廊上绿色坐垫的沙发上。去参加音乐节的游人们不断路过他家的门前，不远处有钢琴演奏的声音。

我们在新奥尔良的这段时间里听到了很多关于约翰-迈克尔的事。是他介绍我们和斯托里、凯斯以及其他音乐人认识的,而他们中的每个人都有一两个关于约翰-迈克尔的故事。约翰-迈克尔作为一个音乐家在当地颇有声望,他会和自己的乐队"流动部落"一起在全国各地巡回演出。有些人认为他注定要从政,而当我们坐下之后,他确实好像认识每一个经过我们面前的人。

"你去哪儿啊,老弟?"他喊道。

街上的一个男人朝着脑后挥了挥手。

"那是我表弟。"他说着回头看向我们。

整个街区看起来比之前更加亲切熟悉了一些。

"我认为音乐会激活人们心中某个不一样的地方,"约翰-迈克尔说,"有点像把你带回童年。"

"而且,音乐和艺术不存在什么二元论。用歌曲或艺术来表达某种情绪有一百万种不同的方式。现在我们国家的人们被要求必须选择一个阵营。这有点像一种二元思维:一件事要么是对的,要么就是错的。但实际上这中间有很多灰色地带。"

约翰-迈克尔似乎在说音乐是无限宽广的。它是一种没有限制的媒介,每个参与其中的人都可以为它提供一些东西——不论是一种传统、一段即兴演奏,或是一种新的世界观。在音乐中,这些付出几乎总是那么鼓舞人心。新颖而包罗万象的声音创造出新的生命。而这种哲学——和与此相关的生活方式——给了约翰-迈克尔巨大的信心。

"你们读过《魔鬼经济学》吗?"约翰-迈克尔试探性地问道,"记得那个纽约贝果的故事吗?"

我们俩都摇了摇头。

"这个人经营着一家贝果公司,他会去纽约城里的各种办公楼,把新鲜的贝果放在那里,立一块小牌子,上边写着'贝果1美元,奶油奶酪0.5美元'之类的。然后他每天会在贝果边上放一个罐子——完全没人看管。他这样干了10年还是12年,一直保持了非常详细的记录。从总体上来看,差不多89%的人会把钱放在罐子里。"

"这个数字很好,"他说,"我们中的绝大部分人都会在完全没有人监督的情况下为一个贝果付钱。这就是我们的国家。"

约翰-迈克尔以在南方和东部沿海地区以及远至威斯康星州的酒吧及音乐厅里为陌生人表演为生。他曾为数以千计的人表演过,他们唯一关心的就是他能否给他们带来一段美好的时光。

"当你真的在进行平等的交谈时,"他告诉我们,"当你撕去自己或他人身上的旗帜或标签时,这种交谈是交心的。"

我们两个人总是说,当我们是在为某个阵营或团体发声时,我们的状态是最糟糕的。相反,当我们基于内心的激情和身份中的本质来进行交谈时,我们最能理解对方。

乔丹的从军生涯使得他对这个国家充满了乐观。他亲眼见证了来自各种不同背景的美国人在可怕的环境中的无私付出。他的一些朋友甚至为此献出了自己的生命。能够激发这种牺牲精神的东西怎么可能是不好的呢？一个"好"的国家，对于乔丹来说还意味着他的朋友们没有白白牺牲。

而克里斯是一名记者——虽说并不是最常规意义上的记者。这是他的怀疑主义和他要求必须亲眼目睹事物才会相信的执念的源头。在他的性情中，他归根结底是一个旁观者、找寻者，和对远方所发生事件的讲述者。

对于对方这种真实的自我，我们能够理解、接受和沟通。这就意味着我们有机会去犯错、接受质疑，有时甚至可以被改变。

钢琴的音符和一位老人的歌声飘过门廊。

"这是录音吗？"克里斯问。

"是我们的隔壁邻居。"约翰-迈克尔指着邻居家二楼的一扇纱窗说。他解释说那是散热器乐队的主唱。他正在失去听力，但他经常开着窗户在楼上演奏。我们倾听着他弹奏滚石乐队的《跳跃的闪光》并用低沉、嘹亮的声音歌唱着。

"散热器乐队以前总在爵士音乐节进行压轴演出。"约翰-迈克尔说。今年本来轮到滚石乐队了，但因为他们临时取消，也许散热器乐队正再一次为压轴演出进行准备。

"知道风往哪边吹。"男人在纱窗后面唱起了他最新的曲子。

那天下午晚些时候，我们到达了爵士音乐节。莱昂·布里奇斯和他的乐队正要登台表演。我们绕过人群，找到了一个空地。莱昂距离我们只有不到100米远，他戴着渔夫帽、穿着白衬衣和亚麻裤子，跳着他那狂野、僵直又跌跌撞撞的舞蹈——他弓起身子，屈着膝盖。

"我今晚想演奏蓝调，"莱昂大声喊道，"我可以演奏蓝调吗？"

我们旅途中听过的歌曲从我们面前的根蒂利舞台上流淌了出来。

我们望向人群，发现其中有各种各样的人，年轻人、老年人、长发过腰的人、各种肤色的人，还有一些胸毛从没有扣好纽扣的衬衫中冒出来的人。天气很热，人们穿得很少。每隔几分钟就有一辆婴儿车经过我们身边。青少年背着背包四处游荡。还有头戴草帽和吸着水烟的人。有人在用手机播放着《回家》，旁边的路人大声地跟着唱。

我们散步经过了史蒂夫·厄尔、饶舌歌手 Logic 和凯蒂·佩里的舞台。我们还路过了艺术小贩、餐车和小型民谣乐队。我们走啊走，就像我们在尤马和凤凰城的会议中心外，在数量惊人的抗议者和政治人物中间走着；就像我们在洛兰，那里的有个挂着邦联旗的摊位；就像我们在底特律市中心，那里河流上的风在高大的纪念碑和高楼中呼啸而过；就像我们在路易斯安那州其他地方的墓地，以及无数其他林荫小路和游乐场，人们聚集在一起，庆祝自己到达了他处。最终，我们回到了莱昂的演出舞台。他的脖子上挂着一把吉他，人群很安静。随着吉他和弦和布里奇斯的声音响起,人们默契地开始大合唱。

"我想离开,"莱昂唱道,"主啊,请让我知道。"

音乐声慢慢变得微弱。

"我想知道。"他唱着,然后沉默。随着这最后一句歌词,掌声雷动。

两年前,我们和皮特·迈伦一同长途公路旅行后仍在恢复。有一天晚上,当我们吃完晚饭回到波旁街附近的酒店时,乔丹问克里斯他能不能借克里斯的《南方与西方》一读。乔丹在阳台旁坐了下来,那里可以听到铜管乐队的演奏。

"你听这个,"乔丹翻开了书,说道,"琼·蒂蒂安去南方是为了了解加利福尼亚州的一些情况,而她最后却得以了解了美国。"

他念的是这本书由纳撒尼尔·里奇撰写的前言。

"'在金色的大地上,未来总是很美好的,'蒂蒂安在《一些金色梦想的梦想家》中写道,'因为没有人记得过去。'"

乔丹在阅读里奇的最后一句话之前停顿了一下。

"在南方,没有人可以遗忘。"

蒂蒂安在新奥尔良感受到了一种"特别的儿童式的残酷和纯真",但我们俩不太同意这个看法:纯真不是一个恰当的词语。我们看到了这个城市的缺点和悲伤、它的美好和丰富,还有时间和艺术表达是如何将这一切融合在了一起。斯托里对于那些离开了新斯科舍前往路易斯安那州,并成为了卡津人的法国人后裔有着浓烈的热情。他对于自己是这一群人中领袖的后裔尤其感到无比自豪，这位领袖名叫约瑟夫·布鲁斯基。

当听到这句话的时候，乔丹想到了缅因州波特兰的威利斯·斯皮尔船长。也许所有人都会对自己的身世血统感到好奇，并去纪念那些在一个地方扎下根的祖先。无论人们来自哪里，或是从哪里被赶出来，这些在新世界中定居并建立家园的人们都会得到自己子孙后代的敬重。但我们在新奥尔良看到的是一种允许自豪感与复杂性共存的文化——在这里，各种传统之间互相渗透影响，甚至会形成新的传统来表达这种独特的融合。

几年前，我们就已经认识到政治无法解决任何问题，不论从个人层面还是国家层面上来说。任何找到和谐、归属感和社群的希望都必须来自其他一些什么。一直以来，把我们两个人联系在一起的都是我们对于他人如何保持活力所具有的热情与好奇心——这可能是文学，可能是哲学，也可能是思想。2019年，当我们收拾行李离开新奥尔良时，距离蒂蒂安激起我们的好奇心已经过去了多年，但她的思想对我们来说却比以往任何时候都显得更有意义。我们梦想中的美国的未来将会像新奥尔良这样从传统中产生，它将是一种混合体——一曲蕴藏了各种不同的人、声音、习俗、艺术和生活、学习与认知方式的大合唱。在这种多样性中，一条新的路径将会产生。新奥尔良给予了我们启迪，并将一直如此。

我们再次出发前往俄克拉荷马州的塔尔萨。当我们沿着 I-10 公路出城时,高速公路两边有两个巨大的墓园。

"那是梅泰里公墓,"乔丹说,"这座城市里最大的墓园之一。"

我们凝视着一排排十字架和墓碑、陵墓和墓穴、康乃馨和草道、石制金字塔和单调的十字架,它们像爬往阳光的藤蔓一样生长在栅栏上。这是路易斯安那州洪泛区的一座地上墓园,这里的地下水在雨后甚至能经常让最重的棺材脱离原处的位置。

在这曾经是赛马场的场地上,现在布满了西班牙风格的坟墓。刻有卡津人和克里奥尔人姓名的墓穴与海盗、州长还有音乐家的独立坟墓相邻。无名墓格在同一个墓穴中堆积了六层。所有的坟墓都被同样的铁栅栏包围着。所有的墓都建在这片原始却又不断变化的土地上。所有长眠于此的人都属于这里。

塔尔萨

我们离开路易斯安那州,沿着笔直的公路进入了俄克拉荷马州。那里看似深奥的路牌警告我们不要"驶入迷雾"。当我们在几个小时之后驶入塔尔萨时,暴风雨袭击了该市北部地区,整座城市时不时有阵雨。

我们在塔尔萨的第一站是一个熟悉的地方——格林伍德文化中心和黑人华尔街纪念碑。我们在八个多月前,即2018年8月来过这里,那是我们第一次拜访这儿。那时我们到达时也遇上了滂沱大雨,于是匆匆忙忙躲到了室内。

这一次,我们头顶着灰色的天空,得以在室外四处看看。街道的对面,一个静默的立交桥下的停车场墙面上画着一幅画。画上写着"黑人华尔街"这五个黑色的大字,其中字母 k 在燃烧着,周围青烟缭绕。

我们前往格林伍德去拜访加莫尔,他之前是塔尔萨种族暴动百年纪念委员会的项目经理,他最近刚刚受洗,下周就将成为一名牧师。格林伍德文化中心是我们第一次见到加莫尔的地方,这里祭奠着1921年格林伍德社区(当时被称为"黑人华尔街")被屠杀的几百位非裔美国人。在这场浩劫中，有10000多名非裔美国人失去了自己的家园。这36个街区曾经是一个蓬勃发展的非裔美国中产阶级的经济中心。突然有一天，一群白人暴徒在没有任何警告的情况下对这个社区进行了狂轰滥炸，将这里的1000多个教堂、超市、住宅和医院变成了废墟。在1921年那个永载史册的日子之后，一种沉默的文化笼罩着塔尔萨和格林伍德。加莫尔告诉我们，他曾采访过这场大屠杀最后的几位幸存者之一。她告诉他，她的父母告诫她永远不要和别人讨论这场屠杀。

去年，加莫尔和他的同事布兰登带我们参观了文化中心陈列的物品，与我们讲述了那些令人战栗的故事。

"我们作为黑人华尔街居民的后裔和格林伍德社区的居民来谈论这场大屠杀是一回事，"加莫尔一边带着我们走过展品时一边说道，我们说话间外面下起了倾盆大雨，"但当拥有了愿意来讨论这件事的盟友们时，这又是另一回事了。"

"这不仅仅是黑人的历史，"他补充说，"这是美国历史的一部分。"

九个月后，我们回到这里，却发现文化中心空无一人。铺着绿色地毯的房间一片寂静。

"哦，你好。"一个女人说，从走廊尽头的一间卫生间里探出头来。

"嗨，你好。"

"有什么我可以帮你的吗？"

"我们只是来看看加莫尔是不是还在这里。"

"哦,不,他在这里没有办公室了。"

"您介意我们四处看看吗?"

"完全不,"她说,走出来和我们握手。"我们都躲在卫生间里。"

"什么?"克里斯说。

"因为龙卷风警报。"

"什么警报?"乔丹说。

"卢瑟市有龙卷风要降落——你们手机上应该收到警报了吧。"

"我们不是当地人。"乔丹说。

"天呐,"她说,"好吧,站在玻璃边上很危险,所以你们愿意的话可以加入我们。洗手间是最安全的。"

那位女士目送着我们继续看着展品——可能她觉得考虑到天空中的龙卷风,我们的举动过于轻率。我们经过了镶在镜框中的剪报,上面的黑白照片展示着在熊熊大火中燃烧的建筑物、沦为废墟的街道,还有一张是一个穿着背带裤的黑人,他拿着帽子的双臂高高地举过头顶,做出了投降的姿势。

我们想去走廊尽头某个我们之前去过的展厅。我们第一次拜访这里的时候,那个展厅被卤素灯照亮,可以听到屋顶上滴答的雨声。展厅中摆放着幸存者的画像。他们的面容无声地诉说着故事——他们中的一些人戴着眼镜,表情中带着严厉、庄重和不屈服。许多幸存者在大屠杀发生时都还很小,大屠杀是他们孩提时的经历。我们大声朗读着他们的故事给彼此听，乔丹的眼泪从脸颊上滑下来。

再次回到这个展厅，克里斯找到了上次让他最为触动的那张画像。那是一个年长的女人，头发中分，眼窝深陷，戴着薄边眼镜。这张照片拍摄于大屠杀发生多年之后。她的名字叫比拉。

"那场暴乱终结了我们纯真的童年，"她说，"我的人生梦想也被那场暴乱所摧毁。"

"我没法相信，"克里斯低声说，"我实在没法相信这一切竟然发生了。"

乔丹摇了摇头。

在我们的印象中，塔尔萨是一个被种族和阶级撕裂的城市。虽然曾为世界石油之都，从塔尔萨土壤中流淌出来的巨大财富从未到达这里的一些社区。20世纪20年代对格林伍德社区的掠夺只是这座城无数严重暴力事件中最突出的例子。住房政策、人头税、选举权的剥夺和职场歧视使得这里的黑人被边缘化。近在2019年，俄克拉荷马州白人家庭财富中位数是黑人家庭财富中位数的18至20倍。

在一次致力于寻找希望的旅程中，探访塔尔萨的选择似乎有些奇怪。但是，尽管这里发生了这样的悲剧，塔尔萨依然存在一种公民的自豪感和政治参与感。像加莫尔和布兰登这样一小部分活跃的居民看到了这座城市的潜力。这些人中，有一位我们想专门再次拜访的女性——她把自己的一生都奉献给了一个名为"女性康复"的组织，这是一个针对吸毒和受虐待女性的监狱分流项目。我们回到俄克拉荷马州就是为了这位名叫咪咪·塔拉什的女人。

那天晚些时候，龙卷风在俄克拉荷马州徘徊，云层在塔尔萨上空不断盘旋。在我们去见咪咪的路上，我们看到了一个巨大气旋在塔尔萨以南120英里的阿达市附近着陆的视频。我们租来的车外，狂风鞭打着路边的山茶花和路标。整个下午一直在下雨。

"你听这个。"克里斯看着手机，给乔丹读咪咪的演讲稿。那周晚一点的时候，咪咪将在一个由通信业女性协会塔尔萨分会举办的晚会上发表讲话，以表彰女性的成就。那天早些时候，她给我们发了一份草稿，征求克里斯的意见。

"在一个完美的世界里，我今天不会站在这里，"克里斯念道，"如果我们在一个完美的世界里，女性就不会成为全国监狱人口增长最快的部分，在过去40年里增长了700%。"

"我希望这只是一个相对的数字，"乔丹说，"如果每三名被定罪的女性只有一名在监狱里，那这种数字上看似巨大的飞跃其实也只是名义上的而已。"

"在这样的世界里，"克里斯接着读道，"今天就不会有215名妇女在塔尔萨县监狱，也不会有另外2943名妇女在俄克拉荷马州各地的监狱里。"

乔丹垂下了头，"那我的想法估计是错的"。

我们第一次去俄克拉荷马州拜访咪咪是在2018年开车穿过墨西哥北部之后。在那次旅程中，我们在半夜离开了丹佛，道路的远处有风力发电机的红灯在闪烁，就像我们在得克萨斯州潘汉德尔看到的那样。我们那天晚上在科罗拉多州的伯灵顿停下休息，这里离堪萨斯州的边境不远，但我们已经太累了。凌晨三点为我们办理入住手续的女人浅棕色皮肤的脖子上文了一个字：瘾。

第二天早上，穿越堪萨斯州的道路平坦而漫长，空气中充斥着玉米和牛粪的味道。I-70高速公路的两边立着许多夺人眼球的自制标语。

"地狱真实存在。"

"堕胎令跳动的心脏停止。"

"耶稣真实存在。"

我们在堪萨斯州的海斯市停下来吃午饭，这是一个历史悠久的边陲小镇。这类小镇通常有一个专门埋葬死于枪战的人的墓地。

我们本来只打算在塔尔萨短暂停留一会儿，但是乔丹的一个朋友介绍我们认识了咪咪，所以我们决定多待一天。第二天，我们在女性康复中心第一次见到了她。女性康复中心位于市中心西南方向几排玻璃门后面的一所创伤中心楼上。咪咪个子很高，卷发垂在耳边。

"来吧，"她说，"我带你们到处看看。"

咪咪很优雅，身上有着一种强势、带着反叛意味的气质。

俄克拉荷马州似乎非常需要像她这样的女性，这个州的女性监禁率是全国最高的——差不多是全国平均水平的两倍。妇女康复项目的设计意图是让女性，尤其是那些有孩子的女性远离牢狱。咪咪试图给予她们全面的帮助，包括专业技能培训、育儿技能学习，还有精神创伤、各种成瘾和精神疾病的门诊治疗。加入该项目的女性大约有70%能够完成整个项目，只有7%的人会再次犯罪。咪咪一边带着我们走过康复中心的大厅，一边向我们讲解着。在玻璃门后，我们在电脑屏幕上看到许多女性在拖地或是切菜。

我们在一个墙角逗留了一会儿，一位女性走了过来。

"咪咪，"她说，"咪咪，我见到我的孩子了——四个孩子都见到了。"

"那真是太好了。"

"一年多来的第一次。"

"顺利吗？"

"我儿子不太愿意说话。"她说。

在康复方面她们有很多事情要做。这些女性需要参加心理咨询和工作培训。她们还必须执行一项被认为是对她们的康复至关重要的任务，这项任务同时在帮助这个项目持续下去：她们被鼓励讲述她们的故事。

咪咪带我们进入了一个房间，两个女人站起来迎接我们。其中一位名叫安娜，她的两条手臂上都覆盖着文身，还有一位叫杰姬[1]，是位害羞而端庄的女性。我们握了握手，围坐在一张桌子边，咪咪侧身坐着。

"如果不是在这里，你会在哪里？"咪咪问。

"在监狱里。"安娜说。

"你成瘾多久了？"咪咪问。

"我这辈子大部分时间都是瘾君子。但三年前酒后驾驶被抓之后，我才真正染上了毒瘾。我失去了我的孩子，然后开始吸冰毒。从那天起我仿佛生活在一个梦里。我甚至不知道那三年是怎么过去的。"

"那你进过几次监狱？"

"在那次危险驾驶之前我进过一次监狱，因为危险驾驶我总共进过三次监狱。之前的那次是因为盗窃。"

咪咪解释说，这个项目中的女性平均曾经入狱 13 到 15 次。通常情况下，法官会对她们宽大处理，但之后她们得不到任何帮助。结果，她们一次又一次地回到法庭，使得重返监狱成为几乎不可避免的事情。

"这是一个恶性循环，最终的结果就是人生彻底毁灭。"咪咪说。

安娜告诉我们，那时她会从一座废弃的房子搬到另一座废弃的房子，"因为当你吸冰毒时，你基本不睡觉"。她有一次在整整一年多的时间里都没在床上睡过觉。她会去 24 小时营业的赌场，在那里她可以找到免费的咖啡、饮料和卫生

---

[1] 为了保护女性康复计划参与者的隐私，她们的名字均为化名。

间，而且那里的人很有钱，愿意付钱让你给他们送饮料。她每天流连于赌场和陌生人家的沙发，周而复始。

"这听起来很累。"乔丹说。

"是的，"安娜说，"真的很累。"

然后她被女性康复项目接收了。

"一开始我很生气，"安娜说，"没有人愿意放弃他们的毒瘾。但是在清醒三个星期后，我感觉非常好。我都不记得我有多久没有笑过了，但那天我第一次笑了。"

"这个项目故意被设计得很难，"咪咪解释道，"戒掉毒瘾也确实真的很难。戒了毒瘾之后你从哪里得到吸毒时的快感？你从哪里得到身上穿的衣服？你的孩子在哪里？这个过程是有明确设计的，是很困难的，但也是有条不紊的。"

在我们对话的过程中，杰姬一直安静地坐着。安娜已经在这个项目中待了一年多，她充满了自信，甚至很爱交际。刚来女性康复项目两个月的杰姬一开始并不愿意说话，但似乎开始想要一吐为快。

"我的家庭其实一直很支持我，"她说，"但我12岁时离家出走了，因为我不想遵守我母亲的规矩。"

离家出走之后的杰姬很快就开始喝酒和偷窃。她17岁时被送到少年拘留所，之后又在成人监狱待了近八年。在这期间，她在一个前女友的带领下开始吸冰毒。当她终于出狱时，她已经染上了毒瘾。和制作"蝴蝶之包"的女性们一样，她的问题在出狱后变得更加严重了。当她第一份工作的雇主发现她是重罪犯时,她立马被解雇了,之后她叔叔的去世使她的人生彻底失控。

"毒瘾可不是随便玩玩的,它不是个玩笑,"她说,"我曾说过,'我永远也不会这样做——我永远也戒不了毒瘾'。但我进入了这个项目之后,我开始慢慢戒瘾了。毒瘾会夺走你人生中的一切。它会让你一无所有。"

在她最近一次被捕后,杰姬被送到了女性康复中心。

"监狱里没有人教你如何成为这个世界上的完美公民,"杰姬解释说,"在这里,他们和我一起去克服那些我的痛苦和我犯过的错。这里的人们给了我不一样的对于人生的期待和应对困难的方法,而不是在我一无所有的情况下把我送回街头。"

她一直有些哽咽,说话的声音断断续续的。

"如果我们愿意,我们随时可以离开这里,但我们在这里拥有改变人生的选择。我知道这正是我想要的。我想要变得更好。我希望我妈妈能看到我比以前好了。离开这里之后那是我唯一拥有的东西。"

"参与这个项目是我的福气,"她最后说道,泪水在她的脸颊上流淌,"我很抱歉,我不是故意要哭的。"

"千万不要觉得抱歉。"乔丹说。

安娜和杰姬的故事让人深思。她们所经历的困难是常人难以想象的。但就像底特律的夏琳、布伦达和冬妮娅一样——以及那些我们在帕诺尔认识的男人们所梦想的那样——她们正在努力改变自己的人生。对于杰姬来说,她得到了一个这样的机会,并且清醒地认识到了这个机会的重要性。这些女性在正确的帮助下正在变得更好。"我想用我的生命做一些有意义的事情。"安娜说。

第二天,我们拜访了"她再次振作"组织的三位律师和律师助理。这是一个主要由女性组成的法律援助团体,他们专门代理俄克拉荷马州的母亲们。

当我们讲述了我们在塔尔萨感受到的救赎感时,他们中的一个人说:"这是一个很好的叙述角度。"他们三人还告诉我们,陷入俄克拉荷马州刑事司法系统的妇女大多会重回监狱。逮捕令开启了一个费用和罚款的循环。这些费用和罚款如滚雪球般越来越多,压在穷人们身上,让他们在未来几十年内都得对国家承担各种形式的义务。塔尔萨的一些人受到恶性信仰的启发,认为贫穷是上帝的惩罚,于是作为陪审团对贫穷的被告人做出惩罚性的判决。

"我们对抗的是四代人的信仰。"其中一位律师告诉我们。

这些律师从其他地方来到塔尔萨,震惊于此地问题的严重性和她们在此地所面临的激烈反对意见。在这里,个人责任的概念仿佛变成了一项武器,专门用来对付这些律师所代表的女性。房间里弥漫着一种代表着女性和母亲们的愤怒,她们被国家永久地铐上了枷锁。

那天下午,当我们离开塔尔萨时,克里斯感到这些丑恶事实的毒性影响了他对整个国家的理解。俄克拉荷马州的这个小角落里有着一个破碎的体系。在这个体系中，一些女性可以重拾自己的人生，但她们中的许多再也不会得到这样的机会。近一个世纪以前，成千上万的黑人家庭的家园被烧毁，失去了至亲。而在 2019 年，母亲们被关进监狱而没有得到应有的帮助。克里斯想到了加布里埃尔和他的未来，也想到了夏琳想要歌唱的梦想。他在与咪咪、安娜还有杰姬交谈时感到的乐观情绪，在这些更强大、更具破坏性的力量面前变得虚弱无力。

在这之前，克里斯对于这些情况的了解是很抽象的。在亲眼目睹了这些事之后，他心中的不安变得无法忽视。他心中那个怀疑论者的小人苏醒了，那种熟悉的恐惧又悲伤的感觉一瞬间充满了他的身体。

乔丹却有不同的观点。当"她再次振作"团队讲述了一个又一个关于俄克拉荷马州法律体系不公正的故事时，乔丹心中慢慢有些不服。这种感觉乔丹很熟悉——这是一种对于进步主义世界观的直觉排斥。进步主义的倡导者总是如此确信自己的正确以及这个体系的大错特错。这让他感到烦扰。但是，乔丹心中还涌起了另一种不那么熟悉的感觉：在听完安娜和杰姬的故事时，乔丹已经对于自己的看法有了一些怀疑，而随后的律师让乔丹对这一切的严重性和冷酷无情感到不安。如果他们是对的，如果真的像这些律师所说的那样，那么他认为这个体系存在着极其严重的问题。尽管他通常支持严格执法，但乔丹想知道在俄克拉荷马州的法律体系中是否真的极其不人性化，而这种可能性使他信仰体系的根基发生了震荡。

回到车里，我们俩呆坐着。在女性康复组织的楼外，两名医护人员架着一个没穿衣服的男人的手肘把他带进了医院——他枯瘦的、覆盖着文身的身体弯曲着、颤抖着。雨水顺着他的背滴落。他的膝盖弯曲着。他看起来正在遭受巨大的痛苦。当我们再次上路时，我们在佛蒙特州所体会过的沉默和底特律时那种让人喘不上气的焦虑再次紧紧控制住了我们。又一次，我们面对着无名的恐惧，而我们却无法说清它到底来自何处。

当我们在2019年回到塔尔萨时，在天色逐渐昏暗的平原上我们见到了咪咪，当时雷声隆隆，雨水冲向乡间小路的沟壑。咪咪把我们领进一个布置得很温馨的房间——深色的木质墙面、米色的地毯、墙面上布满了书架和西部场景的画。

我们围着一张桌子坐下来，开始断断续续地讲述我们的故事。有时，讲述旅行的故事让我们感到精疲力竭，于是我们会看向对方，希望对方有足够的精力来讲。但我们乐于把这些故事讲给咪咪听。她在认真倾听的过程中会不时提出问题，并在我们的讲述前后不一时对我们提出质疑。我们给她讲了加布里埃尔和他的诗歌，讲述了我们在和卡车司机皮特旅行了一整天之后才意识到他是一个和我们完全不同的人，讲述了我们在波特兰的木制码头上寻找威利斯的故事。在那个时候，我们已经拥有了自己的历史，所以我们抢着对方的话头说话。

"在我们离开莱昂在游乐场的演出时——"克里斯在谈到新奥尔良时说。

"他的演出太赞了。"乔丹补充道。

"——我们遇到了两个人。一个人拿着把电小提琴,另一个人把一个翻转的水桶当作鼓来打。他们特别棒。"

"我从来没见过这样的表演,"乔丹说,"他们音乐中的情感——他们彻底沉醉其中。"

"过了一小会儿,乔丹拍了拍我的肩膀,我转过身去——起初只有我们俩在这个街角观看他们的表演,但那时我们周围围满了人。"

"音乐就是有这么强大的力量。"咪咪摇着头说。

"你知道哪篇文章是《华盛顿邮报》阅读量最高的文章之一吗?"克里斯问道。

"我知道!"咪咪说,"关于小提琴家的那篇——哦,他叫什么名字来着?乔舒亚·贝尔!"

"你怎么知道的?"

"我有他的 CD。不过我认为他们的实验做错了。"

乔丹疑惑地看着克里斯。

"他们把这位世界级的小提琴家派到华盛顿特区一个繁忙的地铁站里演奏,"克里斯说,"然后记录了停下来听他演奏的人。"

"这就是问题所在,"咪咪说,"人们很忙,有地方要去。"

"那谁停下来了?"

"孩子们想停下来听,"咪咪说,"孩子们理解音乐。"

在吉恩·温加顿的文章中所描述的那个早晨,在华盛顿特区的朗方广场地铁站里,超过1000人从小提琴家贝尔身边匆匆走过,没有停留。但是,三岁的埃文在他的母亲把他带走之前停留了一会儿,对面一家商店的收银员为了更清楚地听到音乐把身子探出了门,还有一位名叫约翰的公务员停下来仔细听了三分钟,而在这期间有将近100名路人完全没有在意就匆匆经过。"不管那是什么音乐,"约翰后来说,"它让我感到心中安宁。"

乔丹走开去给他的女朋友打电话,咪咪和克里斯留在了桌子边。

"你会感到这份工作的负面影响吗?"克里斯在沉默了一会儿之后问道,"还是你根本没时间去感受?"

"我确实没有时间。"她说,她理解他想问的是什么。

"我问这个问题,"克里斯继续说,"是因为当乔丹和我在底特律的时候,我们听到了好多故事,比如说那些关押在帕纳尔监狱的男人们的故事和那些加起来坐了一个世纪牢的女人们的故事,在那之前我们刚刚认识了你。然后,我们到了佛蒙特州,几个小时都不说一句话。有时候我早晨醒来的时候感到神清气爽,但很快就又觉得很崩溃。你问乔丹的话,他也会这么说。在几个星期之后我们才意识到该如何去描述这种感觉。我们感到了这种责任。这种创伤——唔,可能不能这么说——但可能确实是种间接感受到的创伤。"

克里斯停顿了一下。

"这也许是因为我们什么都没有做,"他说,"但这种感觉一直萦绕着我们。痛苦挥之不去。我觉得我们内心深处现在恐怕依然还是会受到这种情绪的影响。"

"这就是我想要的,"咪咪说,这时一串惊雷震得墙壁微微摇晃,"我想让立法者体会到你们的感受。我想让他们去承担这种痛苦,随身携带着这种痛苦。这就是为什么我们在讲述这些故事。故事中所给人带来的震撼是任何抽象的数据无法做到的。我可以花一整天和他们谈论累犯问题和平均数问题,但只有故事和那种让人急切地想做些什么的感觉才是他们付诸行动的原因。"

"但这些感觉让人觉得很痛苦。"克里斯说。

"也许本应如此。"

过了一会儿,克里斯开始帮助咪咪练习她的演讲。咪咪站起身来,开始演讲。

"在近10年的时间里,数以百计的妇女来到了我们的组织,"咪咪读着自己的演讲稿,"我亲眼目睹了创伤如何使得女性身陷刑事司法系统而无法自拔,以及这种情况有多么常见。这其中包括童年时被父母忽视、性虐待和身体虐待、强奸、在'亲人'手中被贩卖、被逮捕、目睹和经历暴力,以及被告知在任何情况下都要保持沉默。想要打破这种恶性循环需要付出巨大的努力。但它并非坚不可摧。正如我一次又一次见证的那样。"

咪咪继续读着，时不时有些磕绊。克里斯努力做到面无表情，既不鼓励她，也不打击她。

"听起来怎么样？"她在讲完之后问道。

"我认为特别好。"

"真的吗？"

"100%。而且等到现场的时候你肯定会更好。"

克里斯和咪咪又练习了两遍。当咪咪正讲到最后一句时，乔丹回来了，他靠在门框上。咪咪停了下来，看了看克里斯——他向她竖起了大拇指——放下了手中的文件。

"我想给你们俩看点东西。"她说。

咪咪去拿了一系列女性康复项目的海报。她展开这些海报，露出了五六位女性的脸部肖像。

"我认为这幅画充满了力量。"她说，指着放得比较远的一幅。

画中是一位金发碧眼的女性——她不再青春，但也还无老相。她看起来历经了世事和沧桑。她既不笑也没有皱眉，只是静静地凝视着前方。她的脸和别人不太一样，有种仿佛知晓了一切的表情。其他肖像中的人物要么看起来十分严厉，要么似乎充满了希望，但这位女性的形象告诉了我们一个广袤无垠的世界。

"是的，"乔丹说，"你说得对。"

窗外的雨淅淅沥沥，俄克拉荷马州荒野上的雷声在远处咆哮着——途经塔尔萨上空进入了天际。

我们在塔尔萨的时候还想再去见另外一个人。他的名字叫罗德里戈·罗哈斯。我们 2018 年到这儿第一次旅行时在一个名叫"聚集地"的公园见到了他——那是一个位于阿肯色河畔、占地 100 英亩、价值 4.65 亿美元的公园。2018 年时,它还在建造,而罗德里戈作为公园的公共关系主任分发给我们工程帽,带着我们到处看了看。我们步行参观了一系列岩石图腾和由俄克拉荷马州砂岩切割而成的崖壁、一个船库、一个占地五英亩的游乐场,还有许多蜿蜒于池塘周围的小径。我们还参观了一个滑板公园和带有木雕天花板的室内休息室。这个公园是按照奥姆斯特德的传统设计的——它将是一个用于社区居民聚会的空间。它让克里斯想起了华盛顿特区的公共空间。克里斯的母亲霍莉在公共土地信托基金工作了近 30 年,那是一个致力于为人们创造户外活动场所的非营利组织。这种公共空间对于建造自由开放的社区是至关重要的。在这些地方,我们得以表达愤怒或支持、对我们的历史和未来表达尊重和进行重述,或只是简单地和邻里交谈。

"人们对俄克拉荷马有很多误解,"罗德里戈那天说,"这里不仅有牛仔和印第安人,还有很多很多其他的东西。"

当我们 2019 年回到聚集地公园时,罗德里戈满脸笑容。

"大家在自发地照看着这个公园,"他说着,带领我们走在熟悉的小径上,"他们会自发地捡拾垃圾,因为他们对这个地方充满了自豪感。"

在一个曾经被玻璃纸包裹、放满了各种重型设备的房间里，我们看到缝纫俱乐部的老年女性正坐着聊天，几个青少年在吃香蕉和三明治，一个留着金发的女人在摆弄一件珠宝。

"这就是我们想要的，"他说着，环顾了一下四周，"上次你们来的时候，这就是我们的目标。"

我们在一个阳台上停了下来，眺望着下面占地三英亩的池塘。"能听到孩子们的声音真好。"罗德里戈说，凝视着远方已经竣工了的游乐场。感觉这是提出我们一直憋在心里的问题的最佳时刻。

"我想直截了当地问你一个问题，"克里斯说道，"当你看到这座城市里正在发生的事情——它们会让你觉得这个国家正在弥漫的悲观情绪没有那么糟糕吗？"

"我认为在塔尔萨，人们有很多乐观情绪，"罗德里戈说，"特别是拥有这个公园这样美好的事情。"

"但是，我们又该如何对待塔尔萨的历史呢？"克里斯问道。罗德里戈思考了一会儿。罗德里戈正是那个告诉我们这个城市到处都是使人们彼此隔离的"无形的障碍"的人。

"塔尔萨有过许多历史，"罗德里戈在思考之后说道，"而现在整座城市都在谈论历史。我们不再害怕我们的历史，而是开始真正地谈论它——我们不再把历史抛在身后，而是带着它向前走。"

也许这是我们想要解开谜题的一个新的部分。我们逐渐把历史当作个人身份的一种重要来源。萨托莉、威利斯、约翰-迈克尔以及其他许多我们遇见的人都这样认为。但当历史充满了黑暗和恐怖的事物的时候,我们又该如何自处?我们见证了历史是如何让人感到创伤、愤恨和破碎的,但罗德里戈说起了一种克服障碍的方式。他承认,塔尔萨仍有许多工作要做,并非一切都很顺利。比如说,一些针对塔尔萨移民人口的法律导致这些家庭妻离子散。再比如说,塔尔萨的警长正在代表美国移民与海关执法局逮捕移民,这进一步分化了城市中的居民。罗德里戈告诉我们,塔尔萨必须找到一种对待所有人的方式。

"但要做到这一点的第一步就是去谈论这些事情,"罗德里戈说,"第一步是公开来讨论这一切。"

对于罗德里戈来说,针对移民的立法与他的生活息息相关。他的父母正是从阿根廷和玻利维亚来到美国的移民。罗德里戈的父亲吉列尔莫在阿根廷担任调查记者时,那里的独裁政权正在使人们突然"失踪"。当生活变得过于危险时,他们离开阿根廷,来到了塔尔萨,当时他们有一些亲戚已经在那里定居。吉列尔莫的亲戚经营着一家餐馆,所以他开始在餐馆里帮忙。然后在1995年,他再次开始从事新闻工作,创办了一份名叫《南方一周》的双语报纸。

"他得以继续从事新闻事业真的很幸运,"罗德里戈说,"给社区提供一个发声的渠道是件非常重要的事。"

克里斯突然有了顿悟。塔尔萨,像任何城市一样,可能会被其历史所束缚,但这并不意味着它必须重复过去的悲剧。克里斯感觉这座城市中有一种复兴的精神,而这一切始于人们公开坦诚的对话——和对过去的清算。

早在8月,当我们在格林伍德见到加莫尔和布兰登时,我们所听到的他们的故事并不仅仅是悲剧的一部分,更是一个重生的故事。他们俩告诉我们,1921年,随着黑人华尔街成为废墟,非裔美国人社区要做一个选择,他们可以离开或重建。他们中有些人想离开。为什么要留在一个会做出这种事的社区?其他人则主张留下来,重建他们的家园。这种重建的想法或许有些理想主义,而且毫无疑问是很危险的。在暴力事件发生之后,轻视和压迫黑人的事件发生得更加频繁。那次对于黑人社区的攻击被认为是一场"暴乱",于是大多数保险公司拒绝支付重建格林伍德店面所需的费用。这场大屠杀从未在学校的教科书中被提及。政府官员在几十年之后才终于承认此事。在它发生之后,忘记它的运动却马上就开始了。

"他们本可以离开,"加莫尔说,"但他们选择了留下。"

人们重建了他们的家园,他们的后代继续着这项工作。塔尔萨种族暴动百年纪念委员会决心告诉塔尔萨和世界那里所发生的一切——这不仅仅是为了治愈代际的创伤,也是为了将塔尔萨这座城市更加紧密地联系在一起。因为如果不承认所发生的一切,进步就无法出现。

"和解的开始,"加莫尔以一种实事求是的态度说,"必然是艰难的。"

克里斯回想了那年春天早些时候他与加莫尔的一次电子邮件交流。加莫尔的邮件签名里包括了大屠杀幸存者奥莉薇娅·胡克博士的一段话。

"当那件可怕的事情发生的时候，它摧毁了我对人性的信仰，"她写道，"我花了很长时间才克服了它。"

第一次读到这句话时，克里斯并没有多想，只是觉得这是一个经历过最糟糕的事情、幸存了下来，却被摧毁了信仰的女人。但是，在与罗德里戈交谈的那个阳台上，她的话有了新的含义：胡克对人类的信仰确实被摧毁了，但在"很长时间"之后，它又回来了。她的话语中有着让人屏息的优雅。

还有纪念碑的存在。就在格林伍德文化中心外面，一圈长椅排成了马蹄形，中间包围着一块黑色大理石板。从远处看，它的纹理有些像底特律的乔·路易斯的拳头雕塑。"黑人华尔街纪念碑，"克里斯向乔丹读着大理石上写的字，"为所有上帝子民的团结而努力。"

我们和罗德里戈在公园里继续走着，经过一个池塘，穿过了崭新的游乐场。追闹嬉戏的孩子们在我们身边跑来跑去——他们的欢声笑语围绕着我们。

"这个国家有很多伟大的城市，它们把人放在第一位，并思考如何才能真正使这些地方在未来更好，"罗德里戈说，"我认为这就是美国，不是吗？它的意义在于你所在的小镇和城市中所发生的一切，因为这就是你可以发挥最大作用的地方。塔尔萨人逐渐意识到了这一点，并正在努力让未来变得更好。"

塔尔萨存在希望，不是因为它毫无瑕疵，而是因为尽管有黑暗的过去和问题重重的现在,但一些人正在努力地按照他们的理想去建造这座城市。

乔丹思索着,我们遇到的这些人表现出来的并不是乐观主义,而是一些比它更有力的东西。在咪咪、加莫尔、布兰登和罗德里戈所做的事情后面都有着辛勤的付出。他们并不认为进步是理所当然就会发生的。他们明白自己所面临的挑战的范围、规模和严重性。他们比任何人都了解这些挑战,而且他们清醒地认识到,要真正改变现状,他们必须付出的时间和努力。然而,他们仍然毫不畏惧。

在这些人的话语和行动之中,乔丹看到了他最渴望的同理心和慈悲心,克里斯看到了那种哪怕周围乌云密布,却能继续前行的优雅。

在蜿蜒小径的尽头,青草地四面环绕着高尔夫球场的沙坑、果岭和草坪,这里是南山乡村俱乐部的所在地。我们把沾满泥土的车开到一个由粉色和浅棕色装饰的会所的门口,穿着绿白相间制服的服务生接过了我们的钥匙为我们泊车。

"我应该带件夹克的。"克里斯说着,扯了扯他的短袖衬衫,而乔丹把衬衣下沿塞进了裤腰,又套了一件休闲夹克。

"你看起来还可以。"

"我希望他们认为我这是公路旅行的时髦装束。"

我们在一个招待酒会转了一圈,西装革履的服务员给我们送上了外壁挂着水珠的冰水和凉茶。这是通信业女性协会将为咪咪颁发荣誉奖项的活动。房间里坐满了身着鲜艳礼服和闪亮配饰的优雅女性。当到了她致辞的时候,咪咪从前排的桌边站起来,走上了舞台。

"在一个完美的世界里,"咪咪以那句她和克里斯反复练习的话开始了致辞,"我今天就不会站在这里。"

那天早晨,坐在底下的观众包括伊丽莎白,她曾是一名瘾君子和重罪犯。但她在女性康复组织工作期间成为了一位为和她境遇相同的女性发声的人,她会与立法者见面交谈并参与各种政治活动。她像底特律的布伦达一样回过头去帮助那些命运尚未发生转折的人。另一位获得荣誉的是 96 岁的玛丽娜·梅特韦利斯,她是在塔尔萨社区大学工作时间最长的员工。她被称为"塔尔萨的铁娘子",曾在第二次世界大战期间制造过战斗机。这个房间中还坐着许多看起来像来自上流社会的女性。但是她们中的一位告诉我们,今年是她戒除酒瘾的第二年。我们后来才发现,观众中有几十位女性是专门来支持咪咪的——她们都是志愿者,虽然也经历了许多挣扎,但还是决定要回报社会。

"我们今天讲述的故事是有力量的,"咪咪在台上说,"故事能触动人心,它们也是我每天工作的助推力。但是不要以为我们的斗争已经结束了——并没有。我们仍然需要改善我们社区中、这个州里,还有整个国家的女性刑事司法实践。"

乔丹回想起一年前安娜对我们说过的话。

"我记得有一次在公共汽车上一个陌生人给了我一些钱。

他说：'人们并不像你想象的那么糟糕。'当时下着雨。我浑身湿透了，坐在那里哭。我只记得他给了我钱，然后说了这句话，我记得我当时在想，'你什么都不懂——人就是特别糟糕的'。但他那天却给了我钱。"

"自从我来到这里以后，我开始以不同的方式看待问题，"安娜告诉我们，"我知道这个项目中的女性真心关心彼此。但当你沉迷于你的毒瘾时，你根本看不到这一点。你会认为一切都很糟糕、很可怕。"

乔丹意识到，这就是问题所在，而且不仅是在塔尔萨，而是在整个美国。我们很容易忘记，人皆凡人，并非所有人都是坏人。制度可以用残酷、苛刻和不公平的方式取代人性，但反过来也是如此。那些与制度斗争的人太容易忘记，制度和机构是由人组成的，他们都只是普通人，而且他们也不全是坏人。

咪咪看到了制度中的缺陷，但也了解系统中的人。她和法官们有私交。她手机上的快速拨号中有地区检察官的电话号码。她在女性康复组织里建立起了一套严格、系统化的体系，但这个体系的设计又充满了关怀和对个人的专注。她在工作中把人放在了首位。在她的工作中乔丹看到了他之前一直认为已荡然无存的东西。咪咪的同理心和慈悲心来源于她的强大。到了最后，"她再次振作"项目中的律师们对于俄克拉荷马州的看法是对是错已经无关紧要了。她们提醒了乔丹，没有悲悯之心的正义可能是残酷的。咪咪向他展示了如何把悲悯之心和正义编织在一起，把人性带回刑事系统中。她展示了领导力如何能够改变一些人的生活，甚至扭转最无望的局面。

咪咪身上那种不寻常的善意吸引着她周围的人。对我们来说，她代表了我们希望在路上找到的一切——善良、热情、希望和给予救赎的承诺。

爱达荷

在内布拉斯加州,野花是紫色的。再往南,野花变成了红色与橙色。在仍然寒冷的北方,花朵在休耕的灰色牧场蔓延开来,给大地添了一些亮色。

"快看。"克里斯指着天空说道。乔丹伸出头,越过方向盘侧着往天上望去。翅膀上有黑色条纹的大鸟在寒冷的草原上乘着热气流飞翔。

"沙丘鹤。"

"它们是什么样子的?"

"很美丽。"

怀俄明州的山丘上有白雪点缀,我们周遭的一切仿佛都在向前方朦胧的山峰倾斜。羚羊和牛正在农场里吃草,农场周围围着格子状的雪护栏。当我们穿过一个白雪皑皑的山口,从杰克逊驶向爱达荷瀑布时,我们俩制定了旅程最后一站的计划。

我们想要找到那个三年前让我们靠边停车的警察,虽然我们只知道他是"爱达荷州交警"。我们多开了近1000英里的路就是为了找到这个我们之前只见过一次,而且很可能完全不记得我们的人。但冥冥之中有些东西在推着我们向北走,去找到他。在许多方面,他那句充满挫败和沮丧的话——"你刚刚说的那些该死的东西根本说不通"——在我们整个旅途中不断出现。如果两个加利福尼亚人会让一个爱达荷州人感到困惑,就像我们当时认为的那样,那么我们就有义务去找寻更多令人困惑的地方、故事和人,以便更好地理解这个国家。他说的这句话让我们踏上了旅程。现在它又把我们带回了这里。

"我们应该说些什么?"克里斯问,"我是说如果我们真的可以找到他的话。"

"我也不知道。"

爱达荷州维克多市郊外的塔吉森林着了火,森林上空弥漫着蓝色和黄色的烟雾,被火烧过的常绿植物变成了一片焦灰。

"如果我们找不到他怎么办?"克里斯停顿了一会儿后说。

"我们一定可以找到的。"

乔丹觉得这是一个自信就会得到回报的时刻。只要足够坚持,就一定精诚所至,金石为开。

"我可不那么确定,老兄。"克里斯说。

克里斯深切地怀疑对我们俩来说这个人已经消失在时间的长河里了。在我们见到他之后的几年时间里有太多的事情可能发生了。他可能搬家了、退休了、换了工作，等等。而且他很有可能根本不想被找到，更不想再和我们交谈。但找到他这件事本身好像依然是一件值得做的事情——我们最后一次希望渺茫的冒险之旅。

寻找这位无名交警的困难一部分源于我们记忆的残缺。当时克里斯沉浸在自己的恐惧中，无法回忆起很多细节，而且我们俩都没想过之后可能会再试图找到他。

"你还记得我们在哪个区吗？I-84高速公路的最西段是第三区，"在我们离开前克里斯对乔丹说，"这好像与我们那次旅行的行程相符。"

"我一直在绞尽脑汁想，"乔丹说，"我记得我们是在米苏拉市附近进入爱达荷州的，然后我们肯定去了月面环形火山口国家保护区。我们是在这之间吃了罚单的。"

"我们最后并没有真的吃罚单。"克里斯说。

"哦，对。"

克里斯试图回想那位警官的样子。克里斯当时抬头看到了他宽阔的胸膛，他有着一张圆脸吗？——还是棱角分明的样子？——他戴着黑色的反光墨镜。他长得很高，神情严肃，头发理得很短。他说话的声音很低沉，但并不像低音提琴那样有磁性。他开着一辆有点像福特烈马的白色卡车。

"他当时戴着帽子吗？"克里斯在某个时刻问过乔丹。

"他的车到底是不是白色的？"

"我确定是的。"

"我觉得可能不是。"

在我们出发前一个月,克里斯联系了身处梅里迪安的爱达荷州警察。克里斯给一位名叫蒂姆、负责警局对外关系的人写了一封长信。"我的名字叫克里斯·豪,我和乔丹·布拉什克正在写一本关于政治立场相反的人如何求同存异的书。"

这个开头简洁明了,克里斯心想。

他继续写道:"作为书中故事的一部分,我们希望和 2016 年 5 月在爱达荷州把我们拦下的一位警官谈谈。他当时对我们很友善,对我们的执法也非常公平。当我们遇到他的时候,我们正在进行第一次穿越全国的旅行,那次旅行成就了我们的这本书。在驾车游历美国三年后,我们将于今年 5 月回到爱达荷州。我们希望能再次见到他,谈一谈他对我们两个人的印象,也许还能谈一谈从那时到现在发生了什么样的变化。"

克里斯的心在打下一段字的时候慢慢沉了下去。

"不幸的是,"他写道,"我们不知道他的姓名、职位、警徽号码或其他任何具体信息,所以这是我现在所能提供的所有信息:我们是在 2016 年 5 月中旬遇到他的。他当时开着一辆白色卡车。我们当时开着一辆沃尔沃 S60 轿车。"

我们收到的回复和我们预想的一样。蒂姆在回信中说,因为没有开具罚单,我们的名字没有出现在他们的数据库中。

"我没有找到任何关于这个事件的线索,"蒂姆邮件中说,"很抱歉……"

"他能不能发一个全员通告？"那天晚些时候乔丹在电话里对克里斯说。

"一个什么？"

"就是给整个部门发一封邮件。"

"我不认为他会愿意这么做。"

"值得一试。"

"虽然很惭愧，但我还是要再胡搅蛮缠一下，"克里斯开始给蒂姆回信，"但如果我们写一封邮件，您是否愿意将它转发给所有警局工作人员？"

"如果我理解的是正确的，"读到蒂姆回复的开头，克里斯就已经知道了我们的请求过于强人所难，"你想让我给警局的全部600名员工（包括300多名警察）发送一封电子邮件，寻找那个甚至没有给你开罚单，所以我们系统里都没有你们见面线索的警官。是这样吗？"

克里斯咽了咽口水。

"正如你可能已经看出来了，"蒂姆继续写道，"我很怀疑这么做会有任何帮助，而且我非常不愿意发送这样的电子邮件，这会增加我们希望我们的工作人员能够阅读的我们发给他们的众多电子邮件，而这些电子邮件有时会不小心被错过。如果你不能提供任何恰当的理由来说服我，我将不会因为你的要求而进一步堵塞我们的电邮系统。"

克里斯坐回椅子上，给乔丹发了短信：没戏。

找到那个警察的可能性越来越小了——直到蒂姆再次

回复。

"先生，"他写道，感觉像是换了一种语气，"我再次阅读您的原始邮件时发现了一个我之前忽略的细节，是有关警官驾驶的白色卡车。由于我们的警员驾驶的是带有白色条纹的黑色车辆，所以你们遇见的不可能是我们的警员。"

这是一个突破口，克里斯心想。如果我们能找到开白色卡车的执法部门，我们就能找到他。问题是，在进行了一些搜索后我们发现，爱达荷州有117个州执法机构，包括超过3000名警员。

克里斯漫无目的地点开了爱达荷州警长协会的网站开始浏览。啊哈，克里斯心想。网站主页的左下角有一张白色卡车的图片。车身画着蓝色的条纹，前门上有一个徽章。它的背景是白雪皑皑的山川，整个场景都感觉很熟悉。他是一名警长，克里斯知道。于是他找到了一个显示爱达荷州地区清单的链接，他的心又一次沉了下去。打开链接后克里斯看到了44名身穿深色制服、在蓝色背景墙前拍照的警官。那年5月，至少有20个警长办公室的警员可能会出现在我们经过的高速公路上。

一个月后，当我们开车穿过那个雪山口，来到爱达荷州的第一条河谷时，克里斯列出了18个我们需要拜访的地址。山谷慢慢开阔，出现了广阔的金色田野。在那里，拖拉机喷出了土壤和灰尘，就像我们身后山上的熊熊烈火。乔丹把我们的搜索范围缩小到了公路的一部分，他认为那个部分是最有可能的,并想测试一下他的想法是否正确。

"我们可以从邦尼维尔警长办公室开始,"乔丹说,"然后沿着I-15号高速公路北上,明早朝博伊西方向走。"

"我可以先来。"克里斯说。

"你是说,见到警长之后你先来讲我们的那个故事?"

"是的,我可以。"

乔丹不禁微笑起来。不久前,克里斯还在面对警察的时候颤抖不已。而现在,他打算带头查问几十名警官。而且我们俩都不知道他们会如何看待我们,我们之前与州政府的电子邮件交流也并不特别鼓舞人心。我们的问题毫无疑问是很奇怪的,而且恐怕警长们并不会特别喜欢。

克里斯哼了一声,指了指窗外。

山丘已经变绿,在远处的山坡上,有大型风力发电机在阳光下缓慢转动着。

"怎么了?"

"倾斜的风车。"

邦尼维尔警长办公室位于爱达荷福尔斯市,那里的蛇河下游有个岩石围绕的低矮瀑布。市中心的街道很安静,两旁伫立着许多两层高的砖砌建筑。我们从停车场走进了警长办公室——克里斯走在前面,乔丹紧随其后。

"你看。"克里斯说。

乔丹顺着克里斯的指引看过去,发现许多白色的警用卡车排列停放着。

"看起来和我们之前见到的一样吗?"

"好像差不多。"

进入了办公室之后,克里斯走到一个身穿黑色制服的城市信息官员身边,试图表现出一副轻松悠闲的样子——仿佛他要问的问题是爱达荷州的官员每天都需要回答的日常问题。

"您好,先生,"克里斯满脸堆笑地说,"我有一个可能听起来非常奇怪的请求。"

那人留着大胡子,他微微低了低头,从眼镜片上边看着克里斯。

"差不多三年前,我和我的朋友在经过这个区域的时候曾经和一位警官发生了一些小摩擦——其实更像是一段交流——我们认为他应该是高速公路上的一位警长。"

克里斯停顿了一下,好让那位工作人员消化一下他说的话。

"现在我们希望您可以帮我们找到他。"

官员盯着克里斯。

"他给你开了罚单吗?"

"没有,他很心善地没有罚我们。"

"是哪条高速公路?"

"我们不太确定。"

"知道那位警官的名字吗?"

"很遗憾不知道。"

那人往后靠到了椅背上。"我不知道那可能是谁。"

"唔,他开着一辆白色的卡车,"克里斯继续尝试,"这个信息有帮助吗?它肯定是白色的。"

克里斯回头看了看乔丹,后者做了个不置可否的怪相。

"我们觉得它是白色的。"乔丹说。

"那是爱达荷福尔斯。"

"什么?"

"那是爱达荷福尔斯市的警官——白色卡车?没错,爱达荷福尔斯。城市警察。"

"哦,我明白了。那么,一个城市警察会在高速公路上执法吗?"

"我没法想象什么情况下他会去高速公路上。"

"呃,这可不是个好消息。"

那人看了看我们,突然眼睛一亮。

"天哪,我可能知道那会是谁!"他急切地说。微微一笑之后他继续说道:"你们最好去旁边的警长办公室问问。"

"这个开始不算太坏。"克里斯在我们走开时对乔丹说。

"确实。"

我们走到几英尺之外的办公室里,在一扇有机玻璃窗后面,一位戴眼镜的年轻女性坐在放满了文档和记录的柜子前。

"我有什么可以帮到你的?"她问道。克里斯再次露出了他招牌的笑容,然后开始了已经熟悉了的唠叨。"我有一个可能听起来很奇怪的请求……"

"县里的警长开的是蓝色的警车,"在克里斯说完之后她说道,"爱达荷福尔斯市警局的车是白色的。"

"没错,白车,"坐在她身后的另外一个女人说,"爱达荷福尔斯市的车是白色的。"

"实际上,我们不认为我们当时在爱达荷福尔斯,"乔丹插话说道,"我们肯定是在I-15号高速公路上,在这边往北一点的地方被一位警长拦下来的。"

"你说那是三年前?"那女人说。

"差不多刚刚好整三年前。"

"5月24日。"克里斯补充道。

"哪条高速公路?"

"我们不是完全确定。"

"但很可能是正在沿着I-15号高速公路行驶。"乔丹说。

"很可能?"

"大概率是。"

她看了我们一眼,又看了看她的桌面。

"你们有当时开的车的车牌号吗?"

"我可以去拿。"乔丹说着走出了办公室。

"还有你,"她说,"我需要你在这里写下你们的名字和驾照信息。"

她把一张名片翻了过来,放在了柜台上。然后她坐回椅子上,开始拨号。

"你好,调度员——这里是爱达荷福尔斯的艾琳。我有一件事，希望你可以帮我查一下。"

调查终于开始了。

克里斯急匆匆地写下了艾琳要求写的信息，把卡片推回了柜台。

"是的，找一个记录。克里斯托弗——传统的拼法——姓豪，"她说，"你确定是24号吗？"

"我认为是的，但也有可能是22号或者23号。"

我们似乎又有了一些希望。只要我们能够确认那天是谁在值班，以及我们当时在哪里，我们就可以找到他。但是克里斯曾经见过的一位搜索人员的话在他脑海中回响。"如果他们想要被找到，我就可以找到他们，"那位搜索人曾经说，"但有些时候人们并不想被找到。"

"我记得他个子很高，是金发的。"当艾琳在等着调度员回复的时候，克里斯说道。

艾琳扫了她的同事卡莉一眼。

"就是那个人！"卡莉看着她手机上的一张照片大声喊道。

"哪个人？"克里斯兴奋地问道。

"那个人！"卡莉大喊着回答。

"哪个人？"克里斯说，而艾琳和卡莉看了彼此一眼，大笑起来。

突然一下爆发的兴奋情绪，还有意识到这不过是两位政府文员在周五下午打发时间的笑闹，让克里斯再一次怀疑起了我们的任务。可以肯定的是，这不啻大海捞针，但我们现在已经花费了太多的时间和精力——而且还让一个州机关也参与到了其中。

"他们当时正从蒙大拿州南下,"艾琳对着电话说,"是的,他们现在正在写一本书。没错,一本书。州警说不是他们。嗯,我也是这么想的。"

乔丹回来了,我们两个人在一条布满了名字首字母和各种刻字的长椅上坐了下来,这些刻的字恐怕都来自那些有正经事要找政府办的人。

"可能是克拉克县。"乔丹说,低头看着他手机上的地图。他一会儿把地图放大,一会儿缩小。

"我想我们会在各种警察办公室待一整天。"克里斯说。

"最有可能的是麦迪逊,"卡莉在办事窗口里面说道,一边还在捋线索,"他们有白色的汽车,而且经常在高速公路上巡逻——我就住在那里。"

"如果这个信息有帮助的话,"克里斯说,"我当时被要求坐到他的副驾驶位上,然后看到了他数量惊人的武器,就放在驾驶位和副驾驶座之间。猎枪——很多很多猎枪。"

"你还记得他到底有多高吗?"

"不太确定——我只记得我当时有多害怕,"克里斯说,"有可能他其实只有一米五,但我发誓他当时看起来有两米。"

"他长得确实高。"乔丹说。

"他有警犬吗?"艾琳从玻璃后面问道。

"哦,没有。对,肯定没有——毕竟我当时在他的车里。

只有一大堆枪。"

卡莉朝前俯了俯身，克里斯也靠了过去，好听清楚她的话。

"你们进看守所了吗？"她小声地问道，艾琳在她身后的电话上说着话。

"我的老天爷，没有。"

"太糟糕了，"她说着向后靠了靠，"如果你们进号子了那这事儿就简单多了。"

艾琳继续讲着电话，而卡莉、乔丹和克里斯开始翻阅脸书上的照片。我们互相传阅着各个警局的照片——阿达县、博伊西、峡谷县，还有特温福尔斯的。照片上有各种各样的男人，高大壮硕的、蓄着大胡子满身肌肉的，还有脸上白净但挺着啤酒肚的。

"这是他吗？"乔丹说。

"可能是。"克里斯回答。

"还是他？"

"那个人看起来很熟悉。"

"不是他。"乔丹说。

"你怎么这么肯定？"

"我就是知道。"

"你甚至不确定那辆该死的卡车到底是不是白色的，但你确定这不是他？"克里斯说。

"你怎么会不确定这肯定不是他？"

克里斯或乔丹以为永远不会被遗忘的某些细节突然间变得模糊不清。每张照片似乎都在揭示一些新的东西。经常某张照片的某个特征会让我们中的一个感到一阵兴奋，好像看到了熟悉的东西，但我们中的另一个只是无感地耸耸肩。这整个过程好像令人绝望。如果我们真的想要找到他，可能一两个脸书的帖子是不够的。

"两位，如果你们现在就出发，"艾琳说，"你们能够在克拉克警局关门之前到达。到了以后你们就找沙恩。"

"确实有可能是克拉克。"乔丹说。

"然后麦迪逊是你们下一个最有可能的地方，"艾琳说，"他们的车符合你们的描述。"

"好的，乔丹，我们走吧？"

乔丹点了点头。

"如果有回音，我会给你们打电话。"艾琳说。

"谢谢你——万分谢谢你。"

"如果你们真的找到他的话，你们保证会告诉我们？"

"当然。"

向北行驶的过程充满了熟悉的场景——但这一切都有可能只是虚假的回忆。

"就是克拉克县。"乔丹说。

"你怎么知道？"

"我记得那个天桥。你不记得吗？"

克里斯摇了摇头。

"我记得当时要比这儿更荒凉一点。"克里斯说道。我们边上有许多向南行驶的卡车,和跟我们一样往北去的小轿车。"我记得道路的前方有一个弯道,还有绵延几英里的灌木丛。"

"有点像现在这样?"

"是的,有点像这样。"

我们有40分钟的时间来考虑接下来要怎么办。40分钟之后我们会到达克拉克县,在那里试图找到36个月前让我们停车的警长,或是副警长。

"警车,"对面车道上有一辆车飞驰而过时克里斯说道,"白色的车,带着蓝色条纹。"

"看起来没错。"乔丹说。

"我跟他们说过了,他们知道你要去。"当我们开上前往克拉克县的高速公路时,艾琳在电话里说。

"太好了,"克里斯说,"对吧?"

"他是个副警长。"

"什么?"

"他的名字,"艾琳说,"叫约翰·克莱门茨。"

"约翰·克莱门茨。"克里斯不停重复着这个名字,仿佛它可能会唤醒旧的记忆碎片。

"你说他们是怎么知道这就是我们要找的人的?"克里斯问乔丹。

"我完全不知道。"乔丹说。

警长办公室位于一个看起来只有一条街、名叫杜波依斯的小镇上。太阳已经快要落下了。因为是个星期五,我们对于这座红砖砌成的单层建筑还有多少人在上班不抱什么期望。我们停车的时候,克里斯注意到一辆警长的卡车停在楼后面。它是灰色的,配备了各种高科技设备、灯光和锁具。

"看起来好像是我们要找的车?"乔丹说道。

"并没有。"

在楼里我们找到了艾琳让我们找的调度员沙恩,还有警长和一个书记员。

"你们两个在找约翰?"沙恩问道,我们点了点头。

"他在这里吗?"乔丹问。

"不在,"警长说,"约翰不久前走了。"

"他这个礼拜过得像在地狱里一样。"书记员说道。

"但你们要找的人就是他。"沙恩说。

他们三人查看了之前的工作日志,找到了那天当值的人——约翰·克莱门茨,一位副警长,他是当天唯一在巡逻的人。

当克里斯向这位对我们有些怀疑的书记员解释我们是谁的时候——其间一直在说"不,女士"和"谢谢你,女士"——乔丹调出了他手机上的一张照片。那正是副警长克莱门茨——大约40岁,个子很高,也许有一米九,金发碧眼,看起来很友善。在照片中,他在微笑地面对着人群领奖。

"看,"乔丹说,把照片给克里斯,"就是他——高高的、瘦瘦的、戴着眼镜。"

"好吧,约翰要到星期一才会从北方回来。"警长说。

"太糟糕了。"

"如果你愿意的话,我也可以把你们拦下来,然后你们可以跟我聊聊,"警长建议道,"只要让我先开出去15分钟。"

我们大笑着往回走,回到车上之后,我们又看了看乔丹手机上的照片。

"这是他吗?"

"这笑容看起来没错。"

"他看起来有点沉默——甚至有点粗野。"

"副警长约翰·克莱门茨。"克里斯自言自语道。几周前,他曾向几位专业的搜索人员讲述了我们的人物。"唔,我希望你知道他的名字。"其中一个人说。克里斯不得不承认我们连名字都没有。但现在我们有了——或者至少我们希望我们有了。

"他们怎么知道他拦下的人是我们?他们又怎么知道是约翰拦下了我们?"

"他们并不知道,"乔丹说,他也有同样的想法,"你没听到沙恩说的话吗?他们只是找出了那天在工作的人——2016年5月24日。"

"所以不一定是我们。"

"对,不一定是。"

"约翰没有确认吗?"

"没有。"

"而且我们可能当时是在州的另外一边。"

当我们在前往爱达荷福尔斯过夜时，乔丹感叹一路上有多少人在帮助我们找这位警察。而且他们没有理由帮助我们。他们对我们伸出援手，也许仅仅是因为在一个安静的周五下午他们需要一点刺激。但乔丹觉得这也许对他们来说也有某种意义。不管我们要找的人到底是不是克莱门茨副警长已经并不重要了。人们对我们伸出了援手，而这本身对我们而言意义非凡。

克里斯不太相信我们要找的人就是克莱门茨副警长。除了他以外还有几千名爱达荷州警察，都有可能是当时拦下我们的警察。正好就是克莱门茨的概率似乎很小——应该需要一些类似"怀疑"或"据称"之类的限定词。但是，这依然是一件值得铭记的事情。我们尽了力，并且接近了任务的终点。有时我们需要的是这样的寻找，但有时我们需要的是多问一句"如果"。在这两者之间的那些时候，特别是当生活把你扔在公路上旅行了近三年的时间，是用来做梦的。我们抓住机会创造了一个值得纪念的好故事，它在未来几年都会是我们茶余饭后的谈资。

也许在另外一个平行世界中，我们三个会相谈甚欢，也许我们可以抓住机会创造一些值得珍惜的回忆。我们的小冒险让我们遇见了皮特，并和他一起在烟雾缭绕的车厢里穿越了美国的西南部。它把我们引到了威利斯身边和缅因州附近的水域，引向了弗兰妮的监狱教室，引向了和咪咪交谈的那张桌子，还有与罗德里戈谈心的那个阳台。坦率地说，正是冒险把我们引向了彼此。也许我们来到爱达荷州试图找到三年前的那位警察的举动是轻率的，甚至是毫无意义的，但这同样是一次让我们不断前进的冒险。

尽管我们很失望，但在放弃之前，我们决定再做最后一次尝试。因此，当我们向南驶向爱达荷福尔斯时，乔丹将克拉克县警长潦草地写着克莱门茨副警长电子邮件地址的那张纸递给了克里斯。

在乔丹开车的时候，克里斯开始写邮件。

"克莱门茨副警长，"他写道，"我们在 2016 年 5 月曾经有过一面之缘。我们当时在爱达荷州的 I-15 号高速公路上行驶，遇到了一位非常好心的警官，在聊了很久之后他决定不给我们开超速罚单。正是那次互动给了我们写这本书的灵感。您的调度员沙恩刚刚告诉我们您那天在工作，所以您可能是我们遇见的那位警官。您的警长证实您可能就是那个人。如果确实是您，并且您愿意再见我们一面，我们很想请您喝杯咖啡。"

克里斯停了下来，看着爱达荷州的风景在窗外闪过。滞留在奥古斯塔的时候，他曾想过这最后一次旅行的核心主题——这个国家有让人感到乐观的地方。当时"船"停放在几米外的修理厂里，汗水正顺着他的胸膛流淌下来，克里斯并没有感受到乐观或希望。而在旅行中，当听到其他人的苦难和悲剧时，他也不是总能找到理由来为美国感到乐观。路上的故事多有关灾难和不幸，但在爱达荷州的那条路上，他终于想明白了。

"这本书关乎希望，"停顿过后，克里斯在给克莱门茨副警长的信中继续写道，"我们希望只是能够和您聊一聊，谈谈我们的旅程。"

"已发送。"克里斯说。

第二天早上当我们经过拉夫特河附近时，巨大的风力涡轮机没有在转动。白雪皑皑的山川在清晨太阳的白光下闪闪发亮。阳光下是开阔的红褐色土地，巨大的金属喷头让土地保持着湿润。当我们开车经过时，喷头仿佛正在上下移动。在那里，人们在土壤中挖出了一条条沟壑，等待着播种。燕子在桥边上下飞舞着。

我们踏上了旅行的最后一段路程，向着加利福尼亚州回家的方向出发。我们开了一整天的车，驶入了内华达州，越过希尔拉山脉，一边是雷诺，另一边是特拉基和唐纳山口。下午4点左右，我们终于驶出了青铜色的山脉，进入了加利福尼亚州。我们的目标是日落时分在旧金山湾上看血橙色的夕阳，然后在天黑之前到达克里斯小时候的家。我们一起在路上旅行的时光只剩下最后三个小时了。

"好吧，兄弟，就快要结束了。"乔丹说着，把一只手放在克里斯的肩膀上。

"你感觉如何?"

"很怀念。"

"我想知道我们什么时候能再次一起上路?"

"很快,我想。"

三年前当我们第一次出发时,我们在逃避生活中那些我们不想为其定义的东西。我们逃避那些令人窒息的意识形态辩论、政治和阵营的划分。是的,我们也在寻找一些东西,但那些东西无从定义。我们当时在为我们的友谊寻找一个空间,为环绕着我们的分裂寻找一种解药。三年前我们只知道如何抛下旧的,但却不知道如何到达新的。

这一切都发生了改变。我们停止了逃避,开始前进。这一开始只是一个模糊的概念,即我们两个人正在建立一种让我们各自都变得更好的友谊,这并不是因为我们从根本上改变了对方的观点,也不是因为我们一个人取代了另一个人的想法,而是因为我们帮着对方更深刻地理解了自己的价值观。在这样做的时候,我们发现它使我们的友谊增添了同理心,并使得它更坚不可摧。通过这种友谊的连接,我们建立了对我们希望有朝一日能看到的那种家和国的共同理解——而且我们相信其他美国人也希望能够看到这样的未来。

"要是能见到克莱门茨一定会很有趣。"在我们快到瓦列霍和纳帕河口时克里斯说道。我们离家很近了,而乔丹第二天就会离开。

"我们可以随时回去。"

"也许吧。"

但是,当我们沿着 I-80 公路向西飞速驶向夕阳时,我们俩都知道,我们的旅行从来不只是为了找到他。这只是一个让我们一起在路上再一次度过漫长时光的借口。

也许我们所有的旅行都是如此。也许所有一切都不过是我们一起踏上旅程的借口。一开始是为了逃脱原有的生活,然后是为了一起走向某些东西。但不知何故,这感觉也并不完全正确,在我们停留过的每一个地方,走过的每一英里,我们都遇到了各种各样的人,学到了有意义的东西。在与那些人的互动中,我们得到了比友谊的开始更为深刻的东西。我们的旅行是关于我们两个人的,但这是由沿途所有陌生人的善良、慷慨和恩惠所促成的。我们所遇见的人们支持着我们,带我们进入他们的家和生活中,并向我们展现了我们所希望找到的美国精神。

"我的老天。"克里斯说道,低头看着他的手机。

"怎么了?"

克里斯看着乔丹。

"是他。"

"你在开玩笑。"

"我是克莱门茨副警长,"克里斯读道,"我愿意再次和你们见面。"

"这并不代表着就是他啊。"乔丹说。

"他说了'再次'。"

克里斯低下头看着手机,继续读道。

"我就是你们遇到的那个警官,"克里斯大声读道,"你们想什么时候在哪儿见面?约翰·克莱门茨。"

我们俩看着对方。

"我们找到他了。"乔丹说。

"是的。"

结语

当我们经过独立镇,一个以《独立宣言》命名的小镇时,太阳正从堪萨斯州上空落下。路边可以看到《草原上的小木屋》的标识。我们行驶的公路附近有浑浊河水溢出的河流穿过,深色的河水中漂浮着树木,还有电线杆倒在路边。

"我们还没去过密苏里。"克里斯边走边说。

"这怎么可能呢?"

三年来,我们去过了42个州,行驶了近27400英里。这时我们正在往北走,去往两个我们之前没有去过的州,内布拉斯加和艾奥瓦,然后去爱达荷。这是我们旅行最后的1600英里路程。

"你知道,"克里斯说,"45个州听起来比44个州要好得多。"

因此,我们往东前往密苏里河,去触摸一下密苏里州的土壤,哪怕只有一小会儿。我们觉得这不过是快速绕个道,最多增加一个小时的路程,还是可以在午夜前到达奥马哈。

"我不明白,"克里斯说着,在谷歌地图上滑动着寻找路线,"为什么我们不能越过密苏里河?"

没有可以直接前往河对岸的路线,虽然我们之间的直线距离只有大约40英里。地图却让我们一直往北走,去绕一个400英里的大圈。

"沿途有十几座桥。"

"那我们试一试其中的一座吧。"乔丹说。

"哪一座?"

"有比较近的一座吗?"

"鲁洛,"克里斯说,"看起来那里至少有一座人行桥——我们可以走过去?"

"没问题。"

于是我们下了75号高速公路,开上了一条只有两个车道的潮湿泥地小路。我们在土路上右转了一次,开上了一条穿过各种房子、铁丝网和零星树丛的路。汽车在碾过碎石和土坑时不断震动颤抖着。

"情况不妙。"乔丹说道,紧紧地握住方向盘。

我们到了要转弯的地方,在坚硬的地面上滑行了20英尺才在离路口不远处停了下来。乔丹掉了个头,开上了单车道的土路。我们经过了一个农舍和一个向上的斜坡,在前方100码处,斜坡的尽头消失在视野中。当乔丹行驶着车辆往上爬坡时,克里斯注意到小路的右边有一个标志写着"公路维护,驾驶风险自负"。他停顿了一秒才理解这句话的意思。乔丹已经一脚踩下了油门。

"等等,不要!"

车子爬上了高处,车轮在潮湿的土地上打着滑,车子开始不受控制地沿着坡道下滑。乔丹疯狂踩着刹车,然后试着踩下油门,伴随着油门的轰鸣声,棕色的液体从车轮下以一条陡峭的弧线喷射出来。

"停,停,停!"

车子一直滑到了山脚才停了下来。乔丹走出了车。脚下的泥浆是厚而黏稠。克里斯也下了车,他每走一步鞋子都会在泥潭里陷进去一两英尺。乔丹颓废地靠在车边,露出了尴尬的笑容。

"我们这下可出不来了。"

夜幕降临时,我们爬回了车里。到处都是泥巴。乔丹把干掉的泥从鞋子上剥下来,克里斯把泥从他的手机壳的凹槽里抠出来。车子的地板上滑溜溜的全是泥,车窗上也有大块的泥巴。我们把沾满了泥的手指在牛仔裤上擦干净,猫头鹰和土狼在远处叫唤,蚊子在我们耳边盘旋。汽车开始发出各种奇怪的声音,于是乔丹关掉了引擎,我们看着小雨在车灯的光束中落下。

克里斯摇了摇头。夜幕已经落下,黑色笼罩着汽车,危险信号灯的咔嗒声在车里回荡。克里斯感到很泄气。他的抗压能力正在变弱,而乔丹的沉默似乎印证了他内心的想法。

"是时候回家了。"克里斯说,乔丹咬紧了下颚。

  那天晚上，多亏了一位叫隆尼的沉默寡言的男人，我们才得以从泥潭中脱身。他用一辆大功率全地形车和牵引带把我们拉了出来。但在那一刻，我们俩都知道我们的旅行即将走到终点。我们花了一整夜在一家24小时营业的洗车店里清洗轿车的底盘——并祈祷着冲走泥土之后发动机就不会继续抖动了——除此之外好像没有其他什么可以做的事情了。过去三年里，我们花了很多时间在路上，现在是时候回家了。是该休息的时候了。我们精疲力尽，道路似乎也比从前更加可怕。

  我们还差点没能去成堪萨斯州。最后一次公路旅行开始时，我们俩满怀乐观。但是，出发的第一天我们的车就熄火了。不久之后，我们的挡风玻璃也破了——因为前面一辆卡车的挡泥板上跳出了一块像导弹一般的石头打在了我们的玻璃上。还有一次，一辆拖着车的皮卡逼得我们驶下了公路，开进了密西西比州的农田里。我们曾在雨水聚积的高速公路沟壑中滑行，身旁匆匆而过的卡车使我们的车摇摇晃晃，提醒着我们大半夜走单行道是一件多么危险的事。

  我们已经习惯这种危险了，但它发生的频率越来越高。三年前，我们第一次踏上旅程还没到四个小时，一辆长途卡车上的拖车就突然开进了我们的车道，差点把我们撞到了路肩护栏上。还发生过许多与野生动物擦身而过的瞬间，在蒙大拿州没有预想到的急转弯，以及紧急躲避从前方车辆扔出的物品。这样的时刻之前也经常发生，但它们却让人更为不安。

  所以我们开始向着回家的方向出发。

这个决定感觉很及时，因为全国各地似乎都在发生不太对劲的事。除非你把南北串起来看，否则这种不对劲并不明显。坏天气跟随着我们穿越了整个大陆。我们在堪萨斯州遭遇的泥潭就是它造成的一个小后果。连续数周，中西部和墨西哥湾沿岸的雨水都没有停歇，南至新奥尔良，北至艾奥瓦州的康瑟尔布拉夫斯，洪水不断从沙井和暴雨排水管中溢出。洪水使密苏里河无法通行，使密西西比河难以驯服。往北望去，春天的暴风雪侵袭了从内华达山脉到缅因州之间的所有地区，覆盖了南北达科他州全境、明尼苏达州的一部分，还有它们以北的所有平原。高尔夫球大小的冰雹砸在阿马里洛城里，龙卷风袭击了俄克拉荷马州的萨尔弗市郊区。

当我们开车经过亚拉巴马州塞尔玛市的时候，广播里的气象部门建议牧师们抬头看看天空，因为暴风雨可能会影响周日的礼拜。

我们站在埃德蒙·佩特斯大桥上。这里是泥泞的亚拉巴马河的一个河湾。1965年，民权运动的抗议者们曾在这里遭到警察的警棍袭击。我们越过一些有点倾斜、墙面上布满了藤蔓的房屋，望向接近黑色的深蓝色天空。

当我们开车经过亚拉巴马州的李县时，这种自然的力量带给我们的感受最为强烈。两个月前，即3月3日，一场龙卷风在半夜席卷了这里。原本由十几座教堂、安格斯牛和伐木场组成的正在沉睡的小村庄里，先是响起了尖利的警报声，然后又挤满了遍体鳞伤的人、哀悼的家庭和趁火打劫的投机者。

那天，我们路过38号县道附近的一个高地时看到那里一片狼藉。木板、床垫、护墙板和黑色的树干一股脑地堆在路边。地面上堆满了鼓鼓囊囊、装满了原来房子里东西的垃圾袋。这里满是混乱又沾有血迹的物品——在破坏面前，我们产生了一种去维持微小秩序的冲动。

我们蹲在路边。

"你觉得那是一个坟墓吗？"克里斯说。

在一个泥泞的高地上，有一个小小的木制十字架，看起来像是被一颗钉子钉在一起的。康乃馨和五颜六色的小饰品排列在它周围平整的土地上。它的基底和不太整齐的木板都显示了它是个最为简单的十字架。

"是一个纪念碑。"

"没错。"

"这边还有不少。"

穿过山坡进入山谷之后还有几十个临时架起的十字架。

"老天。"

23人在这次的灾祸中丧生，包括一名6岁的孩子。

"龙卷风肯定是直接吹穿了那边的房子。"

克里斯顺着乔丹的目光看去。两只石狮子坐在一块荒地入口处大门前的柱子上。它们身后什么也没有，除了树干上悬挂着的一辆汽车的残骸。

当我们沿着38号县道离开时，我们仿佛能亲身感觉到这场龙卷风的发生。乔丹向窗外望去，看到地上散落着孩子们的玩具，上面沾满了泥土。有一颗纸质星星挂在树枝上，上面写着"希望"。

几天后，在塔尔萨一个酒店的房间里，我们在电视的气象频道看到了关于李县的节目。屏幕上闪烁着《圣经》、向日葵，还有庆祝生命的镜头以示敬意。

一个名叫埃沃妮的女人在灾祸发生之后第一次带着她的母亲开车回到了李县。

"我曾经每天都会对这些人挥手，但今天我却站在他们的墓地上，"埃沃妮说，"你不可能不成为重建这里的一分子。这是应该做的事情。这是家园。这是我们永远的家。"

路上还有许多事物提醒着我们人类对彼此所做的各种事情。内华达州的高速公路有许多广告牌在推销纳洛酮，一种用于缓解过量摄入毒品的药物。墨西哥高速公路的路肩上点缀着被雨水冲刷得发黄的神龛和十字架。得克萨斯州禁止搭便车的标志暗示了一个庞大的拘留系统的存在。一个头发油腻的男人躺在纽约的人行道上，用沾满污渍的手指挠着他肤色惨白的前臂上的刺青。

在亚拉巴马州的蒙哥马利，我们见证了规模更大的破坏。市中心外的一个安静的小山丘上伫立着国家和平与正义纪念馆，在那里，悬挂的钢柱上镌刻着重建期到 1950 年期间 4400 名私刑受害者的名字。它们看起来就像新奥尔良地上墓地的石碑被染成了深浅不一的红褐色，颜料在雨中流淌下来，在人脸上留下了长长的污渍线条。

"它看起来随时可能会生锈和剥落,"一位20岁左右、名叫蒂亚娜的讲解员告诉我们,"但它还有一层像是结痂一样的材料,会随着时间的推移而改变颜色。"

标语牌上写着,这里的受害者有些只是因为酒店房间里丢失了一件大衣或与不同种族的人结婚就遭到私刑。

"在我开始在这里工作之后的几个礼拜,我不确定我能不能干下去,"蒂亚娜继续说,"哪怕我回了家也还是一直会梦见这儿。"

我们继续穿过这个纪念碑公园,每个县都有自己的铁块,像棺材一样躺在地上。

"我想知道会不会有个纪念碑是来自我的家乡——巴斯县的。"

"弗吉尼亚州?"

克里斯点了点头。我们走到纪念碑林的拐弯处,克里斯停下了脚步,而乔丹继续前进。

"看,"克里斯喃喃自语道,"弗吉尼亚州。"

他顺着看每个县的名字——坎贝尔、布伦瑞克、布兰——直到他停了下来。

"在这儿。"

"巴斯县",纪念碑上明确无误地写着这几个暗色的字。克里斯看不到巴斯县下面写着的名字——那些被处以私刑的男人或女人的名字。他努力踮起脚尖却还是看不清楚。他想要记得这些名字,这样他就不会忘记他们,也不会忘记在他的祖先被埋葬的那片土地上曾经发生过什么。

乔丹独自行走的时候,一只知更鸟开始在山下的树上鸣叫。乔丹觉得这个地方与大屠杀博物馆很相似。它们都是为了激起某种情感。位于华盛顿特区的那座博物馆想要告诉大家的信息是"历史绝不能重演"。耶路撒冷的那座博物馆伫立在犹大山丘,诉说着战胜了绝望的希望。在这里,和平与正义纪念碑对我们来说就好像是一个要求我们记住祖国的悲惨历史的命令。

我们穿越了整个美国,寻找着会让我们的同胞感到振奋的故事,但在一路上,我们同样目睹了无数的悲剧故事。这两者似乎如影随形。所有振奋人心的故事中都包含着挑战。同样地,所有的斗争似乎都伴随着希望与复兴的文学和诗歌。我们花了三年时间去理解调和美国这一幅由各种颜色组成的马赛克,这也会一直是我们生活中去寻找希望和信仰的课题的一部分。这个有关希望和悲剧的谜题让我们花费了如此长的时间去理解。这就是我们一直在路上的原因。

"我终于开始读《圣经》了,"克里斯说,"你知道,就是汽车旅馆抽屉里的那种。"

"真的吗?"

我们当时在爱达荷州南部,那里有着深色的土壤——这是我们在路上的最后一天。

"你不在的时候,我开始读《创世记》了。"

"你有什么想法?"乔丹问道。

"我并不信教。但即便是我也能看到它语言和故事中的壮美和追求道德的那种紧迫性。"

"同意。"乔丹说。

"但我发现它很有意思。"

"怎么说?"

"唔,我们就看看创世最开始的那几天:上帝造了人,然后认为他是'好'的。然后在那最初的几年里,在上帝看来,我们做了那么多坏事。亚当和夏娃吃了善恶树上的东西,我们被逐出了伊甸园。该隐杀了亚伯。他们的后代激怒了上帝,以至于他毁灭了整个地球,只留下了诺亚和他的动物们。"

车子里低声播放着莱昂·布里奇斯的歌曲。

"上帝似乎常常对我们的行为感到不解,"克里斯继续说,"但是,吃善恶树的果子难道不正是我们的第一个行为吗?我们对世界的了解,或者说我们对知识的渴望,难道不正是让我们成为人类的真正原因吗?正是这种渴望让我们与野兽有所不同。如果我们是按照上帝的形象制造的,那我们会有好奇心和探索精神似乎是很正常的一件事。我们可能不会顺从地接受指示,我们会行为不端,我们会想进行观察并对于好坏有所判断。"

"这就是《创世记》中的悖论,"乔丹说,"上帝按照他的形象创造了人,所以我们有自由意志和创造美好事物的能力。但这也意味着我们有反叛的能力和做坏事的能力,这是戏剧的核心——我们会用自由意志来创造秩序,还是利用它来制造混乱?"

"但是我们被告知知识是不好的,"克里斯说,"它是原罪。"

"犹太人并不相信原罪的概念。我们相信人类生来就有善和恶的能力,而且我们可以在两者之间做出选择。"

"在我看来,因为好奇心而受到惩罚是不对的。"克里斯说。

"我猜想这取决于你怎么解读那个故事。"

"你会怎么解读呢?"

乔丹思考了一会儿。

"也许这个故事关乎我们未能遵循我们不理解的规则。你不觉得这很奇怪吗?上帝按照他的形象创造了我们——因此我们同时拥有善和恶的能力——但却告诉我们不要吃树上的果实。也许这个规则中存在着我们不理解的智慧或目的。重点不在于我们获得了某种知识,而在于我们没有顺从上帝。"

"但这难道不意味着上帝只希望我们顺从他?盲目地服从?"

"不,我不这么认为。我一直很喜欢《摩西五经》中的一处是最伟大的先知都在不同的时刻与上帝进行过争论。'以色列'这个词的意思是'与上帝抗争'。我们之中最值得尊敬的不是那些盲目顺从的人,而是那些争论和抗议的人。"

"这点我同意。"

"这就是信仰,我想。上帝告诉以色列人去踏上充满艰辛的旅程。他向犹太人做出了各种承诺,但这些承诺需要几十年,甚至上千年的时间来实现。事实上,这些承诺可能永远不会完全实现,但每一代人都有义务记住并努力实现它们,并在这过程中依然努力保持我们的信仰。"

"我喜欢这个解读——一代又一代的承诺和抗争。"克里斯说。

"没错。"

音响里播放着熟悉的旋律,在我们交谈中爱达荷慢慢消失在身后。

我们一起在路上的最后一天过得很漫长。我们离开了爱达荷,向着加利福尼亚州出发。我们的计划是晚上在途中停下来休息一下,但我们完全没有停下。我们开车穿过了农田、高耸的山川,还有连绵不断的山脉。我们在蛇河沿岸的汉森桥附近稍作停留,桥上的岩石上长满了野草和悬挂的植物,它们向着桥下数百英尺的湍急水流延展生长着。"你能想象那条河得有多古老才能把岩壁切成这样吗?"克里斯说。乔丹目不转睛地凝视着峡谷,就像之前他在马蹄湾时那样。

我们继续开车穿越内华达州的荒原,一路的风景与我们三年前走过的那条路依稀相似,有小型旋风在地平线上升起,然后又在远方的灰白色中如同羽毛一般消失。在萨克拉门托城外,我们穿越了泥沼地,太阳在绿色山川和铁锈色的狭长地带之间缓缓下落。那天晚上，当我们最后一次熄灭引擎时，我们发现春天已经悄悄踏过海岸线来到了伯克利。克里斯家山梅花的枝头低垂着白色的花朵，门前的石板路上落满了花瓣。我们终于到家了。这是最后一次从路上回家，而我们已经变成了不同的人。

当我们第一次离开纽约时，乔丹确信我们去到的所有地方都会充满关于美国的积极迹象，而克里斯则担心我们会见证美国的分裂。三年过去了，我们的政治观点中增加了许多细节，但我们的立场并没有发生什么改变。

我们俩却都变了。

乔丹最喜欢的拉比说过的话可能在此时是最恰当的。"乐观就是相信事情正在向好的方向发展，"乔丹曾经复述过，"希望是一种信念，是相信当大家协同合作时，我们可以让事情变得更好。"我们同意。乐观主义的基础便是对未来的信心。希望意味着理解事物本来的面目，但也知道如果大家一起行动，未来有着什么样的可能性。希望既不天真也不盲目。它需要勇气、坚韧和耐心。抱有希望就是承认问题，但相信这些问题可以被解决。

这就是我们两个人的结论：我们认清了现实，又对美国充满希望。我们依然对美国的状况有许多担忧。我们依然被很多事情提醒着悲剧和失败在发生，我们之间依然可能会产生分歧、割裂，甚至决裂。这个国家承载着伤疤一般的世界的残忍和我们的历史。我们是它的见证者，任何希望的发生都必然受到它的约束。

尽管有这些历史伤痕,我们也看到了很多激励着我们的东西。希望永存。无论悲剧有多么深刻多么广泛,我们俩几乎总能找到重生与复兴的精神。我们两人的观点在这一点上得到了共鸣。我们有一个共同的信念,即我们在一起时达到的那种平衡是好的——现实的丑恶之中依然存在着我们的救赎之道。我们听到的呼喊鼓励我们去做出于爱的事,去在成瘾和错误中看到人性的光芒,去创造新的社群和仪式来拉近彼此的距离,去坚守那些有用的事情和推着我们前进的事物。人们与我们分享他们的人生故事、他们遭遇的失败、获得的伟大成就,还有内心秉持的道德观。他们的分享激励着我们继续在旧智慧的基础上去梦想和设计新的可能性。

进步并不一定会发生,做过的承诺也不总能在人的一生中实现。但失败和放弃也不是。救赎、进步、智慧——这些是存在于我们文化中的东西。因此,只要还有愿意做梦的人,还有愿意行动的人,还有愿意倾听的人,我们两个人就抱有希望。这就是我们旅程的故事,也是我们未来将会讲述的有关美国的故事。

在希望中我们找到了同盟。

致谢

我们对许多人都充满谢意，他们应当得到的认可和感谢远超出文字所能够表达的。

我们的经纪人埃利亚斯·阿特曼曾带我们去联合广场附近的精装书展，让我们想象我们的书出现在书架上的那一天。当时我们还在读研究生，这个想法似乎遥不可及——直到他把它变成现实。没有埃利亚斯，就没有《寻路：穿越分裂的国度》这本书。

李特布朗出版社的编辑瓦妮莎·莫布里是我们的指明灯。她在我们的故事中看到了一些我们自己都没能完全意识到的东西。她的善良、洒脱的红色笔记、智慧和热情在这本书的每一句话中都有体现。

李特布朗出版社的整个团队在我们创作本书的过程中都发挥了重要作用，包括里根·阿瑟、艾拉·布达、萨布丽娜·卡拉汉、朱迪·克莱恩、艾伦·法洛、伊丽莎白·加里加、伊丽莎白·加斯曼、香农·亨尼西、萨瑞娜·卡玛斯、格雷格·库利克、米亚·库曼盖、卡罗琳·莱文、迈克尔·努恩、艾比·赖利、斯泰西·舒克、玛丽·唐多夫-迪克、贝西·乌里格、泰尼卡·伍兹和克雷格·杨。

我们要特别感谢三个人：伊夫林·达菲阅读本书草稿的次数比其他任何人都多，她帮助我们找到了表达的方式。我们要感谢我们的事实核查员罗伯·加弗和杰克·勒夫，他们牺牲了自己的假期来确保我们可以在截止日期前完成此书。

许多人在出版前就读了本书草稿、大纲和笔记，我们对他们表达谢意。他们包括杰森·贝肯菲尔德、卡西·克罗克特、亚历克斯·加林伯蒂、亚当·哈默、杰克琳·哈里斯、安德鲁·英布利博士、安德鲁·卡佩尔、朱迪·罗森伯格，以及卡罗琳·贝西·霍兰——我们最好的听众——以及她的兄弟布雷迪。

我们常常被问到这个问题："共同写一本书有多难？"如果谷歌文档不存在的话，这个问题的答案会是"极其困难"。因此我们要感谢这项技术的存在，包括负责的工程师和乔丹的老板埃里克·施密特。

我们还要感谢所有向我们敞开家门和我们分享食物的人，以及那些同意我们讲述他们故事的人。其中包括伊利诺伊州芝加哥的本·斯托洛、约翰·亚当斯和马特·布卢门塔尔；蒙大拿州波兹曼的米兰达·卡森；加利福尼亚州纳帕的塞巴斯蒂安·海尔；加利福尼亚州圣地亚哥的约翰·鲍威尔；内华达州斯巴克斯的卡拉·梅迪纳和查克·多米尼克；亚利桑那州佩奇的尼桑、乔伊、鲍勃、凯莱布、迈克和其他枪手俱乐部的成员；带我们穿越西南地区的彼得·迈伦；路易斯安那州斯莱德尔的杰夫·利奇曼；新墨西哥州圣菲的帕姆·桑德斯；田纳西州纳什维尔的扎比乌拉·泽·马扎里；俄克拉荷马州塔尔萨的本·斯图尔特、罗德里戈·罗哈斯、加莫尔和布兰登、咪咪·塔拉什以及那里的整个女性康复社区；我们在密歇根州杰克逊的帕纳尔监狱中遇到的弗兰妮·谢泼德-贝茨等人；密歇根州格罗斯波因特的克里斯西·约翰逊·祖法尔和娜塔莉；密歇根州底特律的伊莱·萨维特、米歇尔·斯马特和其他经营"蝴蝶之包"的女人们、萨托莉·沙库尔和阿里·西蒙；缅因州波特兰市的威利斯、克里斯蒂娜和斯皮尔家族的所有成员、蒂姆和凯文·巴特尔船长及其副手查理；明尼苏达州圣保罗市的玛吉·马登；堪萨斯州的隆尼；南卡罗莱纳州查尔斯顿的保拉·特拉克曼博士和斯蒂芬·邓肯博士；爱达荷州双瀑布市的艾琳·里克斯和卡莉·贾纳金；爱达荷州杜波依斯的巴特·梅警长、首席副警长约翰·克莱门茨和克拉克县警长办公室；科罗拉多州丹佛的科林·麦卡锡、亚当·赖斯和亚历克斯·巴伦；佛蒙特州秘鲁附近的塔尼娜·罗斯坦教授、理查德·肖特菲尔德博士和乔·肖特菲尔德；纽约州斯克内克塔迪市郊的马特和卡拉·麦吉尔，以及乔和桑德拉·朱尔辛斯基；马萨诸塞州格洛斯特市的大卫·哈特斯坦、丽莎·桑德斯-哈特斯坦、唐·桑德斯、丽芙·乌尔曼、塔尔·哈特斯坦、内特·伊诺斯和阿里尔·哈特斯坦；乔治亚州奥古斯塔和马丁内斯的特里、马蒂、C&C 汽车公司和企业租车团队；路易斯安那州新奥尔良的沃尔特·艾萨克森及其家人、约翰-迈克尔·厄尔利、凯斯·伯恩斯坦、斯托里·贡苏林、散热器乐队、与我们交谈的其他音乐家,以及本·马科维茨及其家人;科罗拉多州路易斯维尔的克利斯、凯瑟琳和杰克·利维尔;纽约市的艾娃和卢克·普拉斯;亚拉巴马州蒙哥马利的国家和平和正义纪念馆的工作人员;墨西哥蒂华纳的纳尔逊、乔希、马里索尔、诺埃尔、伊万,以及父女慈幼会早餐厅的志愿者;得克萨斯州埃尔帕索的马克、林赛和1/8比萨酒吧;佛罗里达州彭萨科拉的彭萨科拉艺术博物馆,以及芬恩·墨菲、琼·迪迪安、齐克·哈钦斯、莱昂·布里奇斯、赫鲁宾、威廉·津瑟、全国各地的红顶旅馆,以及 HotelTonight——我们不变的旅伴。

在撰写这本书的过程中,有无数的人支持、接纳、启发、挑战过我们。我们感谢所有这些人,虽然我们可能已经忘记或从不知道他们的名字。

我们也要感谢许多朋友、导师和同事,他们以各种方式支持着我们。理查德·弗里希斯坦可能并不总同意我们两个人的观点,但他是唯一一个和我们一起经历了这些故事的人,他的友谊对我们来说无比重要。保罗·格维茨是我们最早的支持者。马克·奥本海默博士最初给了我们这些机会。我们还必须提到亚历克斯·席勒和亚历克斯·比格勒,我们在旅程的第一个晚上就是与他们共进晚餐;本·莱万德,他差一点就在我们第一次旅行时加入了我们;还有劳伦·贝尔、安德鲁·摩尔、劳伦·沃洛、蔡美儿和斯蒂夫·费尔德曼。

乔丹想要感谢以下这些人，排名不分先后：埃里克·布拉沃曼、埃里克和温迪·施密特、艾莉森·拉波特和芭芭拉·博丁、杰米·麦克法兰、弗兰克·伦茨、罗尼·魏斯布罗德、杰夫·亚伯拉罕、尼米特·梅塔、保罗·哈拉卡、丽贝卡·魏德勒、迈克尔·莫纳格、乔·克里斯托尔、卡特·克利夫兰、乔什·拉文、贝弗利·菲茨西蒙斯、马蒂·马丁、乔希·曼德尔、乔·威尔古斯、哈桑·贾梅尔、加里和南希·利维、加尔·特雷格，还有许多特别棒的朋友和支持者。

克里斯也要感谢许多人——排名同样不分先后——包括鲍勃·伍德沃德和艾尔莎·沃尔什、希瑟·格肯、奥里-布拉夫曼和希拉里·罗伯茨、大卫·施莱彻、尤金·鲁辛、杰森·科贝特、加勒特·韦斯特、史蒂夫·兰斯、迈克尔·奥莱里、艾莉森·霍恩斯坦、克莱尔·普里斯特、迈克尔·路易斯、里奥·戈伊、尼克·古利诺、大卫·路易斯、史蒂夫·克鲁宾、斯蒂芬妮·艾普纳、帕特里克·格兰菲尔德、比尔·伍德沃德、乔恩·菲纳、乔纳森·鲍威尔、阿丽亚娜·贝伦古特、特里·苏普拉特、萨拉·赫维茨、泰勒·莱希滕伯格、科迪·基南、阿内什·拉曼、大卫·利特、凯尔·奥康纳、劳拉·迪恩、乔希·鲁宾、马坦·乔雷夫、丹·贝纳姆、约翰·麦康奈尔、戴夫·布鲁姆、凯特·摩尔、豪尔赫·罗德里格斯、马利克·阿里、丹尼斯·香农、史蒂夫·亨里克森、尼娜·雷纳特、乔·布拉德利，以及其他许多教会了他如何写作并给予了他鼓励的人。

除了我们的母亲——霍莉和卡罗琳——我们的其他家人对我们的这番旅途也至关重要。他们给了我们踏上旅程的信心和完成旅程的智慧。乔丹对他的家人表示爱和感谢，包括珍娜、埃里克和贾斯汀·古雅、罗伯特·布拉什克、哈丽特·奥夫塞斯和亚瑟·奥夫塞斯、鲍勃和芭芭拉·布拉什克以及安妮·布拉什克。克里斯对丹尼尔·约翰逊表示爱和感谢，约翰逊对克里斯而言是家人般的存在。克里斯同样感谢凯尔·爱德华兹（克里斯对他的感谢有多种原因）、迈克尔·豪、萨拉·豪、金·豪、玛丽·罗、玛吉·罗和瑞图·巴尔加瓦、哈钦森一家、安东尼·伍兹、史蒂夫、萨拉和吉姆-鲍勃·霍斯金斯、约翰逊一家、艾尔菲、乔迪·亚格，以及在某种程度上，那只北美黄林莺。

译者后记

开始翻译《寻路：穿越分裂的国度》时是 2021 年的春天。那时正值美国疫情最严重的时候，我的大女儿小鱼儿刚在美国首都华盛顿特区出生。正式完成翻译工作时已是 2023 年的春天，疫情变成了过去式，而我正在期待着小女儿啊呀的出生。

《寻路：穿越分裂的国度》对我而言有着双重意义。

一是在疫情居家工作的日子里，我得以跟着两位作者的笔触和视角游历了整个美国。虽然我在美国居住了快十个年头，但我所体验的美国大多是美国东岸的大城市。而本书中克里斯和乔丹所游历的美国却是更为广阔、乡土，恐怕也是更为真实的美国。

二是在 2016 年大选之后，美国两党之间日益加剧的矛盾与分裂有目共睹。我的两个女儿既然出生在美国，那么美国必然会成为她们个人身份中的一部分，与这种分裂与矛盾共处将是她们成长过程中必须面对的课题。所以理解美国、理解它的分裂与疯狂、理解它的包容与发展，都成了我作为母亲的一堂必修课。而本书是这门课程的完美教材。

克里斯和乔丹都是耶鲁法学院的学生。他们年纪相仿、教育背景相似，但克里斯是民主党人，乔丹是共和党人，他们俩的政治观念背道而驰。在路上的日子里，他们有大把时间在一辆行驶于高速公路上的小轿车里。窗外是广阔的美国乡间风景，车里他们开始了交谈，交谈又产生了分歧和争吵。他们真实地记录下了这些旅行、辩论、争吵与和解，并以坦诚的态度向读者剖析了他们的心路历程，他们的辩论触及了许多当下极为重要的议题。阅读本书让我得以窥探两位顶尖聪明又接受过美国精英教育的年轻人对于各个政治议题的想法和见解，这也是本书的一大魅力所在。

乔丹与克里斯的对话和争吵也常常让我想到我与我先生之间有关政治的对话。即便我们俩有着相似的教育背景和价值观，我们也常常会产生许多分歧。当我们在对话时，如何以不带偏见和先入为主的态度去倾听，是我们在九年多的亲密关系中一直在修炼的课题。而本书中所讲述的故事和经历给了我许多启发和思考。

如何在进行激烈探讨的同时依然相互尊重，如何在意见相左时依然继续对话，这是我们每个人都需要不断去实践和摸索的人生课题。而这本书讲述了其中一种可能性。也许正如书中所说，"分歧并不是需要逃避的东西……只要我们用心地倾听对方，我们就能够帮助彼此变得更好"。

骆伟倩
2023 年 6 月 8 日于华盛顿特区